GWARCHOD Y GWREIDDIAU

CW01083664

Alun R Edwards

GWARCHOD Y GWREIDDIAU

Cyfrol goffa Alun R Edwards

Cenedl heb wreiddiau yw cenedl heb lyfrau,
a'i thynged yw colli'i hunaniaeth a chyda hynny
ei gallu i gyfrannu i stôr cyffredin gwareiddiad.
Adroddiad Ready, 1952

Golygwyd gan:

Rheinallt Llwyd

Argraffiad cyntaf—Mawrth 1996

ISBN 1 85902 254 5

ⓗ y cyfranwyr

Cedwir pob hawl. Ni chaniateir atgynhyrchu unrhyw ran o'r cyhoeddiad hwn na'i gadw mewn cyfundrefn adferadwy na'i drosglwyddo mewn unrhyw ddull na thrwy unrhyw gyfrwng electronig, electrostatig, tâp magnetig, mecanyddol, ffotogopïo, recordio nac fel arall, heb ganiatâd ymlaen llaw gan y cyhoeddwyr , Gwasg Gomer, Llandysul, Dyfed.

Dymuna'r cyhoeddwyr gydnabod cymorth Cyngor Llyfrau Cymru.

Argraffwyd gan
Wasg Gomer, Llandysul, Dyfed

CYNNWYS

CYNNWYS *(Parhad)*

DIOLCHIADAU

Mae fy niolch yn ddidwyll iawn i'r cyfranwyr oll—y rhai a gytunodd mor barod ac a aeth ati mor gydwybodol i lunio ysgrifau penodol ar gyfer y gyfrol hon yn ogystal â'r rhai a gydsyniodd yn llawen inni ailgyhoeddi teyrngedau oedd eisoes wedi ymddangos mewn mannau eraill. Roeddwn i'n tybio eu bod yn gyfraniadau rhy werthfawr i'w gadael ynghudd rhwng cloriau cylchgronau yn unig ac y dylent weld golau dydd unwaith eto, ac rwy'n falch iawn fod cyhoeddwyr *Barn*, a *Llais Llyfrau* wedi cytuno i hynny. Rwy'n ddiolchgar hefyd i'r Llyfrgellydd Cenedlaethol presennol am ganiatâd i atgynhyrchu'r tabl ar dudalen 114. Oherwydd amgylchiadau anorfod fe fu raid i'r cyfranwyr aros lawer iawn, iawn yn rhy hir cyn i'r gyfrol hon ymddangos ac mae'r bai am hynny ar f'ysgwyddau i a neb arall. Hoffwn felly ddiolch o waelod calon iddynt am fod mor raslon ac amyneddgar.

Braint hefyd yw cael mynegi diolch i Mrs Nesta Edwards, Llanfarian, am ei diddordeb a'i chefnogaeth ddi-ball er pan leisiwyd gyntaf y syniad o gyfrol goffa, ac am bob cymorth a gefais ganddi.

Fe ymgymerodd Mrs Ann Hill, Aberystwyth, â'r gwaith llafurus o roi'r teipysgrifau gwreiddiol ar ddisgiau cyfrifiadurol ac fe hoffwn ddiolch yn gynnes iddi. Ac am gymorth amhrisiadwy ar yr ochr olygyddol mae arnaf ddyled fawr i Mrs Glenys Howells, Penrhyn-coch, yn ogystal â staff Adran Olygyddol Cyngor Llyfrau Cymru.

Yn olaf, mae'n bleser cydnabod y cydweithrediad hapus a gefais o du Gwasg Gomer, gwasg yr oedd Alun R Edwards yn meddwl cymaint ohoni, a'r un a gyhoeddodd ei gyfrolau ef ei hun. Mae fy nyled i'r Dr Dyfed Elis-Gruffydd yn arbennig iawn, nid yn unig am iddo gytuno i fod yn un o'r cyfranwyr, ond am ei holl ofal dros y gyfrol o'r dechrau i'r diwedd.

RHAGAIR

Pan aed ati i gynllunio'r gyfrol hon, roedd yna ddau amcan pendant mewn golwg. Yn gyntaf fe'i bwriadwyd yn gyfrol goffa i Alun R Edwards, un o gymwynaswyr mawr Cymru, a'r fasnach lyfrau Gymraeg yn arbennig, yn ystod ail hanner y ganrif hon. Fe'i bwriadwyd hefyd fel dathliad o bwysigrwydd a pharhad y diwylliant print yng Nghymru, a hynny ar adeg pan fo llawer yn cwestiynu arwyddocâd y diwylliant hwnnw yn wyneb twf y diwylliannau amlgyfryngol eraill sy'n hawlio cymaint o'n sylw a'n hamser y dyddiau hyn. Dyna esbonio felly pam fod rhai o'r cyfraniadau'n ymdrin yn benodol ag agweddau o yrfa Alun R Edwards tra mae'r lleill yn astudiaethau ehangach a mwy amrywiol.

Pan ddaw'r amser i gofnodi'n fanwl hanes cyhoeddi yn yr iaith Gymraeg oddi ar 1950, fe fydd i Alun R Edwards le unigryw ac anrhydeddus. Fe adroddwyd ei ochr ef i'r stori yn ei hunangofiant difyr, *Yr Hedyn Mwstard* (Gwasg Gomer 1980), ac fe geisiwyd osgoi ailadrodd yma (yn ormodol o leiaf) yr hyn a geir yno. Ni cheisiwyd ychwaith yn y gyfrol hon ymdrin â phob agwedd ar ei yrfa amrywiol, ond yn hytrach ganolbwyntio'n arbennig ar ei gysylltiadau â'r fasnach lyfrau a chofio'n arbennig yr hyn a gyflawnodd yn y maes hwnnw megis sefydlu Cymdeithas Lyfrau Ceredigion a'r Cyngor Llyfrau Cymraeg.

Fe fydd amryw ohonoch yn gweld bylchau, fe wn, gan holi mwy am ei hynt fel ymgyrchwr diflino dros yr Ysgol Sul a Chymdeithas y Cymod ac am ei waith fel un o gyfarwyddwyr Teledu Harlech yn y cyfnod cynnar. Digon yw dweud fod y gweithgareddau hynny, fel y gweddill, yn rhan o'i grwsâd fawr dros Gymru Gristnogol Gymraeg. Arloeswr ydoedd yn anad dim, yn ystyr lythrennol y gair. Ei gamp fawr oedd symud ymaith y rhwystrau, clirio'r drain a'r mieri a lefelu'r tir fel bod modd gosod sylfeini cadarn i ba adeilad bynnag oedd i'w godi. A dyna a wnaeth mor llwyddiannus gynifer o weithiau. Mawrygwn a choffawn y gwaith caled, diflino hwnnw.

Llawenhawn hefyd fod cystal llewyrch ar y diwylliant print yng Nghymru yn niwedd yr ugeinfed ganrif. Mae'n wir mai llewyrch ymddangosiadaol ydyw ar un ystyr gan ei fod mor ddibynnol ar gyfundrefn nawdd helaeth. Ond mae ymroddiad a phroffesiynoldeb y rhai sy'n ymwneud â phob agwedd ar y diwydiant cyhoeddi, o'r awduron i'r llyfrwerthwyr, yn destun edmygedd ymhell y tu hwnt i Gymru ac yn sicr ymhlith rhai o garedigion ieithoedd a diwylliannau lleiafrifol eraill Ewrop. Nid oedd yn fwriad yn y gyfrol hon olrhain yr holl ddatblygiadau pwysig a gafwyd yn y fasnach lyfrau Gymraeg gyfoes. Bodlonwyd ar nodi'r prif gerrig milltir yn unig. Yr hyn sy'n sicr yw y byddai'r cynnydd a wnaed ym maes llên plant ac yng nghynlluniau Cyngor Llyfrau Cymru (fel y gelwir ef bellach) a Chyngor Celfyddydau Cymru wedi calonogi Alun yn fawr. Byddai hefyd yn gweld pwysigrwydd mynd i'r afael â'r dechnoleg newydd, yn arbennig technoleg gwybodaeth, ac yn falch fod 'gwyrth' y papurau bro sydd mor ddibynnol ar weithgarwch gwirfoddol a'r ymdeimlad o frogarwch yn parhau'n ir yng nghanol y nawdegau.

Fe fyddai, serch hynny, yn anesmwytho'n fawr o weld y dirywiad cyson ac enbyd yn ansawdd y Gymraeg a'r diwylliant brodorol yn rhai o'i chadarnleoedd yng Ngheredigion a mannau eraill. Mater o ofid iddo hefyd fyddai diflaniad dylanwad yr Ysgolion Sul yr oedd ef, fel un o'i arwyr, Ambrose Bebb, mor ddyledus iddynt. Ac fe fyddai'n ymholi'n barhaus, rwy'n siŵr, ynglŷn â dyfodol y llyfr fel offeryn effeithiol grymus i gyflwyno gwybodaeth, ac ynglŷn â phwysigrwydd darllen a myfyrio ystyrlon yn natblygiad pob unigolyn. A yw tranc y llyfr yn debygol ac anorfod, fel y myn rhai ddarogan y dyddiau hyn? Amser a ddengys. Ein dyletswydd ni yw ein hatgoffa'n hunain, a'n gilydd, fod gwreiddiau diwylliant print yng Nghymru yn ymestyn yn ôl bedair canrif a hanner. 'Gweddys yw rhoi yngymraec . . . 'eiriau printiedig am y tro cyntaf erioed, meddai awdur *Yny lhyvyr hwnn* ym 1546. Gweddus i ninnau yw gwarchod y gwreiddiau sydd wedi cynnal ein hiaith a'n diwylliant a'n gwahanrwydd cyhyd.

Rheinallt Llwyd

DOEDD NEB YN DDIOGEL RHAGDDO*

Islwyn Ffowc Elis

Wn i ddim a oedd fflamau yn awyr y nos uwchben Ceredigion pan anwyd Alun Roderick Edwards. Fe ddylasai fod. Am dân y byddwn i'n meddwl bob tro y clywn amdano, hyd yn oed cyn gwybod iddo dreulio blynyddoedd y rhyfel yn y Gwasanaeth Tân ym Morgannwg am ei fod yn wrthwynebwr cydwybodol. Er maint ei hynawsedd a'i foneddigeiddrwydd byddai gwreichion yn tasgu yn ôl traed y Cristion a'r heddychwr mawr hwn y ffordd y cerddai.

Nid ei danbeidrwydd a welais i gyntaf, fodd bynnag. Pan oeddwn yn y Coleg Diwinyddol yn Aberystwyth, byddwn weithiau'n gweld dyn ifanc ysgafn o gorff a difrifol ei ysbryd yn cerdded yn ddioedi i rywle ar ryw berwyl. Roedd ei wallt yn ddu, wedi'i gribo'n ôl dros ei gorun, a ffrâm ei sbectol yn dduach. Weithiau fe fyddai'n sefyll i dorri gair ag un ohonom, ond ni fyddai byth yn sefyll yn hir. Hyd yn oed y pryd hwnnw nid peth i'w wastraffu oedd amser i'r dyn ifanc pwrpasgar hwn.

Gan mai ym 1947 yr aeth ein criw ni i Aberystwyth, rhaid mai newydd ddychwelyd yno o'r Ysgol Lyfrgellyddol ym Manceinion yr oedd Alun Edwards pan welsom ef gyntaf: dychwelyd i ailgydio yn ei waith yn y Llyfrgell Genedlaethol, ond bod honno wedi'i ryddhau i helpu Llyfrgellydd newydd Sir Aberteifi, Ivor Davies.

Wedi marw cynnar Ivor Davies fe'i penodwyd ef, Alun, yn Llyfrgellydd Sir Aberteifi. Yn ddeg ar hugain oed, ef oedd y Llyfrgellydd Sir ieuengaf yng Nghymru a Lloegr. Mae dyddiad ei benodi—Dydd Calan 1950—yn haeddu'i gylchu ag inc coch ar galendr pob llyfrgellydd a chyhoeddwr ac awdur Cymraeg.

* Cyhoeddwyd yr erthygl hon gyntaf yn *Llais Llyfrau*, Hydref 1986, ynghyd â'r englynion sy'n ei dilyn.

Gadewch inni'n hatgoffa'n hunain o gyflwr pethau ym 1950. Rhyw hanner cant o lyfrau Cymraeg a gyhoeddid mewn blwyddyn i oedolion, a rhywbeth tebyg ar gyfer plant. Doedd dim grant i'w gael o unman at gyhoeddi na llyfr na chylchgrawn Cymraeg, dim Cyngor Llyfrau Cymraeg, dim Cyngor Celfyddydau Cymru. Doedd y mwyafrif o awduron Cymraeg yn derbyn yr un ddimai goch am ysgrifennu llyfr; roedd y cyhoeddwyr yn cyhoeddi'n aml ar golled. O fewn pymtheng mlynedd roedd y sefyllfa ddigalon hon wedi'i newid yn llwyr, diolch i lyfrgellydd newydd Ceredigion.

Yn fuan roedd gan Gyngor Sir Aberteifi Bwyllgor Llyfrau Cymraeg: hwnnw'n derbyn grant at sgrifennu a chyhoeddi ac yn prynu dau gopi o bob llyfr Cymraeg addas i blant i bob ysgol. Sefydlwyd Cymdeithas Lyfrau Ceredigion, Gyf., i noddi awduron y sir. Roedd ymgyrch lyfrau ryfeddol o lwyddiannus wedi'i chynnal ac ieuenctid Ceredigion yn ymfwrw iddi â'u holl egni, a nifer o athrawon y sir yn brysur yn sgrifennu llyfrau i blant. Ymhen rhai blynyddoedd byddai faniau llyfrgell bach yn cludo llyfrau Cymraeg i glosau ffermydd Ceredigion. Hyn oll, a llawer mwy, yn weledigaeth un llyfrgellydd ar dân ac yn ffrwyth ei lafur.

Roedd daear Ceredigion yn gysegredig i Alun. Ni fyddai'n blino sôn am ei fagu yn Nhŷ Capel Llanio ger Tregaron gan ei rieni diwylliedig. Er mwyn darllenwyr Cymraeg Ceredigion yr oedd yn gwneud yr hyn a wnaeth. Ond nid er eu mwyn nhw yn unig. Roedd yr un angen ar Gymru gyfan. Ac roedd awduron Cymru, ei gwerthwyr llyfrau, ei llyfrgellwyr a'i darllenwyr, i gyd yn edrych tua Cheredigion ac yn gwylio gweithgarwch yr arloeswr syfrdanol hwn, rhai â phryder, y cwbl ag eiddigedd.

Roedd yna eiddigedd at Gymdeithas Lyfrau Ceredigion, ac awydd am beth tebyg mewn siroedd eraill. Ym merw sefydlu'r Cymdeithasau Llyfrau Sirol y deuthum i wyneb yn wyneb ag Alun Edwards eto.

Roeddwn i wedi derbyn llythyr neu ddau oddi wrtho cyn hynny. Mewn un llythyr fe ddywedodd ei fod yn annerch cymdeithasau diwylliannol ledled Ceredigion ar *Cysgod y*

Cryman ac yn perswadio'i wrandawyr i'w ddarllen. Fe'm sobrwyd. Daeth llythyr arall ar ôl cyhoeddi *Ffenestri Tua'r Gwyll*. Llythyr hyfryd o garedig eto, ond medrwn ddarllen ei siom rhwng y llinellau. Angen mawr y Gymru Gymraeg oedd cannoedd o nofelau 'poblogaidd' fel *Cysgod y Cryman*. Rwy'n credu imi gael ei faddeuant pan gyhoeddwyd *Yn ôl i Leifior*.

Ar sgwrs mewn swyddfa neu barlwr neu ar y ffôn y byddai Alun fwyaf diwyd a llwyddiannus yn lledaenu'i syniadau. Yr oedd yn ddiplomat di-ail ac yn berswadiwr di-ildio. Ni ellid ei alw'n areithydd, ond fe allai danio cynulleidfa o lwyfan hefyd ar dro. Disgrifiwyd un pwyllgor yng Ngheredigion fel 'cwrdd diwygiad'. 'Cyfeiriwyd ataf finnau,' meddai Alun ei hun, 'fel rhyw Ddaniel Rowland, Llangeitho, yn rhoi tân yn y cyfarfod!'

Yn aml byddai'n cael ei losgi gan y tân a gyneuodd. Mae'n anodd credu heddiw gymaint o ragfarn a thaeogrwydd y bu'n rhaid iddo frwydro yn eu herbyn ymysg cynghorwyr a henaduriaid ei sir ei hun, heb sôn am gynghorwyr siroedd mwy Seisnig ac adrannau'r Llywodraeth. Byddai'n cael siom ar ôl siom, ergyd ar ôl ergyd, weithiau gan gynghorwyr a swyddogion a llyfrgellwyr yr oedd wedi'u hystyried yn ffrindiau iddo. Ond pan gaeai un drws yn ei erbyn byddai'n siŵr o fedru agor un arall. Roedd styfnigrwydd a hyblygrwydd wedi'u cydblethu'n rhyfedd yn ei natur ef.

Mae gen i gof clir am eistedd mewn car ar ymyl y ffordd rhwng Dolgellau a'r Cross Foxes gydag Emlyn Evans a Dafydd Orwig. Tua 1955 oedd hi. Alun Edwards oedd ein sgwrs, a'i ddyhead am weld Cymdeithas Lyfrau ym mhob sir trwy Gymru. Roedd Emlyn eisoes yn ysgrifennydd eneiniedig Clwb Llyfrau Cymraeg Llundain a chanddo fwy na phum cant o aelodau. Pa un ai clybiau llyfrau fel 'clwb Emlyn' ynte cymdeithasau fel Cymdeithas Lyfrau Ceredigion fyddai orau i'r siroedd?

Ar ddull Cymdeithas Ceredigion y penderfynwyd, ac yn fuan roedd rhwydwaith o gymdeithasau llyfrau dros Gymru, pob aelod yn cyfrannu dwy gini ac yn cael tocyn llyfrau gwerth dwy bunt a chopi o'r *Noddwr* (rhagflaenydd *Llais Llyfrau*). Daeth Alun ei hun i'n hannerch yn Llangefni y noson y sefydlwyd Cymdeithas Lyfrau Môn, fel yr aeth i bob rhan o Gymru, gan amlaf yng nghwmni Syr Thomas Parry, i sefydlu cymdeithasau eraill.

Rwy'n cofio cyfarfod cyntaf brwd Undeb y Cymdeithasau Llyfrau Cymraeg yn Amwythig ym 1956, a'r adroddiadau llawen o bob cyfeiriad. Wrth atgofio'r cyfarfod hwnnw dywed Alun yn *Yr Hedyn Mwstard*: 'Ni sonnir beth aeth o'i le ym Môn'. Yr hyn a aeth o'i le ym Môn oedd bod y Gymdeithas wedi fy newis i'n ysgrifennydd iddi. Fe sicrhawyd ei methiant.

Ond daeth Undeb y Cymdeithasau Llyfrau i ben, a hynny'n orfoleddus. I Alun, cyfrwng yn unig oedd yr Undeb, paratoad ar gyfer rhywbeth mwy a gwell. Cyngor Llyfrau Cymraeg oedd hwnnw. Un o'i freuddwydion oedd gweld ysgrifennu'n alwedigaeth amser-llawn i nifer o awduron. Sicrhau hynny fyddai un o brif amcanion y Cyngor. Pan ofynnodd Arglwydd Brecon iddo yn Eisteddfod Glynebwy pa un oedd bwysicaf, teledu Cymraeg neu lyfrau Cymraeg, 'Mae angen y ddau,' oedd ateb Alun, 'ond mae teledu'n tanseilio ein gwaith trwy ddwyn awduron.' Geiriau proffwydol.

Trwy berswâd Alun, yn anad neb, roedd y Llywodraeth erbyn hynny yn rhoi grant blynyddol at gyhoeddi llyfrau Cymraeg. Dim ond £1,000, mae'n wir, ond roedd yr iâ gweinyddol wedi dechrau toddi. Pwysodd Alun ac eraill, yn llwyddiannus, am gynyddu'r grant. Gyda nawdd yr Awdurdodau Lleol—ac eithrio siroedd Mynwy a Maesyfed— ond heb ddimai o gymorth oddi wrth y Llywodraeth, ffurfiwyd y Cyngor Llyfrau Cymraeg ym 1960. Ym 1964 penodwyd Alun Creunant Davies yn Drefnydd amser-llawn; dechreuodd yntau ar ei waith ar Ŵyl Ddewi 1965. Roedd un o freuddwydion mawr Alun Edwards wedi'i wireddu.

Ond un breuddwyd yn unig oedd hwnnw. Breuddwyd mawr arall oedd addasu cynllun Ceredigion i noddi a darparu llyfrau Cymraeg i blant ar gyfer siroedd eraill. Bu llwyddiant eto. Ffurfiwyd Pwyllgor y Pum Sir, pob un yn addo prynu hyn a hyn o gopïau o bob llyfr newydd a dderbynnid i'w gyhoeddi. Tyfodd Pwyllgor y Pum Sir yn Bwyllgor y Saith Sir ac yn y diwedd yn bwyllgor dros Gymru gyfan yn rhan o beirianwaith Cyd-bwyllgor Addysg Cymru.

Roedd un breuddwyd arall eto: sefydlu Coleg Llyfrgellwyr i Gymru. Nid pwnc i mi yw hwnnw, ond rwy'n mynnu dweud hyn: erbyn i'r frwydr honno ddechrau roedd Alun R Edwards yn adnabyddus y tu allan i Gymru, a thrwy'i waith dewr dros Gymru ar Weithgor Bourdillon ar safonau llyfrgelloedd, wedi gwneud cyfeillion dylanwadol yn Whitehall. Meddai yn ei gyfrol atgofion: 'Gallwn wneud cymaint mwy o hyn allan trwy lythyr personol neu drwy ymgynghori â Llundain ar y teleffon o Aberystwyth. Deuthum mor dderbyniol yno ag yng Nghaerdydd, os nad, yn wir, yn fwy felly.'

Roedd gwŷr o feddwl ac o farn, o ba genedl bynnag y byddent, yn medru canfod ei ddiffuantrwydd ac ymgynhesu wrth y tân yn ei enaid. Dim ond braidd gyffwrdd â'i weithgarwch rhwng 1950 a 1965 a wneuthum i yn y llith hon. Mae llawer iawn mwy i'w ddweud. Da chi, darllenwch eto'i gyfrol gyfareddol, *Yr Hedyn Mwstard*. Os ydych chi'n rhy brysur i'w darllen drwyddi, darllenwch gyflwyniad ardderchog Rheinallt Llwyd iddi.

Ym 1967, wrth gyflwyno Alun am radd MA Prifysgol Cymru er Anrhydedd, fe grynhodd Syr Thomas Parry, â'i dafod yn ei foch, brofiad pob un a berswadiwyd i gydweithio ag Alun: 'Nid oes neb yn ddiogel rhagddo, boed Athro Prifysgol neu Gynghorydd Sir neu Weinidog y Goron. Ni waeth heb, y mae natur dda a phenderfyniad y gŵr hwn yn rhwym o orchfygu, yn hwyr neu'n hwyrach.'

Bu hynny'n brofiad i minnau. Pan oeddwn i'n aelod o staff y Cyngor Llyfrau—staff o dri y pryd hwnnw—dan y teitl mawreddog, Cyfarwyddwr y Cynllun Cyfieithu a Chyhoeddi, siars galonogol Alun i mi oedd: 'Ffidwch nhw miwn!' Byddai hwnna'n gystal arwyddair â'r un i'w genhadaeth ef.

Byddai Alun yn ymffrostio mai'r pysgodyn mwyaf a ddaliodd yn un o'i amryw rwydau oedd T Llew Jones, a'i achub 'o fod yn ddim ond bardd, neu brifardd, i fod yn awdur llyfrau plant, sydd yn bwysicach o dipyn yn fy marn i!' Pan ddychwelodd Alun i'w swyddfa ym 1961 wedi tri mis o waeledd difrifol, croeso T Llew iddo oedd, 'Dyna'r tri mis mwya hyfryd yn hanes Sir Aberteifi; neb yn poeni a phawb yn cael llonydd i fwynhau ac ymlacio!' Roedd Alun wedi mwynhau honna.

Yn angladd Alun ar y 1af o Awst 1986 pwy a ddaeth i eistedd wrth fy ochr yng nghapel Llanddewibrefi ond T Llew Jones ei hun. Wedi inni gyfnewid cyfarchion dan ein hanadl edrychodd Llew tua'r arch wrth y sêt fawr, ac meddai: 'Ma'n dyled ni'n fawr i hwn.' Yn y frawddeg fach syml yna fe grynhowyd teimlad miloedd.

Wrth gofio Alun a diolch amdano mae'n cydymdeimlad yn ymestyn yn ddwys at ei briod Nesta. Hebddi hi wrth ei gefn ym mhob tywydd ac yn ddiarbed ei gofal amdano ym mhob gwaeledd, go brin y byddai wedi byw cyhyd i gyflawni cymaint. Mae hi a'i meibion a'r teulu diwylliedig i gyd yn haeddu'n diolch am adael iddo wneud yr hyn a wnaeth er ein mwyn i gyd.

ALUN R EDWARDS

T Llew Jones

Yr heniaith oedd yn crino—a'i llên hardd
    A lliw nos dros honno;
    Yna daeth i'w bendithio
    Lyfrau hael o'i lafur o.

A bu eto ddeffroad—i'r Gymraeg
    O'i ymroi a'i gariad;
    Efe a roes adfywiad
    Ac ail oes i lên ein gwlad.

Bu'n dŵr pawb o'n awduron,—anhygoel
    Gefnogwr llenorion;
    Arddodd a throes yn werddon
    Dir diffaith yr heniaith hon.

I'R CRWSADWR, ALUN R EDWARDS*

T J Davies

Naddwyd di â chŷn a morthwyl
Y Gair,
Ar eingion ysgol Sul, oedfa ac aelwyd Sgoldy.
Rhoddwyd min ar d'argyhoeddiadau
A gloywder ar d'arfau
Yn y gweithdy gwledig hwn.
Triniaeth rasol oedd hon.
Onid oedd yr offer yn nwylo tad a mam
A Williams-pregethwr lengar?
Weithiau tasgai'r gwreichion gwynias
Nes trydaneiddio'r lle,
A chreu coelcerth egnïol.
Dy dad yn bwriadol daflu galwyn o'i radicaliaeth sosialaidd
I ennyn y tân,
Ac wrth ei fodd yn tw'mo'i ddwylo'n y gwres!
A gweddïo'n dawel,
 'Cerdd ymlaen, Nefol dân,
  Cymer yma feddiant glân,'
Nes tanio'r fro gwsg,
A Chymru.
Crwsadwr oedd e.
Dy fam ar ei heitha'n bugeilio'r tân,
Ac yn amau a ddylid plannu procyr Marcs
Yn nhân Iesu Grist.
Rywfodd disgynnodd marworyn arnat.
Sut y gallet osgoi hynny â chawodydd yn glawio'n gyson?
Trodd y sbarcyn yn fynydd llosg yn d'enaid
A ffrwydro'n fynych yn y Gymru antartig hon,
Nes dy neud yn beryglus i fod yn agos atat!

* Cyhoeddwyd y gerdd hon gyntaf yn *Barn* 283, Awst 1986.

Fe alle dy lafa llosg ddal rhywun.
Yn wir, fe ddaliodd lawer, a'u tanio.
Ceisiodd rhai llai caredig na dy rieni
Dy ddiffodd.
Nhw a ruddwyd yn y gwres!
O'th ôl ma cyfres o gofgolofnau i'th weledigaeth.
Y Cyngor Llyfrau Cymraeg,
Gyda'i nawdd a'i nerth i lenyddiaeth Gymraeg.
Cadwyn o feniau cario-llyfre i 'Bant a Bryn'.
Coleg y Llyfrgellwyr yn Llanbadarn Fawr—
(Byddai Dafydd ap Gwilym wrth ei fodd yno!)—
Lle y naddir ieuenctid ar eingion dy weledigaeth
A'u gyrru i gynnau tân ledled Cymru.
A'r dosbarthiade trafod llyfre,
Ymestyniad, yn wir, ymgnawdoliad o dy dad a'th fam,
A'r Sgoldy ddadleugar.
Beibl y Plant mewn lliw.
Ti a'i mynnodd.
Ti fu'r Moses i agor môr coch pob rhwystr.
Heddi mae'n fanna yn nwylo ieuenctid Cymru.
Gwyddom i ti fod yn ffau'r llewod
Ac iddynt â'u dannedd sosialaidd gwrth-Gymreig
Wneud eu gore i dy larpio.
(Be ddwedai dy dad?)
Cest dy glwyfo.
Ymhob sgarmes roedd d'arwr
Yn dy gynnal, George M Ll,
Â'i heddychiaeth Gristnogol.
Difenwyd di, ni ddifenwaist.
Ma Cymru ise diolch,
Fod 'na ddyn

> 'Yn y cyfnos tywyll, pygddu,
> Fe ddaeth dyn fel mewn twym ias,
> Yn llawn gwreichion golau, tanllyd,
> O'r Ysgoldy fach i mas'

A chreu diwygiad a chwyldro.

Cyfunaist yn dy genhadaeth
Y tri chawr o Ddyfed.
Griffith Jones . . . yr addysgydd,
Daniel Rowland . . . yr efengylydd,
                    a
Henry Richard . . . yr heddychwr.
A chrwsadu eu cenhadaeth
Mewn dyddiau gwahanol iawn.
Estynnir, ar dro, eneidiau gwiw,
Nad ydym deilwng ohonynt.
Roeddet ti yn un o'r detholion.
Er i ti ddistewi
Ma Cymru yn dal i dw'mo'i dwylo
Wrth wres anniffodd
Dy gyfraniad.
Bydd ambell farworyn yn sicr o dasgu
A thanio rhywun
I barhau'r crwsâd.
Ma 'na olyniaeth apostolaidd sy'n cadwyno
Trwy Langeitho, Tregaron a'r Sgoldy
Ac ymlaen . . . ac ymlaen.

ALUN R EDWARDS*

Atgofion personol gan Alun Creunant Davies

Mae gwahaniaeth mawr rhwng breuddwyd a gweledigaeth. Bydd llawer ohonom yn cael breuddwydion ac yn treulio llawer o amser yn sôn amdanynt, ond prin yw'r rhai sy'n cael gweledigaeth a phrinnach byth ym mhob cenhedlaeth yw'r rhai sy'n magu argyhoeddiad o gwmpas eu gweledigaeth.

Un o'r bodau prin hynny yw Alun R Edwards. Ond i'r sawl ohonom a gafodd y fraint o droi i mewn i Ysgoldy Llanio, pan oedd William a Marged Edwards yn eu bri, nid yw'n gymaint o syndod. Nid oedd y tŷ hwn yn ddim llai nag estyniad o'r Ysgoldy a'r Ysgol Sul cydenwadol, ac yn ganolfan gymdeithasol gref. Gan fod y ddau benteulu'n coleddu safbwyntiau gwahanol, yn grefyddol, yn boliticaidd ac yn gymdeithasol, roedd yno fynegi barn brwd, a hynny ag argyhoeddiad yn gyson, ond roedd yno gyd-ddeall hefyd. Nid yw'n syndod, felly, i'r cyw melyn olaf, Alun Roderick, dyfu i fyny i sylweddoli bod raid wrth frwdfrydedd ac argyhoeddiad i fynegi'ch gweledigaeth, ond ar yr un pryd bod raid parchu barn wahanol a meithrin ysbryd cymod. Daeth o dan ddylanwad yr heddychwr mawr George M Ll Davies ac nid pawb sy'n cofio iddo dreulio cyfnod o flynyddoedd yn ystod y rhyfel yn y Gwasanaeth Tân ym Morgannwg yng nghwmni gwrthwynebwyr eraill fel Victor Hampson Jones. Yn ddiddorol iawn, treuliodd ran o'i amser yn trefnu Grwpiau Trafod i wŷr y Gwasanaeth Tân. Pa ryfedd eu bod yn ffynnu yn Nyfed heddiw!

Pan ddaeth yn Llyfrgellydd Sir Aberteifi, yn ŵr ifanc iawn, nid swydd mohoni ond cenhadaeth. Nid adeilad i'w fynychu'n achlysurol pan fyddai pobl yn chwilio am rywbeth i'w ddarllen oedd llyfrgell yn ei olwg ef ond casgliad helaeth

* Cyhoeddwyd yr atgofion hyn gyntaf yn *Llais Llyfrau*, Hydref 1980.

o lyfrau yr oedd yn bwysig, er mwyn dyfodol Cymru, eu bod yn cael eu benthyca a'u darllen. Rhaid oedd mynd â'r llyfrau allan at y bobl, a dyna ddechrau'r llyfrgell deithiol i'r pentrefi, ac, yn ddiweddarach, i'r cartrefi a'r ffermydd. Ond er y gellwch fynd â'r ceffyl at y dŵr ni ellwch ei orfodi i yfed, ac nid digon oedd cynnig y llyfrau, rhaid oedd creu diddordeb.

I'r pwrpas hwnnw, roedd yn rhaid cael mwy o lyfrau poblogaidd, mwy o bobl i'w prynu a mwy o amrywiaeth o lyfrau plant. Dyma gasglu nifer o gyfeillion at ei gilydd i ffurfio Cymdeithas Lyfrau Ceredigion ac amod aelodaeth oedd prynu gwerth dwy bunt o lyfrau'r flwyddyn. Roedd hynny'n swm go dda pan oedd nofel yn chwe swllt a chyfrol o farddoniaeth yn saith-a-chwech. Ac onid oedd diddordeb mewn atgofion lleol? Os felly, pam na allai'r Gymdeithas gyhoeddi atgofion lleol? Dyna'n union a ddigwyddodd ac, yn y man, cafwyd *Fferm a Ffair a Phentre, Y Byd o Ben Trichrug* ac eraill. Gan iddo lwyddo yn Sir Aberteifi, beth am ddatblygu'r syniad ymhellach ac yn fuan iawn roedd rhwydwaith o Gymdeithasau Llyfrau Cymraeg drwy Gymru a fu'n sail i'r Cyngor Llyfrau Cymraeg.

Roedd grant bychan o du'r Llywodraeth tuag at gyhoeddi llyfrau oedolion ond nid oedd unrhyw gymorth ar gyfer llyfrau plant. Gweledigaeth arall. Pam na allai'r Pwyllgor Addysg warantu prynu nifer arbennig o gopïau, os nad oedd hawl ganddynt i gyhoeddi eu hunain—a byddai sicrwydd gwerthiant yn hwb sylweddol i unrhyw gyhoeddwr. Wedi paratoi'r tir yn ofalus, a gofalu bod rhyw gynghorwr neu'i gilydd yn gallu ateb y cwestiwn lletchwith a allai godi, llwyddodd i werthu'r syniad i'r Pwyllgor Addysg. Bu'n llwyddiant digamsyniol, a'r cam nesaf oedd cael siroedd cyfagos i ymuno yn y cynllun. Tyfodd yn Gynllun Pum Sir, ac yn Gynllun Saith Sir, ac mae bellach yn gynllun cenedlaethol o dan nawdd y Cyd-bwyllgor Addysg. Wedi cael llyfrau newydd roedd yn rhaid sicrhau y caent eu darllen a dyma gychwyn cyfnod y cwisiau, a'r grwpiau trafod, gweithgareddau sy'n dal yn boblogaidd ac yn ffurfio rhan bwysig o raglen ddiwylliant y llyfrgell. Roedd y weledigaeth ynglŷn ag ystyr llyfrgellyddiaeth yn dal i ymledu a hynny hyd nes sicrhau bod gwasanaeth llyfrgell yn cyfrannu at holl agweddau ein diwylliant.

Dywedais ddigon i ddangos y patrwm. Gweledigaeth—trafod a chynllunio—gweithredu. Roedd angen rhagor o lyfrgellwyr Cymraeg—brwydro caled, a sicrhau Coleg Llyfrgellwyr Cymru. Roedd rhywrai'n methu darllen print—chwilio am beiriant a datblygu llyfrgell casetiau. Roedd perygl i atgofion amryw o drigolion y sir fynd ar goll—anfon aelod o staff i recordio'r deunydd cyn ei bod yn rhy hwyr.

Ni fu'n hawdd bob amser. Cafodd wrthwynebiad, roedd rhai'n llugoer. Creodd broblemau newydd wrth setlo rhai eraill, a golygodd y cyfan lawer o golli cwsg. Ond cafodd fyw i weld troi nifer o'r gweledigaethau'n ffaith ac afraid dweud y byddai bywyd diwylliannol Cymru'n llawer tlotach hebddynt.

Bellach mae wedi ymddeol o'i swydd fel llyfrgellydd ac mae'n haeddu cael ei ryddhau o faich cyfrifoldeb. Ond fel y gŵyr y rheini ohonom sy'n ymwneud â diwylliant ein cenedl mewn byd ac eglwys, ni phallodd y gweledigaethau ac mae'n dal i gynllunio sut i'w troi'n weithredoedd.

Gan mai dim ond codi cwr y llen a wna'r sylwadau hyn, mae'n dda meddwl bod Mr Alun Edwards wedi ysgrifennu'r hanes yn llawn ac y gwelir cyhoeddi'r llyfr hwnnw yn yr hydref. Wrth lwc, ni welais y llawysgrif cyn ysgrifennu'r geiriau hyn ac rwy'n ddiolchgar i'r Golygydd am y gwahoddiad i dynnu'r darlun personol hwn o'r Alun Edwards a adwaenais i . . . o'r dyddiau pan welais ef gyntaf yn ŵr ifanc yn Llanddewi, a minnau'n mynd yno i aros yn grwt ysgol, i'r Alun Edwards sy'n sylfaenydd ac ysgrifennydd y Cyngor Llyfrau Cymraeg, y cefais innau'r fraint o fod ynglŷn â'i ddatblygiad.

YN ÔL AT Y TWMPATH EITHIN*

Mairwen Gwynn Jones

Pâr o lygaid pŵl yn treiddio'n ddwfn dan asgwrn yr aeliau, a'r aeliau hynny'n bargodi trostynt fel na fedrai neb ddirnad yn iawn beth oedd yn mynd 'mlân y tu ôl i'r sbectol, pa gynllun na pha gynllwyn difalais.

Dyna Alun R Edwards i mi tan y diwedd—a hyd y diwedd yr oedd peiriant ei feddwl yn mynnu troi, er i'r negesydd rhwng yr ymennydd a'r lleferydd gloffi ac iddo yn y pen draw golli'r ras garlamus.

Ein colled ni hefyd oedd honno.

Hyd yn ddiweddar, os na fyddai pethau'n argoeli'n dda mewn pwyllgor (pwyllgor byd teledu erbyn hyn), byddwn yn gallu tynnu ei goes a dweud 'Nôl at y twmpath eithin amdani!' Ac fe ddôi crychni chwerthin i'r llygaid yna, a gwên.

Cyfeirio'n gynnil a fyddwn at gasgliad o *Straeon Difyr i Blant*, dan olygyddiaeth J D Jones, Mydroilyn, a gyhoeddwyd gan Wasg Aberystwyth yn ôl ym 1956—sef union ddeng mlynedd ar hugain yn ôl: dyna fesur rhan o hyd ymgyrch Alun Edwards. Yng nghanol chwe stori'r gyfrol honno, wele 'Ditectif y Twmpath Eithin' o waith y llenor ystorïol Alun R Edwards! Mae'r plant sydd yn arwyr yn y stori yn ennill clod a bri am ddarganfod cuddfan ysbail aur, a'r tri yn cael eu lluniau 'ym mhapurau'r wlad'. Daw'r *Sun* a'r *Express* yn syth i'r meddwl—ond na: 'Anfonodd *Cymru'r Plant* bob i gini iddynt am eu dewrder'.

Oes aur yr Urdd, cyn argyfwng ariannol y Mudiad oedd hynny, mae'n siŵr! Ond onid oedd yn bosibl i bob oes fod yn Oes Aur yng ngolwg Alun R Edwards? A chyda ffydd ac ewyllys yr oedd modd hefyd, yn ei dyb ef, i oresgyn pob

---

* Cyhoeddwyd yr erthygl hon gyntaf yn *Llais Llyfrau*, Hydref 1986.

argyfwng ariannol, ac arall, a hynny yng nghyd-destun 'pethe' ei genedl ei hun.

Ac un ymgais o blith llawer, un cyfraniad bach tuag at ddatrys argyfwng oedd stori 'Ditectif y Twmpath Eithin', fel y cawn sôn.

Llyfrgellydd allblyg, gweithredol oedd Alun, un a ddehonglai ei swydd ar gynfas pur eang, ac un a'i gonsýrn dyngarol yn fawr am y praidd a ddarllenai lyfrau ei lyfrgell. Rhaid oedd ystyried buddiannau'r ddiadell i gyd, o'r ŵyn hyd at yr hyrddod hynaf, o'r ddafad wen hyd at y dduaf (dim ond i faes pori honno beidio â thresmasu ar egwyddorion moeseg gadarn Ceredigion—odid nad oedd Cyfres y Fodrwy yn hen ddigon pell!), ac o'r iachaf hyd yr eiddilaf.

Yr oedd y fugeiliaeth hon yn bwysicach nag unrhyw drefniadaeth fiwrocrataidd yn ei olwg, ond ar yr un pryd (fel Cardi!) sylweddolai'n burion mai diwedd pob cân yw y geiniog, ac i'r fan dyngedfennol honno y llywiodd aml i drafodaeth mewn pwyllgor.

Ei ofal tros weiniaid ei braidd darllen a'i harweiniodd i roi'r fath gefnogaeth i bapur llafar a chasetiau llyfrau i'r deillion. Nid aech i'w swyddfa heb weld ar ei ddesg ôl darllen a ddangosai ei fod â'i fys ar byls datblygiadau llyfrgellyddol tebyg ledled y gwledydd. Rhaid oedd trefnu mynd â'r ymborth darllen o gorlan y llyfrgell allan i'r bryniau at yr hen a'r anghysbell, ac wedi chwalu'r wledd, eu denu at y blewyn glas trwy amryfal ddulliau.

A rhaid oedd sicrhau digonolrwydd y ddarpariaeth.

'Nôl yn y pumdegau cynnar, doedd yr ymborth gogyfer â'r ŵyn —y darllenwyr ifainc—ddim yn ddigonol o bell ffordd. Daeth y bugail ymarferol i'r adwy. Rhaid oedd sicrhau mwy o ddeunydd Cymreig i'r plant. Roedd yn adnabod ei fro yn dda, felly gwyddai lle'r oedd hedyn talent sgrifennu yn cuddio: J R Evans a Dilwen Evans, Llanilar; Mary Jones, Pennant; Mari Ellis a Jacob Davies; W J Gruffydd ac Aneurin Jenkins Jones; Eiddwen James a W J Jones—mae'r rhestr yn faith (heb anghofio awdur y 'Twmpath Eithin'!). Rhaid oedd deffro a swcro'r dalent a oedd wrth law ond, wrth gwrs, rhaid oedd hefyd sicrhau swmp awdurdod y tu ôl i noddi'r dalent, a phres a gwarant gwerthu'r storïau: y syniadol a'r ymarferol ynghyd.

Mae'n werth bwrw golwg atgofus eto ar y fframwaith. Dyma Bwyllgor Llyfrau Cymraeg, Pwyllgor Addysg Sir Aberteifi, fel y rhestrwyd ef ar flaen *Storïau Awr Hamdden,* 1954:

BWRDD GOLYGYDDOL
Pwyllgor Addysg Sir Aberteifi.
CADEIRYDD:
Cyng. T Oswald Williams
YSGRIFENNYDD:
Mr Alun R Edwards
AELODAU:
Miss Neli Davies, Miss Sali H Davies, Miss Eiddwen James, Miss Bessie Jones, Miss Mary Jones, Mr Beynon Davies, Mr J R Evans, Mr J Tyssul Jones, Mr Peter H Jones, Mr J D Jones, Mr T Llew Jones, Mr T Ll Stephens, Dr Caradog Morris, HMI.

Ac meddai Sali Davies yn Rhagair y gyfrol:

'O dro i dro, clywyd cwyn Llyfrgellydd ein Sir fod plant y Sir yn troi i ddarllen llyfrau Saesneg, oherwydd prinder llyfrau Cymraeg addas iddynt. Yn wyneb hyn, galwyd ynghyd i Gynhadledd ym Mhlas y Cilgwyn, Castell Newydd Emlyn, nifer o athrawon ac awduron i drafod y broblem yn ei holl agweddau.

Mewn canlyniad, anfonwyd allan gylchlythyr yn enw Cyfarwyddwr Addysg y Sir (Dr J Henry Jones) a'r Llyfrgellydd (Mr Alun R Edwards) yn apelio am storïau a fyddai wrth fodd calon plant rhwng un ar ddeg a phymtheg oed.

Derbyniwyd un ar bymtheg o storïau a thrafodwyd hwynt mewn cynhadledd arall ym Mhlas y Cilgwyn . . .'

Onid oes ôl pensaer ar y fath gynllunio effeithiol? Ni chewch well *operator* mewn stori sgrin deledu!

Cyn hir, ym 1958, dyma gyhoeddi nofel 'I blant Ysgol Tregroes', 'un arall o'r llyfrau a ddaeth i brint drwy ymdrechion a chefnogaeth Pwyllgor Addysg Sir Aberteifi', sef *Trysor Plasywernen*, T Llew Jones. A dyna un o gewri byd llyfrau plant yn cychwyn ar ei daith doreithiog.

Erbyn hyn yr oedd 'cystadlaethau' sgrifennu Sir Aberteifi wedi eplesu'n Gystadlaethau Pum Sir, yna Saith Sir, nes o'r diwedd i Gyd-bwyllgor Addysg Cymru gytuno i gymryd gofal o'r holl gynllun i sicrhau deunydd darllen digonol i blant ysgol Cymru.

A dyna'r arch-lywiwr yn rhydd i fynd ati i geisio—llwyddo neu beidio—gwireddu rhyw weledigaeth a llenwi rhyw fwlch arall (er na fu hynny mor hawdd iddo wedi i natur a phatrwm llywodraeth leol a phatrymau nawdd newid).

Ond gyda threigl y blynyddoedd, sylweddolwyd yn gwbl glir fod hyd yn oed cyfundrefn gyhoeddi'r Cyd-bwyllgor Addysg, heb sôn am y gweisg argraffu, yn gadael bylchau mawr heb eu llenwi. Er enghraifft, un angen amlwg oedd fersiwn lliwgar, cyfoes a graenus o'r Beibl i blant yn Gymraeg. Yr oedd Cyngor yr Ysgolion Sul yng Nghymru (ac Alun yn un o'i sylfaenwyr) yn eiddgar i gael fersiwn felly, ac ym 1977 llwyddodd Gwasg Christopher Davies i ddod i gytundeb â Hamlyn i drosi *The Illustrated Children's Bible* i'r Gymraeg.

Bu Alun mor sicr o werth y fenter nes ei fod yn barod i warantu ei dŷ ei hun yn erbyn unrhyw golled—ei gartref ef a Nesta a'r tri mab a oedd mor hanfodol iddo—y tŷ a adeiladwyd gan ei dad nad oedd am ei adael hyd yn oed i weithredu fel Llyfrgellydd cyntaf Dyfed yng Nghaerfyrddin, ei 'Lanio' hoff lle y gorffwysodd!

Fodd bynnag, ar y pryd yr oedd Cyngor Celfyddydau Cymru newydd sefydlu Panel Llenyddiaeth Plant. Lluniwyd adroddiad ym 1974 yn rhestru llu o flaenoriaethau ar gyfer sylw'r Panel. Un ohonynt oedd sicrhau Beibl mewn lliw i'r ifainc yn Gymraeg. Ac fe gafodd y Panel sêl bendith i neilltuo bron y cyfan o'i gyllideb am y flwyddyn honno i gynorthwyo cyhoeddi'r gyfrol. Yn sgil y fath gyd-ddigwyddiad, arbedwyd 'Llanio' rhag mynd yn warant!

Cymaint oedd ffydd Alun Edwards yn ei weledigaethau— canys gweledydd oedd yn ei faes—fel yr oedd yn rhaid i rywun yn aml fentro ymddiried yn ei gynlluniau hyd yn oed os na allech weld pen draw y cynllun eich hun. Ond yn ogystal â bod ganddo ei argyhoeddiad a'i frwdfrydedd personol (a phrin), efallai mai nodwedd ohono (un prinnach) oedd ei allu i amgyffred yr un tân yn mud-losgi mewn unigolion eraill, a'i barodrwydd wedyn i helpu'r fflamau yna i gynnau.

Wedi oriau laweroedd o gyd-drafod difyr rhyngom yma yng Nghaerfyrddin, a ninnau'n tybio, yn gam neu yn gymwys, bod sawl maen wedi mynd yn saff i'r wal, fe'm denwyd ganddo o fyd llyfrau plant i fyd teledu, i Fwrdd Cymraeg HTV.

Gwyddai gŵr y casét a'r papur llafar na fedrem bellach fugeilio dyfodol darllen yng Nghymru ped anwybyddem frasgamau technoleg gyfoes a rhaid oedd ceisio troi honno, hyd y gallem, i'n melin ein hunain. Rhaid oedd harneisio'r traddodiadol a'r newydd o dan yr un iau. I'r perwyl, fe'm hanogai'n gyson i lunio dogfennau fel yn y dyddiau cynt, ac fel y gwnaethai ef, er bod holl beirianwaith a blaenoriaethau'r gwasanaeth teledu cyhoeddus yn newid ar garlam dan bwysau allanol.

Yn anffodus, torrodd ei iechyd yn rhy fuan wedi sefydlu S4C, ond byddai'n dal i leisio'i farn yn ddiflewyn ar safonau, yn gymodlon ac adeiladol yr un pryd ac, o dro i dro, rhwng peswch bach a pheswch, gwelem yr hen bwyllgorddyn praff yn brigo. A phan edrychai'n ddryslyd neu'n siomedig yn ystod rhyw ddadl, dyna pryd y sibrydwn 'Nôl at y Twmpath Eithin!'

Byddaf yn falch o gofio am y cyfnewid olaf a fu rhyngom. Ym mis Mai dangosais iddo sylwadau Edward Barnes, cyn-Bennaeth Rhaglenni Teledu Plant y BBC wrth i hwnnw ymddeol wedi chwe blynedd ar hugain o wasanaeth. Meddai Barnes am ddyfodol yr Adran Raglenni bwysig honno:

The opportunities to sow a seed, to let in the light and point the way, or, as Huw Wheldon said, 'Simply to delight' are infinite. (*Broadcast*)

A daeth gwên o gytundeb i'r llygaid pŵl wrth adnabod enaid cytûn. Wedi'r cyfan, onid gafael ym mhob cyfle tebyg a wnaeth e, Alun R Edwards, ei hun?

Ac y mae ein diolch iddo am lawer mwy na chwe blynedd ar hugain o ymroi diflino.

CEFNDIR A BLYNYDDOEDD CYNNAR ALUN RODERICK EDWARDS (1919-1939)

D Ben Rees

Y mae unrhyw berson heddiw sy'n ymwneud â diwylliant Cymraeg—'y pethe', fel y'i gelwir—yn gwbl ddyledus i Alun R Edwards. Ni ellir meddwl am y fasnach lyfrau Gymraeg, am fywyd llyfrgell, am fyd cyfathrebu yn Gymraeg, am fyd yr Ysgolion Sul yn ail hanner yr ugeinfed ganrif, heb roddi lle pwysig iddo. Ac eto mae cryn lawer o ddirgelwch ynghlwm â'r bersonoliaeth hyfryd a'r bywyd llawn-gweithgarwch hwn, a'r dirgelwch pennaf yw'r hyn a ysgogodd Alun R Edwards yn y blynyddoedd cynnar. Dywed ef ei hun: 'Rwyf wedi ceisio lawer tro—mewn anerchiad, mewn rhaglenni radio a theledu, ac mewn ateb i ohebwyr y wasg—roi esboniad am fy mrwdfrydedd dros lenyddiaeth Cymru ond methais bob tro â dod o hyd i wir achos fy ymroi i'r cyfeiriad yma.'

Plentyn y cyfnod rhwng y ddau Ryfel Byd ydoedd. Ganwyd ef ar 28 Medi 1919 a dechreuodd ar waith mawr ei fywyd ym myd llyfrau ym 1937. Felly fy maes llafur yw'r dauddegau a'r tridegau, blynyddoedd y locustiaid mewn aml i ardal yng Nghymru, blynyddoedd diweithdra a gadael cefn gwlad am Lundain, blynyddoedd cythryblus ar un olwg, ond yn y Gymru Gymraeg, cyfnod pan oedd cryn weithgarwch diwylliannol a chrefyddol. Ac yn y cyfnod hwn y cafodd Alun R Edwards ei hun, a hynny mewn man delfrydol, mewn Tŷ Capel yn perthyn nid i gapel ond i ysgoldy ar y ffordd rhwng Tregaron a Llangybi yng nghanolbarth Ceredigion. Mewn gwirionedd, bron ar groesffordd, oherwydd gyferbyn â'r Ysgoldy y mae ffordd yn arwain am Llwynpiod a Llangeitho a Thregaron, ac y mae darn o'r ffordd hon yn dilyn, mae'n debyg, hen ffordd y Rhufeiniaid, y Sarn Helen.

Yn ymyl Ysgoldy Llanio y mae'r Tŷ Capel a thŷ arall, ac ychydig ffordd oddi yno y mae ffermdy Llanio Isaf lle y ceir

olion caer Rufeinig. Y mae'r *Loventium* hon, a derbyn
damcaniaeth yr ysgolhaig disglair Edward Lhuyd, o fewn
chwarter milltir i gartref Alun. Go brin fod neb yn yr ardal
wedi dweud wrtho i Edward Lhuyd grwydro'r ardal ym 1698
a darganfod yn Llanio feini ag ysgrifen Ladin arnynt, a
hynafiaethau eraill hefyd yng Nghae'r Castell. Daeth Lhuyd
i'r casgliad iddo ddod ar draws olion caer Rufeinig y ceir
cyfeiriad ati gan Ptolemy, mathemategydd, seryddwr a
daearyddwr. Yr enw a rydd Ptolemy ar y lle yw Loventinum
ond Loventium yw'r enw yn ôl William Camden. Ni châi
Lhuyd anhawster i leoli Loventium yn y lle a elwir heddiw yn
Llanio. A'r Rhufeiniaid a roddodd felly yr enw sydd ar y darn
gwlad cyfoethog bob ochr i afon Teifi ym mhlwyf Llanddewi-
brefi. Cafodd Alun R Edwards, fel eraill ohonom, ei atgoffa
yn yr ysgol am bwysigrwydd Llanio a'r gaer Rufeinig.
Byddai ef yn gwerthfawrogi'r ddamcaniaeth a wnaed gan yr
Athro Syr Edward Anwyl, sef bod allor neu fan cysegredig i
un o dduwiau'r Rhufeiniaid wedi bod yn Llanio—allor i'r
duw Iau. Dywed yr Athro fod amryw ffurfiau ar enw hwnnw
a bod Jovis yn un ohonynt. Â rhagddo i egluro mai Iau neu
Iof oedd hen ffurfiau Cymraeg y gair, ac i'r Iof fynd yn Io
mewn Cymraeg diweddar. Felly mae'n ddigon posibl credu
mai'r duw Iau a addolai'r Rhufeiniaid yw gwreiddyn yr ôl-
ddodiad *io* yn Llanio. Felly, yn ôl yr Athro Anwyl, gallai'r gair
Llanio olygu llan neu eglwys neu gysegrfan i'r duw Iau neu
Io. Byddai hynny yn gryn help i egluro ystyr y gair Llanio,
gair allweddol i wrthrych ein hysgrif. Gelwid ef gan bobl y
fro yn Alun Ysgoldy, ond i'w gyfoedion y tu allan i'r plwyf yn
ddiwahân, Alun Llanio. Ac wedi'r cyfan galwodd ei gartref yn
Llanfarian yn Llanio fel y gwnaeth un arall o wŷr diwylliedig
y fro, D D Evans, yn Heol y Gogledd yn Aberystwyth.

Nid anghofiodd ei wreiddiau, ei fagwraeth werinol,
gariadus a chyfoethog, ei addysg grefyddol ddiwylliedig, ei
deulu a'i dylwyth. Nid anghofiodd yr aelwyd a'i dad a'i fam.
Rhaid rhoddi sylw arbennig iddynt. Ei dad i ddechrau, ac
mae gen i go da am William Edwards, Ysgoldy. Gŵr ydoedd
o ardal Penuwch a ddaeth i weini yn Llanio Fawr, ffermdy o

fewn canllath i Ysgoldy, ac yno y cyfarfu â Marged a ddaeth yn gymar bywyd iddo. Collodd ei fam pan oedd yn dair mlwydd oed, ac yr oedd yn un o dri o blant. Bu'n rhaid iddo adael Llanio am Maerdy yng Nghwm Rhondda i chwilio am waith a bu hyn yn ddylanwad pell-gyrhaeddol arno o ran syniadaeth. Yno y daeth wyneb yn wyneb â dimensiwn hollol wahanol i ganolbarth Ceredigion, sef y Mudiad Llafur. Adnabyddid Maerdy fel Mosco Fach neu gan eraill fel Llanddewi Fach gan fod cymaint o blwyf Llanddewibrefi wedi mynd i fyw yno. Ond bu'r cyfnod yn y pwll glo yn agoriad llygad a meddwl i William Edwards. Daeth yn ôl adeg y Streic Fawr ym 1926 a mynd i weithio fel saer maen, masiwn fel y'i gelwid ar lafar gwlad, a hynny ar arian digon bach.

Yr oedd yn ŵr cydwybodol ac unplyg ac yn ddiwylliedig ei fryd. Roedd ganddo ei arwyr o fyd y pulpud ac o fyd y llwyfan gwleidyddol. Teg yw nodi y rhain gan fod Alun R Edwards wedi cael ei fagu ar aelwyd a oedd yn eu harddel. O blith y beirdd Cymraeg yr oedd dau yn cael lle pwysig gan William Edwards. Y brenin barddol iddo oedd William (Crwys) Williams (1875-1968), bardd telynegol a luniodd gerddi cofiadwy a ddaeth yn drysorau ar dafod leferydd y werin Gymraeg—'Cloch y Llan', 'Y Border Bach' a 'Melin Trefin'. Gwelodd Crwys ddefnydd cân ym mhobman ac ym mhob peth, a daeth ei gyfrolau *Cerddi Crwys* a *Cerddi Newydd Crwys, Trydydd Cerddi Crwys* a *Cerddi Crwys, y Pedwerydd Llyfr* i'r Ysgoldy. Yr ail oedd T E Nicholas (1878-1971), arloesydd y Mudiad Llafur yng Nghymru a bardd toreithiog. Bu'n weinidog Ebeneser, Llangybi a Bethlehem, Llanddewibrefi o 1914 i 1918. Clywodd William Edwards ef droeon, ac yn arbennig yn y cyfnod rhwng y ddau Ryfel Byd, yn darlithio ar Rwsia. Gofynnwyd iddo unwaith, ac yntau'n darlithio yn Ysgoldy Llanio: 'Os ydych chi Mr Nicholas mor hoff o Rwsia, pam yn y byd na wnewch chi fynd i fyw yno?' Ei ateb sydyn oedd: 'Aderyn a fegir yn uffern, yn uffern y myn fod!'

Ymysg aelodau'r Mudiad Llafur, yr oedd gan William Edwards feddwl uchel o Keir Hardie a'i grwsâd dros y gweithiwr a'i ffydd ddiymwad dros heddychiaeth a Sosialaeth, ac o blith y Sosialwyr Cymraeg soniai yn aml am James Griffiths, Aelod Seneddol Llanelli, y gŵr a wnaeth gymaint dros Gymru y tu mewn i'r Blaid Lafur. Un arall a edmygai William Edwards oedd Huw T Edwards (1892-1970), arweinydd ym myd Undebaeth a Chymro twymgalon a ganodd gerddi i'r gymdeithas werinol y bu mor ffyddlon iddi.

Hoff ddeunydd darllen William Edwards oedd y *Daily Herald* ac esboniad blynyddol maes llafur yr oedolion yn yr Ysgol Sul. Darllenai'r *Daily Herald* yn aml hyd hanner nos, a rhaid cydnabod mai papur ardderchog ydoedd. Ond yr oedd William Edwards yn cofio'r hyn a ddarllenai a'r hyn a glywai o bulpud Eglwys y Methodistiaid Calfinaidd—Presbyteraidd erbyn hyn—yn Eglwys Bethesda, Llanddewi. Gwir y dywedodd ei fab amdano:

> Roedd 'Nhad yn grefyddol yn ystyr draddodiadol y gair, ac yn fwy felly na Mam. Yr oedd yn well gwrandawr pregethau a doedd e byth yn clywed yr un bregeth wael— pob pregeth yn well na'r un flaenorol. Ef, heb fod yn flaenor, oedd y cyntaf i ysgwyd llaw â'r pregethwr ar ôl pob pregeth, a diolch iddo am ei neges.

Yr oedd William Edwards yn barod i sefyll ei dir ymysg y Rhyddfrydwyr yn Llanio. Un o'i gyfeillion peryclaf oedd Dan Williams, Ratal. Blaenor ym Methesda ac un o'r cyhoeddwyr gorau a glywais a gwych iawn ar ei draed yn y Seiat, ond Rhyddfrydwr o'r Rhyddfrydwyr ydoedd a dadleuydd peryglus. Ond nid oedd William Edwards yn un i ildio. Gwyddai ei Feibl a'i Lyfr Emynau a'i esboniadau a'i *Daily Herald,* ac yn ôl ei fab, 'ni fu neb mwy ffyddlon na 'Nhad yn cyd-olygu Marx a Christ'. Gormodiaith. Mudiad Llafur a Christ yn agosach ati, debygwn i, er iddo, mae'n rhaid cydnabod, ddod ar draws Marcsiaid yn y Rhondda Fach, ac Arthur Horner yn eu plith. Ond nid oes tystiolaeth iddo ddarllen *Das Kapital*, ac fel un sy'n meddu ar y tair cyfrol drwchus ac wedi ceisio'u darllen, mae'n amheus gen i a fyddai'r saer maen wedi cael amser i astudio athroniaeth gymhleth Karl Marx.

Darn o biwritaniaeth y bedwaredd ganrif ar bymtheg oedd Marged Edwards. Cafodd hi ei magu yn yr Ysgoldy a bu'n byw yno ar hyd ei hoes. Magodd dyaid o blant—Wil, yr hynaf, a fu yn Llundain (ac a ddychwelodd i'r hen gartref); Dewi, a dreuliodd ei oes ar y rheilffordd ac sy'n byw yng Nghaerfyrddin ac yn dad y llenor o seiciatrydd, Dr Huw Edwards; Mari, nyrs a briododd y Parchedig J Mathias o Bontarddulais ac sy'n fam i un o'n haneswyr cyfoes, Hefin Mathias; Nellie, un arall a fu'n nyrs ac sy'n cadw modurdy gyda'i theulu yn Nhregaron; Janet, sy'n gwarchod y cartref yn yr Ysgoldy ac fel ei rhieni yn hynod o deyrngar i'r achos; Dorothy, sy'n byw yn Nhregaron yn ymyl ei chwaer ac yn fam i'r canwr proffesiynol Huw Evans; Huw, a fu farw yn bymtheg mis oed, ac Alun, y cyw melyn olaf, fel y disgrifiai ei hun. Cawsant blentyn arall oedd yn farwanedig, ac felly dyna naw i gyd. Roedd gan y fam ddigon i'w wneud i gael dau ben llinyn ynghyd ac i gadw'r cartref yn ddiddos. Y teulu a'r capel oedd prif ddiddordeb ei bywyd.

Beth a etifeddodd Alun R Edwards gan y ddeuddyn hyn? Tri pheth ddywedwn i. Yn gyntaf, parodrwydd i weithio'n ddiarbed. Fel y dywed yn *Yr Hedyn Mwstard:*

Pe bawn i yn gorffen unrhyw waith am bump byddai fy nghydwybod yn fy mrathu oherwydd bod bore-godi 'Nhad i odro'r fuwch a'i ganu yn y beudy yn fy neffro ben bore, a'i feic â'r lamp oel yn dod adre mor hwyr y nos wedi'u serio ar fy is-ymwybod. Nid oedd 'Nhad yn meddwl am wyliau, a thrip Ysgol Sul un diwrnod y flwyddyn oedd yr eithaf bron. Dyna paham na fedrwn i, pan ddigwyddais gael swydd mor wahanol iddo ef, fod yn wahanol yn fy agwedd ati. Bûm yn llythrennol gaeth i'm swydd, ddydd, gŵyl a gwaith, yn union fel y bu yntau.

Yr ail ddylanwad oedd dylanwad darllen. Hwn oedd y dylanwad pwysig arall a'i gwnaeth yr hyn ydoedd. Nid oedd

llyfrgell yn yr Ysgoldy ond roedd darllen yn rhan o fywyd y
tŷ ac y mae hynny'n rhyfeddol o bwysig ac yn ffactor wrth
gynhyrchu pobl sydd maes o law yn mynd i fod yn lenorion,
athrawon, llyfrgellwyr a phregethwyr. Mae esiampl rhieni yn
darllen yn sicr o ddylanwadu ar eu plant. Ei fam oedd y
ddarllenwraig. Magwyd hi ar y cylchgrawn plant penigamp,
Trysorfa'r Plant, a hoffai gael gafael ar y papur wythnosol
lleol, y *Welsh Gazette*, y cylchgrawn misol o stabal y
Methodistiaid Calfinaidd, *Y Drysorfa*, a chylchgrawn yr Urdd,
Cymru'r Plant. Dyna oedd ei deunydd darllen. Ond darllenai
ei rieni y Beibl a'r Llyfr Emynau yn gyson hefyd ac roedd copi
o gyfrol Moelona *Teulu Bach Nantoer*—llyfr y gwerthodd
Hughes a'i Fab, Wrecsam, dros ddeng mil ar hugain o gopïau
ohono—ar yr aelwyd. Sonia Alun R Edwards amdano'n galw
i weld Moelona yng Ngheinewydd pan oedd yng nghanol y
frwydr o gael mwy o lyfrau Cymraeg i blant Cymru. 'Rhoes
ysbrydiaeth aruthrol i mi ac roedd ei angen arnaf bryd
hynny,' meddai. Ysbrydolwyd ef gan ei chyfrol *Teulu Bach
Nantoer* yn ei ddyddiau cynnar. Dyma un o'r llyfrau a fu'n
garreg filltir yn ei hanes.

Ac wrth sôn am lyfrau dylid hefyd roddi sylw i ddylanwad
D D Evans, Llanio Fawr, gŵr a gyflawnodd ddiwrnod da o
waith fel gŵr cyhoeddus ym Methesda ac fel ynad heddwch.
Roedd ganddo ddiddordeb mawr yn hen hanes y fro ac yn
niwylliant llyfr a llyfrau a chanddo ef y clywodd Alun am y
tro cyntaf hanes Andrew Carnegie a'i weledigaeth am
lyfrgelloedd gan gynnwys y Llyfrgell Genedlaethol:

> Oni bai amdano, ni fyddwn yn gwybod am fodolaeth
> unrhyw lyfrgell, ac ef a gefnogodd fy nghais cyntaf am
> swydd yn y Llyfrgell Genedlaethol, gan fy ngalw, ymhlith
> pethau eraill, yn 'keen eisteddfodwr'!

A dyna'r trydydd peth a roddodd ei rieni iddo—y profiad
o gystadlu mewn eisteddfodau a chyfarfodydd diwylliannol.
Brithid y cylch â hwy yn y cyfnod hwnnw. Yr oedd
eisteddfod bob Gwener y Groglith yn Llanddewibrefi ac

eisteddfod bob mis Medi yn Llangybi a chynhelid cyfarfodydd diwylliannol bob gaeaf ym Methesda ac Ysgoldy Llanio. Gwnaeth dyfodiad y Parchedig J E Williams i Fethesda ym 1919 gryn wahaniaeth i'r diwylliant eisteddfodol ac i fywyd plant fel Alun a'i genhedlaeth. Ymddiddorai'r gweinidog newydd yn fawr yn niwylliant Cymru a meddai ar ddoniau arbennig. Roedd yn gerddor, bardd ac adroddwr. Defnyddiodd ei ddawn fel adroddwr i hyfforddi cenedlaethau o blant, gan gynnwys Alun R Edwards, i gystadlu ar lwyfannau eisteddfodau'r cylch a daeth rhai ohonynt—fel y ddau frawd David John Evans a Gordon Evans—yn adroddwyr o'r radd flaenaf. Enillodd Gordon Evans (Glynebwy yn ddiweddarach) y wobr gyntaf yn yr Eisteddfod Genedlaethol ar bedwar achlysur. Yr adroddwr gorau o Lanio oedd Bertie Jones, Pantyblawd (a Llundain yn ddiweddarach), ac yr oedd y cwpwrdd gwydr yn yr Ysgoldy yn llawn o rubanau, cwpanau a medalau hefyd gan fod Mari yn gryn adroddwraig. Flynyddoedd yn ddiweddarach cydnabu Alun ei ddyled i'r ddisgyblaeth hon arno mewn paragraff digon dadlennol:

Nid oedd dringo i lwyfan eisteddfod Llanddewi yn ddieithr i mi. Bu cyfnod yn fy mywyd pan awn arno bob blwyddyn, fel pwt o adroddwr. Nid am fy mod yn dewis gwneud hynny, ond am y byddai Mam yn fy ngorfodi'n ddi-ffael bob tro. 'Gei di adrodd petawn i'n gorfod dy gario di i'r llwyfan!' Dyna fel roedd hi yn ein tŷ ni. Nid enillais i yr un wobr yn yr eisteddfod erioed, a heddiw fe garwn ddiolch i'r beirniaid a'm pwysodd ac a'm cafodd yn brin, oherwydd teimlaf yn siŵr i mi ennill a dysgu wrth golli. Fe ymgyfarwyddais â siom a magu dycnwch trwy hynny. Bu fy mhrofiadau aflwyddiannus fel eisteddfodwr yn help i mi yn ddiweddarach mewn bywyd oherwydd dysgais dderbyn methiant dro ar ôl tro heb wangalonni.

Dyna'r waddol a gafodd Alun gan ei rieni, ac yn arbennig gan ei fam. Soniai lawer amdanynt ar sgwrs ac mewn llythyr a thalodd deyrngedau hyfryd i'w coffadwriaeth yn *Yr Hedyn Mwstard*. Gwelodd y ddau ef yn datblygu yn un o wŷr grymus ei genedl a phrif lawenydd derbyn MA Prifysgol Cymru er anrhydedd iddo oedd iddo ddod 'tra oedd Mam a 'Nhad yn fyw'. Roedd ef, yn ôl y plant eraill, yn gannwyll llygad ei fam a bu hi'n ddylanwad pwysig arno:

> . . . yn bendant bu hithau yn brif bwrpas bodolaeth i mi ar hyd ei hoes. Ni lwyr sylweddolais hynny nes ei cholli yn ei henoed yn 82 oed. Bûm am amser mawr yn ceisio ail ddarganfod pwrpas bywyd ar ôl ei cholli, ac yn agosach i dorri i lawr mewn iechyd nag y bûm erioed. Dywedodd y meddyg fod y gwaelod wedi syrthio allan o'm bywyd.

Yr oedd Marged Edwards yn perthyn yn sicr i'r to a alwodd yr Athro Griffith John Williams y 'genhedlaeth olaf uniaith Gymraeg'. Nid oedd ef yn ymwybodol o hynny ar y pryd, ond fe ddaeth yn ymwybodol a bu hynny'n ysbrydoliaeth iddo frwydro'n ddigyfaddawd i gael i bobl o'r fath faeth meddyliol ac ysbrydol i'w bywydau. Fel y sonia y Dr Frank Laubach am 'fwydo meddyliau'r miloedd' trwy ddosbarthu'r Beibl yn India ac Asia, felly y gwelodd Alun Llanio y sefyllfa yng Nghymru. Gwelai ym mhob tŷ a fferm bobl fel ei fam a'i dad yn awyddus i gael llyfrau yn eu hiaith eu hunain, yr iaith Gymraeg.

Rhan bwysig arall o'r blynyddoedd cynnar oedd addysg a derbyniodd addysg mewn tri sefydliad—Ysgol Llanddewi Brefi, Ysgol Sir Tregaron ac Ysgol Sul Llanio, a'r pennaf o'r rhai hyn oedd Ysgol Sul Llanio. Deliwn â'i yrfa addysgol yn y drefn yna! Agorwyd yr Ysgol Frytanaidd ym mhentref Llanddewi ar 8 Mawrth 1869, ychydig cyn Deddf Addysg Foster. Dibynna ysgolion bob amser ar eu hathrawon a phan ddechreuodd Alun, y prifathro oedd David Rees. Gŵr byr o gorff ydoedd ac o bryd teg a hardd, ond roedd yn ddisgyblwr llym. Priododd ym 1923 ag un a fu'n athrawes i'r plant lleiaf am yn agos i ddeng mlynedd ar hugain, Mrs Charlotte Rees. Hi a groesawodd Alun i'r ysgol. Un arall ar y staff oedd

Miss Averinah Rowlands, Black Lion, a ddechreuodd yn yr ysgol fel disgybl-athrawes ym 1900, yn union wedi iddi ymadael ag Ysgol Sir Tregaron. Roedd yn dal yn yr ysgol pan ddechreuodd Alun yno ym 1924 a phan ddechreuais innau ym 1941. Athrawes annwyl iawn oedd hi na phoenai fawr ddim am drefn ond a boenai lawer am ddisgyblaeth fewnol. Yr athrawon eraill oedd Miss Oliver, Miss Jones y Prysg a Miss Lewis. Ym 1927 dilynwyd David Rees gan brifathro newydd, Ben James, un â'i agwedd yn wahanol iawn i'w ragflaenydd ar lawer mater. Er enghraifft, yr oedd Ben James yn llawer mwy awyddus i blant fedru cael eu derbyn i Ysgol Sir Tregaron nag yr oedd David Rees. Gadawodd ei bersonoliaeth gref argraff annileadwy ar y plant ac ar yr ysgol. Roedd ganddo'r ddawn i gyflwyno gwybodaeth yn ddiddorol a gwyddai sut i feithrin hunanhyder mewn plant swil fel Alun.

Roedd gan blant Llanio gryn ffordd i fynd i ysgol Llanddewi a châi Alun ei gario gan boni a thrap Llanio Fawr. (Roedd Henry Evans, mab Llanio Fawr, yn yr un dosbarth ag ef.) Penderfynodd Alun yr hoffai gael beic i'w gludo i'r ysgol, fel oedd gan ei dad i'w gludo ef i'r gwaith, ond nid oedd modd prynu beic. Trawodd Alun ar gynllun. Gwyddai fod papurau'r dydd, fel y *Western Mail* ac ati, yn dod i Bont Llanio ar y trên ac er mwyn ennill tipyn o arian bu'n cludo'r parsel papurau o Bont Llanio i Harriet Davies, Rhoslwyn, a dosbarthu'r papurau o gwmpas y pentref. O'r diwedd, llwyddodd i gasglu digon o arian i brynu beic, a bu'r beic hwnnw'n hynod o hwylus iddo, yn arbennig wedi iddo fynd i Ysgol Sir Tregaron.

Yn y cyfnod hwnnw roedd yn rhaid sefyll arholiad i gael mynediad i'r Ysgol Sir; hyn a hyn yn unig a gâi eu derbyn ac roedd plant Llanio yn aml yn eu plith. Y cyntaf o blant ysgol Llanddewi i gael mynediad i Dregaron oedd John Williams, Dolfelin, a ddaeth yn ddiweddarach yn athro yn Nolgellau, a'r ail oedd Joshua Jones, Ratal, a enillodd ysgoloriaeth ym 1909. Plant Llanio oedd y ddau ohonynt. Safodd Alun yr arholiad a chafodd wybod yn y man nad oedd lle ar ei gyfer ond, yn ffodus iddo ef, penderfynodd y bachgen a oedd nesaf ato—bachgen o Lanfair Clydogau—y byddai'n well ganddo fynd i Ysgol Llanbedr Pont Steffan. Pe bai hynny ddim wedi digwydd, mae'n amheus gennyf a fyddwn yn sgrifennu'r ysgrif hon.

Yn yr Ysgol Sir yn Nhregaron, daeth Alun Edwards o dan ddylanwad S M Powell, yr athro hanes. Roedd yn hoff o hanes. Amgylchynid ef â hanes. Roedd Loventium ar drothwy'r drws a phlwyf Llanddewi Brefi yn un o gysegrleoedd Dewi Sant. Meddai S M Powell ar y ddawn o ddeffro chwilfrydedd ei ddisgyblion ac roedd mab Ysgoldy wrth ei fodd yn ei wersi, yn arbennig pan fyddai'n trafod hanes lleol a hanes brwydrau'r werin wrth adeiladu'r tai unnos a frithai fryniau a mynyddoedd Ceredigion.

Ni ddisgleiriodd Alun Edwards yn yr ysgol, fel y tystiodd rhai o'i gyfoeswyr wrthyf, ond bu'n ddisgybl cydwybodol. Gofalai wneud ei waith cartref er nad oedd hynny'n hawdd bob amser. Tŷ gweddol fychan oedd Ysgoldy ac nid oedd ganddo ystafell iddo'i hun. Byddai rhywrai'n galw heibio'n aml ac yntau'n gorfod gwneud ei waith yn sŵn eu sgwrsio, ac wrth gwrs cynhelid rhyw gyfarfod neu'i gilydd yn yr Ysgoldy yn gyson. Cynhelid Cyfarfod Gweddi bob nos Lun a chyfarfod arall ar Nos Iau. Cynhelid gweithgarwch diwylliannol yn gyson bob Nos Wener, boed hynny'n gyfarfod diwylliannol neu'n gyngerdd. Ond prif gyfraniad yr Ysgoldy oedd fel Ysgol Sul. Adeiladwyd yr Ysgoldy ym 1859 a saif yr adeilad yno o hyd. Yr hyn a wna yr ysgol hon mor wahanol yw'r ysbryd cydenwadol a fodola yno hyd heddiw. Clywir llawer yn sôn yn ein cenhedlaeth ni am y Mudiad Eciwmenaidd fel pe bai'n gwbl newydd, ond bu'n gweithredu yn Ysgol Sul Llanio ers canrif a mwy. Presbyteriaid, mae'n wir, yw mwyafrif yr aelodau, sef aelodau Capel Bethesda ac ambell un o Langeitho a Llwynpiod, ond ceir Annibynwyr, Bedyddwyr, Eglwyswyr ac ar dro Wesleaid yn eu plith.

Adeiladwyd tŷ capel i'r ysgoldy ym 1865; tŷ unllawr a'r llawr o bridd. Prin iawn oedd y cyfleusterau. Rhoddwyd llawr o gerrig i'r gegin ym 1884 a llawr o goed i'r parlwr ym 1888. Yr un teulu—teulu Alun—sydd wedi byw yn y tŷ o'r cychwyn cyntaf. Y rhai cyntaf i fyw ynddo oedd William a Mary Evans; wedyn daeth eu hwyres, Marged, a'i phriod William Edwards. Y preswylwyr presennol yw Miss Janet Edwards, chwaer i Alun, a'i frawd Wil.

Yr oedd pobl o ddelfrydau ac ymroddiad yng ngofal yr Ysgol Sul yn y cyfnod rhwng y ddau Ryfel Byd. Dyna'r athrawes Jane Roderick (a dyna esbonio ail enw Alun), Daniel Williams (tad Dai Williams, Tregaron a gŵr amryddawn ar lwyfan), Dan Davies ac yn gapten arnynt oll, Peter Davies, Bryn Teifi.

Roedd Peter Davies yn hanu o deulu Cefn-llwyn. Mab ydoedd i John a Margaret Davies a brawd i Herbert Lloyd Davies a fwriadai fynd i'r Weinidogaeth ond a fu farw adeg gwyliau'r Nadolig 1909 yn dair ar hugain oed. Meddai Peter Davies ar ddawn gerddorol fel ei fab, yr Henadur W Morgan Davies. Bu'r ddau ohonynt yn gefn mawr i Ysgoldy Llanio ac yn ei frwydrau i argyhoeddi Cyngor Sir Ceredigion ni chafodd Alun R Edwards well cefnogaeth na chan ei gyfaill o Ysgol Sul Llanio, yr Henadur W Morgan Davies, gŵr dylanwadol ym mywyd cyhoeddus Ceredigion. Pan fu farw Peter Davies ym 1937, teimlai teulu'r Ysgoldy fod y byd wedi dod i ben. Dyna oedd *impact* ei farwolaeth ar Alun a'i chwiorydd.

Ni ellir deall Alun a'i genhedlaeth ond yng ngoleuni'r 'Sgoldy arbennig hwn. Pwysleisir nad yw'r Ysgoldy yn perthyn i unrhyw enwad ac eto mae'n perthyn i bob enwad. Yn wir ni ellir deall hanes Cymru, ei llenorion yn arbennig, heb gofio am gyfraniad yr Ysgol Sul. 'Trwy'r Ysgol Sul,' meddai Saunders Lewis, 'fe ddaeth ymadroddion o'r Salmau a'r Proffwydi a'r Testament Newydd yn rhan o'r diwylliant Cymraeg ac yn gefndir i farddoniaeth am ganrif a hanner'. Ac i brofi ei osodiad fe ddywed: 'Ystyriwch y llenorion Cymraeg a gafodd eu haddysg yn yr Ysgol Sul—Tegla Davies, Williams Parry, Parry-Williams, D J Williams, Kate Roberts, Gwenallt, heb enwi ond hynny.' Ac mae Saunders Lewis (gŵr a

agorodd lygaid Alun R Edwards trwy ei lithiau pwysig yn
Y *Faner*), fel arfer yn ei ddadansoddiad yn agos ati, ac mi
fyddai Alun 'Sgoldy yn amenio yr hyn a ddywed. Byddai yn
ein cyfeirio at gyfrol Kate Roberts, *Tegwch y Bore*, lle mae
mynd i'r Ysgol Sul a'r Cyfarfod Plant gyda Mrs Huws y
Gweinidog mor naturiol i Ann Owen ag y mae mynd i
gyngherddau roc i bobl ifanc heddiw. Yr oedd ei brawd,
Bobby, yn gweithio'n galed yn siop y groser ac ni
freuddwydiai am golli'r seiat. Cymeriadau a gymerai grefydd
o ddifrif yw prif gymeriadau nofelau Daniel Owen a llyfrau
Bobi Jones a D J Williams. Sonia Saunders Lewis am gymryd
crefydd o ddifrif yn nhermau ymroddiad:

> Yr hyn a feddyliaf wrth gymryd crefydd o ddifrif yw
> mynnu fod addysg ac ysgol yn ddarostyngedig i
> egwyddorion y capel a'r seiat; iaith y bregeth a'r weddi a'r
> emyn yn rhan hanfodol o holl fywyd cymdeithas.

Ychwanega: 'Heb draddodiad a diwylliant o'r fath ni ellir
artist.' Dywedwn innau, nid artist yn unig sy'n elwa o'r
gynhysgaeth hon, fel y gwelwn o fywyd Alun R Edwards,
ond ymgyrchwyr a gweithredwyr dros etifeddiaeth
Gristnogol Gymraeg.

Y mae un traddodiad arall a gyffyrddodd ag Alun yn y
cyfnod cynnar, sef y traddodiad heddychol. Yn ddeunaw oed
gadawodd Ysgol Sir Tregaron yn ansicr ei lwybr. Roedd dau
berson yr oedd yn eu hadnabod â chysylltiad â'r Llyfrgell
Genedlaethol, sef D D Evans a Beatrice Davies, Werndriw, a
chynghorwyd Alun ganddynt i ymgeisio am swydd ar y staff.
Dyna a ddigwyddodd ac fe'i cafodd ei hun yn gweithio
ymhlith criw o bobl hynod alluog a diwylliedig. Anogodd un
ohonynt, Myrddin Lloyd, ef i ddarllen gweithiau prif
heddychwyr Prydain. Dyma air o brofiad ganddo:

> Pan oeddwn i'n ddim ond llanc deunaw oed swil a
> dibrofiad, fe estynnodd [D Myrddin Lloyd] i mi un
> diwrnod y gyfrol *We Say 'No'* gan Dic Sheppard, Canon yn
> Eglwys Sant Paul, Llundain a sefydlydd y Gymdeithas

heddwch . . . Ni fu fy mywyd byth yr un fath wedi hynny. Fe allwn ddweud yn awr—'Lle'r oeddwn gynt yn ddall yr wyf yn awr yn gweled.' Gwyddwn o hynny ymlaen mai ffordd yr heddychwr o Gristion oedd y ffordd i mi bellach.

Ond yr arwr iddo oedd yr heddychwr George M Ll Davies (1880-1949), gŵr a gysegrodd ei hun o ddifrif i'r ddelfryd y credai mor angerddol ynddi—sef cael cymod rhwng gwlad a gwlad, rhwng unigolion a'i gilydd. 'Rhyw geisio dilyn o hirbell yn ôl troed George M Ll Davies a fu fy hanes i er dyddiau fy llencyndod yn y Llyfrgell Genedlaethol.' A balch ydoedd o gael gwahodd ei arwr i annerch mewn Sasiwn yn Llanddewi Brefi yn niwedd oes yr heddychwr mawr a chael cyfle i'w wahodd i aros ar aelwyd ei dad a'i fam yn Llanio. Cafodd y tri ohonynt eu cyfareddu gan heddychwr mawr Cymru, y tebycaf i Henry Richard o Dregaron.

Dyna'r cefndir. Y cefndir a fowldiodd y crwsadwr fel ag y dangosodd T J Davies mewn cerdd yn *Barn* Awst 1986 ar ôl clywed am ei farwolaeth. Â'i ddawn arbennig darluniodd T J ei gefndir mewn byr eiriau. Cefndir y cartref yn rhoi min ar ei argyhoeddiadau:

> Triniaeth rasol oedd hon.
> Onid oedd yr offer yn nwylo tad a mam
> A Williams-pregethwr lengar?

Gwelodd ef William Edwards a'i briod, fel y gwelaf innau hwy, yn gadael eu dylanwad:

> Dy fam ar ei heitha'n bugeilio'r tân,
> Ac yn amau a ddylid plannu procyr Marcs
> Yn nhân Iesu Grist.
> Rywfodd disgynnodd marworyn arnat.

Gwelodd T J y dosbarthiadau trafod llyfrau yn deillio o'i fagwraeth:

> Ymestyniad, yn wir, ymgnawdoliad o dy dad a'th fam
> A'r 'Sgoldy ddadleugar.

Ac, er gwaetha'r brwydrau a'r treialon, a llosgi'r gannwyll i'r eithaf, fe gafodd ei gynnal gan argyhoeddiadau cymdeithasol a luniwyd yn gynnar yn ei fywyd:

> Ymhob sgarmes roedd d'arwr
> Yn dy gynnal, George M Ll,
> Â'i heddychiaeth Gristnogol.
> Difenwyd di, ni ddifenwaist.

Ac nid gormodiaith yw dweud fod Alun R Edwards yn ei flynyddoedd cynnar (1919-39) wedi cael ei gyfareddu gan y 'tri chawr o Ddyfed':

> Griffith Jones . . . yr addysgydd,
> Daniel Rowland . . . yr efengylydd,
> a
> Henry Richard . . . yr heddychwr.

Cyfuniad o dri thraddodiad yn cyffwrdd â bywyd gŵr ifanc, swil, sensitif a syniadau llond ei feddwl:

> Ma 'na olyniaeth apostolaidd sy'n cadwyno
> Trwy Langeitho, Tregaron a'r Sgoldy
> Ac ymlaen . . . ac ymlaen.

A mawr obeithiaf fy mod wedi ceisio ateb y cwestiwn: lle cafodd Alun R Edwards y cymhellion a'i gwnaeth yn gymaint o ymgyrchwr ac mor wahanol i weddill ei deulu ac yn wir ei gyfoedion yn y fro? Cofiwn ei gyffes:

Petai unrhyw un gynt wedi dweud wrthyf i, neu wrth un o'm chwiorydd, y byddwn yn debyg o ddatblygu i fod yn ymladdwr dros achos y Gymraeg byddem, yn sicr, wedi chwerthin am ei ben.

A gobeithiaf fod y bennod hon yn taflu goleuni ar yr ateb, sef cartref a chylch, unigolion, Capel ac Ysgol Sul, a chyfeillion ifanc ar ddechrau ei yrfa. Anodd fyddai sicrhau yr un peth i blentyn a aned ym 1989 yn y plwyf. Mae unigolion ymroddedig ar gael, ond mae'r Capel a'r Ysgol Sul yn clafychu, ac mae'r ardal yn cyflym Seisnigo. Ym mhlentyndod Alun R Edwards yr oedd y mwyafrif o'r trigolion yn Gymry Cymraeg. Pobl fel ei fam, yn uniaith Gymraeg. Nid felly y mae hi bellach. Ond oni bai am weledigaeth Alun R Edwards mi fyddai'r sefyllfa yn fwy dirdynnol fyth yn ei sir enedigol, ac ni allwn ond gweld neges Harri Webb yn ei gerdd *Colli Iaith:*

> Colli iaith a cholli urddas,
> Colli awen, colli barddas,
> Colli coron aur cymdeithas
> Ac yn eu lle cael bratiaith fras.
>
> Colli crefydd, colli enaid,
> Colli ffydd yr hen wroniaid,
> Colli popeth glân a thelaid,
> Ac yn eu lle cael baw a llaid.

Nodyn

Seiliwyd yr ysgrif hon yn bennaf ar gyfweliad yn Ysgoldy Llanio ar bnawn Llun, 26 Awst 1991 yng nghwmni aelodau o deulu Alun R Edwards, sef Mrs Nesta Edwards, y chwiorydd, Mrs Neli Jenkins, Mrs Dorothy Evans a Miss Janet Edwards a'r brawd, Mr Wil Edwards. Gweler hefyd *Yr Hedyn Mwstard: Atgofion Alun R Edwards* (Gwasg Gomer 1980) am y dyfyniadau. Ceir cefndir y fro yn fy nghyfrol *Hanes Plwyf Llanddewi Brefi* (Llanddewi Brefi 1984). Cefais sgwrs hefyd ag un o gyfoeswyr Alun R Edwards, sef Mr Henry Evans, Wrecsam (gynt o Llanio Fawr) yn ei gartref ddydd Sul, 24 Tachwedd 1991.

CYMDEITHAS LYFRAU CEREDIGION: BABI ALUN EDWARDS

Dafydd Jenkins

Babi Alun Edwards (nid ei unig fabi, o bell ffordd) oedd Cymdeithas Lyfrau Ceredigion. Roedd a wnelai John Henry Jones (Cyfarwyddwr Addysg Ceredigion) gryn dipyn â hi hefyd, ond nid af i geisio olrhain union berthynas y babi â'r rhieni—er mai myfi a fu'n gweini wrth y geni, oherwydd y ddamwain fy mod wrth fy swydd yn ymwneud â gwaith o'r fath. Ar y pryd, roeddwn yng ngwasanaeth Cymdeithas Trefnu Gwledig Cymru, sef yn y Saesneg swyddogol y *Welsh Agricultural Organisation Society Ltd*, ac ar lafar, gan amlaf, y *WAOS*. Mae i'r Gymdeithas gefndir a hanes digon rhamantus: fe draethwyd y stori'n bur fanwl yn *Farmers Together* (a gyhoeddwyd ym 1972), ond eithaf peth fydd crynhoi'r hanes yma mewn esboniad ar y ddau enw.

Yn Iwerddon y mae ceisio tarddiad yr enw Saesneg. Yno, gwaith personol Horace Plunkett a roddodd gychwyn i gydweithrediad amaethyddol, ac ef a sefydlodd yr *Irish Agricultural Organisation Society* i roi sail letach i'w mudiad; cais i efelychu ei waith ef a barodd sefydlu'r *Agricultural Organisation Society* ym Mhrydain ar ddechrau'r ugeinfed ganrif. Aethai'r adran yn yr Alban yn annibynnol ym 1905, ac wedi i adran Cymru ymffurfio'n gymdeithas ar wahân ym 1922, diflannodd y gweddill Seisnig ymhen dwy flynedd. Am ryw ugain mlynedd, *Cymdeithas Trefnu Masnach Amaethwyr Cymru* oedd yr enw Cymraeg: anaml y clywid yr enw hwnnw, ond roedd yn rhoi amcan cywirach am swydd y Gymdeithas na'r enw Saesneg: trefn masnach y ffermwr, wrth brynu angenrheidiau at y fferm ac wrth farchnata'i chynnyrch, oedd maes ei gwasanaeth. Ond pan ddaeth y diweddar Thomas Lewis at y Gymdeithas yn brif swyddog ym 1945, roedd ganddo obaith am weld y Gymdeithas yn rhoi cymorth i'r bywyd gwledig mewn ffordd ehangach, ac ar ei awgrym ef y mabwysiadwyd yr enw Cymraeg newydd. Tipyn o syndod, pan ddiwygiwyd cyfansoddiad y Gymdeithas ym 1967, oedd gweld yr awdurdodau'n derbyn y cymal 'In the Welsh language the name Cymdeithas Trefnu Gwledig Cymru Gyfyngedig shall be used,' a hynny heb gwestiwn na chysgod trafodaeth.

Beth bynnag am ei chefndir a'i hanes, gwerth ymarferol oedd i'r Gymdeithas Drefnu yn llygaid Alun Edwards a John Henry Jones. Drwyddi hi yr oedd modd creu corff annibynnol ac iddo'i fodolaeth gyfreithiol ei hun (fel na fyddai unrhyw golled yn disgyn ar neb o'r tu allan i'r corff hwnnw), a hynny'n rhwydd ac yn rhad. Y pryd hwnnw, roedd creu corff o'r fath drwy ei gofrestru dan yr *Industrial and Provident Societies Act* yn llawer rhatach na'i ffurfio dan y *Companies Act*, a phan ddefnyddid 'rheolau parod' corff fel y WAOS yn sylfaen i gyfansoddiad y corff newydd, roedd y costau'n llai fyth. Wedi cofrestru yn y modd yma, roedd y Gymdeithas Lyfrau'n mynd yn aelod o'r WAOS, ac yn ymrwymo i dalu tanysgrifiad iddi: a chan mai maint masnach yr aelod oedd yn penderfynu maint ei thanysgrifiad, bach iawn oedd y baich ar y Gymdeithas Lyfrau. Ac am y tanysgrifiad, fe gâi hi'r hawl i gymorth y WAOS—a hynny'n golygu, yn ymarferol, fy mod innau'n gallu rhoi gwasanaeth i'r Gymdeithas Lyfrau, a'i gyfrif yn waith dros fy nghyflogwyr. Yn ddigon aml, byddwn yn cyfuno taith dros y naill gorff â rhyw waith dros y llall: mynd, er enghraifft, i Felin-fach i drafod problemau cymdeithas y ffermwyr yno ar y ffordd adref o bwyllgor y Gymdeithas Lyfrau, neu fynd i'r pwyllgor hwnnw rhwng dau gyfarfod o bwyllgor amaethyddol.

Roedd y WAOS yn ddigon bodlon arddel y Gymdeithas Lyfrau fel cyfraniad at achos mawr ffyniant cefn-gwlad, ac nid oedd fawr o anhawster o safbwynt yr awdurdodau a fyddai'n cofrestru'r Gymdeithas. Nid pob corff a gâi ofyn am ei gofrestru: rhaid i'r corff allu dangos ei fod yn perthyn i un o ychydig ddosbarthiadau. Cymdeithasau cydweithredol *bona fide* yw'r rhan fwyaf o lawer o'r rhai a ffurfir dan y Ddeddf, a gellid dweud mai marchnata cynnyrch llenyddol ei haelodau fyddai prif waith y Gymdeithas newydd; pwysicach fyth oedd gallu dweud fod y Gymdeithas yn gweithio er lles y gymuned: yr oedd gwerth addysgol a diwylliannol i lenyddiaeth Gymraeg, ac roedd gwendid y farchnad gyhoeddi Cymraeg yn gwneud llyfrau Cymraeg yn llawer rhy brin.

Yn ôl *Yr Hedyn Mwstard*, am i Alun Edwards weld fod cymdeithasau cydweithredol yn Nenmarc a Sweden yn cyhoeddi llyfrau y trawodd ef ar y syniad ffodus o gofrestru cymdeithas gydweithredol i'r pwrpas yng Ngheredigion. Ni allaf gofio sut y tynnwyd fi i mewn, ac nid yw fy nyddiadur yn llanw bylchau'r cof. Roedd dyddiaduron Alun Edwards yn y blynyddoedd hyn yn cofnodi llawer o fanylion am ei ymwneud â phobl a'i adwaith atynt, fel y gwelir oddi wrth y dyfyniadau yn *Yr Hedyn Mwstard*, ond mae fy nyddiaduron innau'n awgrymu mai profi mor hir oedd fy oriau gwaith oedd eu prif ddiben. Felly gallaf ddweud imi fynd i Swyddfa'r Sir i drafod y cynllun ym mis Mawrth 1954, imi gwrdd â Phwyllgor Llyfrau Cymraeg yr Awdurdod Addysg ym mis Ebrill, ac imi dreulio teirawr yn pwyllgora am y Gymdeithas Lyfrau yn y Cilgwyn ym mis Gorffennaf, ond ni allaf ddweud dim am yr hyn a fu ar y gwahanol achlysuron hyn.

Dyna dystiolaeth ddigonol i'r paratoi ar gyfer sefydlu'r corff cyfreithiol newydd. Ond beth oedd y sbardun i ffurfio corff o'r fath i gyhoeddi llyfrau Cymraeg o gwbl ar yr adeg arbennig honno? Yn niddordeb cynyddol Pwyllgor Addysg Cyngor Sir Ceredigion y mae gwreiddyn yr esboniad: roedd llawer o ynni'r Cyfarwyddwr yn mynd i'r ymdrech i wneud patrwm addysg y sir yn Gymreiciach, ac fel y dywedwyd yn y cyflwyniad i'r detholiad o waith John Henry Jones, *Cardi o Fôn*:

Os oedd disgwyl i'r ysgolion gyfrannu addysg gyflawn effeithiol yn Gymraeg, yr oedd arnynt angen am lawer mwy o ddefnyddiau Cymraeg o amrywiol fathau. I ddechrau trefnodd y Pwyllgor Addysg gyrsiau pen-wythnos ym mhlas y Cilgwyn (ar ochr Ceredigion i Deifi, ger Castellnewydd Emlyn): ar lwyddiant y cyrsiau hynny y seiliwyd y Pwyllgor Llyfrau Cymraeg a ffurfiwyd yn 1951, a chynhadledd yn 1952.

Ac un cynllun arbennig a fu'n achlysur i gychwyn y Gymdeithas Lyfrau. Roedd y Pwyllgor Llyfrau Cymraeg wedi symbylu llyfrau cyn hyn, a'r rheini wedi'u cyhoeddi gan y naill neu'r llall o'r gweisg Cymreig. Nid oedd hynny'n ymarferol yn achos y llyfr a olygwyd gan T Ll Stephens o Dalgarreg dan yr enw *Gemau o Bant a Bryn*. Detholiad oedd hwn o'r ysgrifau a gyfrannwyd o wythnos i wythnos i'r *Welsh Gazette* gan D J Morgan, Trefnydd Amaethyddol Ceredigion am flynyddoedd, a phrif swyddog Pwyllgor Amaethyddol y sir yn yr Ail Ryfel Byd. Trwy ysgrifau 'Pant a Bryn' y cafodd 'D J M' fwyaf o ddylanwad ar amaethyddiaeth Ceredigion, ac roedd detholiad ohonynt wedi'i gyhoeddi gan un o'r gweisg; a gwelwyd y byddai detholiad arbennig o ddefnydd mawr i'r ysgolion. Byddai perchenogion y *Welsh Gazette* yn barod i gydweithio, o gael argraffu'r llyfr, ond nid oedd modd iddynt roi'r llyfr ar y farchnad, ac er bod gan y Pwyllgor Addysg hawl i gyhoeddi llyfrau at wasanaeth yr ysgolion, ni ellid eu cynnig i'r fasnach agored. O ffurfio Cymdeithas Lyfrau Ceredigion yn gorff annibynnol, gellid ymddiried y cyhoeddi iddi hi, gan sicrhau sylfaen i werthiant y llyfr drwy archeb y Pwyllgor Addysg.

Diwedd y gân oedd cynnal cyfarfod o'r 'Pwyllgor dros Dro' o 'Gymdeithas Lyfrau Ceredigion Gyf. (ar gael ei ffurfio)' ar ddydd Sadwrn, 20 Tachwedd 1954. Yn y Cilgwyn, yn ystod diwrnod o weithgarwch, y cafwyd y cyfarfod: nid oes dim yn aros yn fy nghof am y diwrnod, ond mae'r dyddiadur yn dangos bod fy ngwraig a minnau oddi cartref o ddeg y bore tan naw y nos, a gallaf fentro honni fy mod i ac Alun Edwards, ar ryw egwyl yn ystod y gweithgarwch llon, wedi bod wrthi'n ddigon trafferthus yn hel atom chwech arall at y gwaith diflas o gynnal y cyfarfod. Rywffordd neu'i gilydd fe gipiwyd y chwech: dau o gyd-weithwyr Alun yn y Llyfrgell, Brynmor Jones a T Howell Jones; a phedwar o athrawon, T Ll Stephens, J R Evans o Lanilar, J D Jones o Fydroilyn, a T Llew Jones, a fyddai wedi hynny'n gwneud cymaint o gyfraniad i raglen gyhoeddi'r Gymdeithas. Pur ffurfiol oedd gwaith y cyfarfod, gyda dau benderfyniad, sef mai'r Parch T Oswald Williams a fyddai'n Gadeirydd i'r Pwyllgor, a bod cyfrif banc i'w agor. Roedd y penderfyniad hwnnw yn faith ac yn fanwl, yn dilyn patrwm ffurfiol Saesneg y Banc (ac mae'n chwith cyfaddef nad yw swyddogion y Gymdeithas hyd y dydd hwn wedi ymdrechu'n ddigon selog i gael ffurf Gymraeg yn ei le). Ac arwyddo'r papurau swyddogol ar gyfer cofrestru oedd y gorchwyl pwysicaf: at hynny yr oedd gofyn cael wyth ynghyd, sef y saith a enwyd eisoes, a minnau'n Ysgrifennydd.

Heblaw'r cais ffurfiol am gofrestru, a rhyw fân bapurau eraill, cyfansoddiad y Gymdeithas, 'Rules' yn iaith y Ddeddf, oedd y ddogfen bwysicaf y diwrnod hwnnw. Seiliwyd y rheini ar *Model Rules* y Gymdeithas Drefnu, gan wneud rhai newidiadau bach, ond digon pwysig, ar gyfer anghenion arbennig y Gymdeithas. Dogfen Saesneg oedd hon eto, a heb ei chyfieithu i'r Gymraeg fyth: os danodir hynny i'r Gymdeithas Lyfrau, rhaid ateb fod gan y Gymdeithas, a'r rhai a allai gyfieithu, reitiach gwasanaeth i'w roi i'r iaith Gymraeg na pharatoi cyfieithiad na fyddai neb yn debyg o edrych arno, na nemor neb yn debyg o'i ddeall heb droi at y Saesneg gwreiddiol.

Cyhoeddi llyfrau Cymraeg fyddai amcan y Gymdeithas, ond mae cymal arwyddocaol wedi'i ychwanegu: *books and literature to conduce to the furtherance of learning, education and culture* y gellid eu cyhoeddi. Y cymal hwnnw oedd yn gwneud y Gymdeithas yn un wedi'i sefydlu er lles y gymuned—ond ni fu'n rhwystr i gyhoeddi unrhyw lyfr a gynigiwyd i'r Gymdeithas. Wedi'r cwbl, yr oedd cyhoeddi ffuglen wyddonias a nofelau rhamantus *yn Gymraeg* yn hybu'r diwylliant Cymraeg drwy ddenu rhai i ddarllen

Cymraeg o'r newydd. Ac roedd brawddeg olaf y Rheol amcanion hefyd yn werthfawr, gan ei bod yn rhoi hawl i'r Gymdeithas i weithredu yn *agents for publication and literary agents*: dan y cymal hwn gallai'r Gymdeithas gyfeirio llyfrau at gyhoeddwyr eraill, a dangos nad oedd hi'n ceisio eu disodli.

Dan gyfraith y cymdeithasau, byddai gan yr aelodau gyfranddaliadau yn y Gymdeithas, ond er mwyn helpu'r achos, nid er mwyn elwa ar fuddsoddiad, y byddent yn cyfrannu at y cyfalaf, gan fod y Rheolau'n gwahardd rhannu elw i'r aelodau: roedd rhyddid i'w rannu i hybu dysg, addysg, a diwylliant yng Ngheredigion neu mewn mannau eraill yng Nghymru neu ymysg y Cymry ar Wasgar. Cau pob twll, megis, yr oeddid wrth lunio'r Rheol hon, gan nad oedd disgwyl y byddai llawer o elw i'w rannu; ac ni fu, ar hyd y blynyddoedd, ddigon o warged i wneud mwy na'i droi'n ôl yn gyfalaf at gyhoeddi rhagor o lyfrau. Ni fu ychwaith angen codi cyfalaf oddi wrth yr aelodau; o ran yr aelodau, yr oedd Rheol arall, yn rhoi hawl i godi tanysgrifiad oddi ar yr aelodau bob blwyddyn, yn bwysicach. Ceir gweld yn nes ymlaen sut y manteisiwyd ar y Rheol hon dan un arall o weledigaethau Alun Edwards.

Rhaid ein bod ni yn swyddfa'r Gymdeithas Drefnu wedi paratoi'r ffordd ymlaen llaw ar gyfer y cais ffurfiol, oherwydd fe ddaeth y gydnabyddiaeth swyddogol yn fuan iawn, gyda thystysgrif y cofrestru wedi'i dyddio 30 Tachwedd. Diwedd y gân, meddwn i gynnau, ond diwedd Rhagymadrodd yn unig, yn clirio'r ffordd ar gyfer *Gemau o Bant a Bryn*: nid cyhoeddi'r llyfr hwnnw oedd unig syniad Alun Edwards ar gyfer y Gymdeithas, ac mae'n glir fod ganddo weledigaeth bendant am raglen o gydweithio parhaol rhwng y Pwyllgor Llyfrau Cymraeg a'r Gymdeithas. Elfen yn y cydweithio hwnnw oedd penodi'r Parch T Oswald Williams yn Gadeirydd i Bwyllgor y Gymdeithas: roedd yntau'n Gadeirydd y Pwyllgor Llyfrau Cymraeg.

Brawd i'n Cadeirydd ni wedyn oedd Cadeirydd y Pwyllgor Addysg ar y pryd, sef Meredith Gwarnant Williams, gŵr yr oeddwn i'n gyfarwydd ag ef ers rhai blynyddoedd gan ei fod yn amlwg iawn ym mywyd amaethyddol Dyffryn Teifi yn ogystal â bywyd cyhoeddus Ceredigion. Ef oedd cadeirydd Pwyllgor Cymdeithas y Ffatri Laeth *Tivyside Creameries Ltd*, pan oedd honno'n paratoi i werthu ei busnes i'r Bwrdd Marchnata Llaeth ym 1944, a minnau'n teithio'n aml i gyfarfodydd digon beichus. (Yn y ffatri y cynhelid y cyrddau hyn, wrth olau'r trydan a gynhyrchid gan rod ddŵr y ffatri; roedd rhai o lwyau'r rhod wedi diflannu, ac o'r herwydd roedd y rhod yn arafu ar bob tro, a'r golau'n gostwng nes i'r rhod ailgyflymu. Ac i mi roedd troeon y rhod honno'n ddameg o ddiffygion y drafodaeth yn y cyfarfodydd. Gyda llaw, 'Meredith Williams' oedd y Cadeirydd i'r byd amaethyddol: *Gwarnant* oedd enw barddonol ei dad, a Meredith oedd y mab yn ffyrm *Gwarnant Williams and Son*; ond erbyn sefydlu'r Gymdeithas Lyfrau, aethai yntau'n 'M Ll Gwarnant Williams', a phawb yn sôn amdano fel 'Gwarnant'.)

Oswald Williams, gan hynny, oedd yn y gadair yng nghyfarfod cyntaf Pwyllgor y Gymdeithas wedi'r cofrestru, a hynny yn Llanbedr Pont Steffan ar 20 Rhagfyr. Dechreuodd gwaith y cwrdd gyda 'neges oddi wrth Bwyllgor Llyfrau Cymraeg y Pwyllgor Addysg, yn mynegi'r dymuniad ar i'r Gymdeithas beidio â dewis y Panel Golygyddol fel y cyfryw yn Bwyllgor y Gymdeithas'. Fe fuasai gwneud hynny'n rhoi gwedd rhy ffurfiol ar un o ddyfeisiadau ('dyw'r gair ddim yn rhy gryf) Alun Edwards, a chydsyniodd y Pwyllgor â'r dymuniad. Ond yn union wedyn, 'penderfynwyd cyfethol Miss Sali Davies, Miss Eiddwen James, a Mr J Stanley Jones, Felin-fach, yn aelodau o'r Pwyllgor, a chan fod Miss Davies a Miss James wrth law, ymunodd y ddwy â'r cyfarfod'; daeth Mr Jones yn aelod wedyn, a bu'n Ysgrifennydd am rai blynyddoedd yn ddiweddarach.

Y tri hyn oedd yr unig aelodau o'r Panel Golygyddol nad oeddynt eisoes yn aelodau o Bwyllgor y Gymdeithas drwy arwyddo'r papurau cofrestru, ac roedd Miss Davies a Miss James 'wrth law' am fod y Panel Golygyddol newydd gyfarfod yn yr un man: oherwydd hyn, gallai'r Pwyllgor

Addysg dalu treuliau teithio i aelodau'r Panel, fel na fyddent ar eu colled drwy ddod i Bwyllgor y Gymdeithas. Felly sefydlwyd patrwm ar gyfer cyrddau'r Pwyllgor, a'r rheini a chyrddau'r Panel yn rhedeg i'w gilydd, yn ystafell Miss Davies yn Ysgol Uwchradd Llanbedr: hi oedd Athrawes Flaenaf yr ysgol. Fe sefydlwyd rhyw fath o batrwm i minnau ar gyfer y daith i rai o'r cyrddau hefyd, sef fod Alun Edwards a minnau'n cyd-deithio, ac yn galw yng nghartref ei rieni, Ysgoldy Llanio, ar y ffordd adref; a mwyn yw'r atgof am y croeso, y swper, a'r sgwrs—er nad oes dim manylion yn aros ar ôl yn y cof.

Bu'n rhaid inni aros am ein swper y noson gyntaf honno, gan fod y pwyllgor wrthi o saith tan chwarter i naw y nos yn gwneud trefniadau ynglŷn â *Gemau o Bant a Bryn*, ac yn trafod cynlluniau newydd. Roedd y llyfr yn llwyddiant: pymtheg cant o'r ddwy fil a argraffwyd oedd wedi cael eu rhwymo, ac fe'u gwerthwyd bron i gyd; felly roedd yn rhaid rhwymo'r pum cant oedd ar ôl, a mentro ar argraffiad ychwanegol o fil. Fe ddaliwyd i ailargraffu am sawl blwyddyn wedyn, ac o gofio am wendid y farchnad gyhoeddi a'r trefniadau dosbarthu yn yr oes honno, yr oedd llwyddiant y llyfr yn galondid mawr. Gwir na allesid cyhoeddi'r llyfr o gwbl heb sicrwydd archeb yr Awdurdod Addysg, ond eithaf camp oedd gwerthu 670 o gopïau trwy'r siopau yn y tri mis cyntaf.

Byddai *Gemau o Bant a Bryn* yn dal i gael sylw am gryn amser, ond eisoes roedd sôn am gyhoeddiad arall, sef *Ceredigion: Atlas Hanesyddol*, gan W J Lewis. Roedd y Pwyllgor Addysg, meddai Alun Edwards, yn trefnu argraffu dwy fil o gopïau, ond ni fyddai'r llyfr ar gael i'r cyhoedd oni bai i ryw gyhoeddwr drefnu ar gyfer hynny. Penderfynodd y Pwyllgor anfon Alun Edwards a minnau i weld Trysorydd y Sir, a chan fod Alun ac yntau'n deall ei gilydd, ys dywedir, gallwyd cytuno i'r Gymdeithas gael copïau wedi'u hargraffu yr un pryd â chopïau'r Cyngor Sir.

Rhyfedd meddwl mai'r un drefn sy'n galluogi'r Gymdeithas heddiw i gyhoeddi am bris economaidd lyfrau Cymraeg yn llawn lluniau lliw, drwy argraffu'r lluniau ar gyfer y cyfieithiad Cymraeg ar yr un adeg ag argraffiad yn yr iaith wreiddiol. Mae gofyn cydnabyddiaeth ariannol i berchen hawlfraint y gwreiddiol, wrth reswm—ac roedd cytundeb yr Atlas yn rhwymo'r Gymdeithas i dalu dimai y copi i'r Cyngor Sir.

Aeth yr Atlas yn batrwm i siroedd eraill yng Nghymru, ac aeth W J Lewis ymlaen i gyhoeddi llyfrau gwerthfawr eraill ar ddaearyddiaeth hanesyddol Ceredigion. Fe ailargraffwyd yr Atlas droeon yn ei ffurf wreiddiol, ac ym 1969 ymddangosodd ar newydd wedd, drwy weledigaeth arall o eiddo Alun Edwards. Unwaith eto, galw ar gyfer ysgolion oedd sail yr argraffiad: yn sgil arwisgo'r Tywysog Siarl yng Nghaernarfon, yr oedd disgwyl i'r Awdurdod Addysg roi anrhegion i blant ysgol i goffáu'r achlysur—ac yn lle'r cwpan pridd ystrydebol arferol, awgrymodd Alun Edwards rodd fwy parhaol, ar ffurf argraffiad newydd o'r Atlas, gyda llawer o liw, a mwy o luniau (roedd rhai beirniaid o'r tu allan yn gweld eisiau un llun arbennig, sef llun y Tywysog, ond does dim sôn fod y plant yn gweld eisiau hwnnw).

O hyn ymlaen daeth awgrymiadau am lyfrau i'w cyhoeddi o lawer cyfeiriad, ond gan mai perthynas y Gymdeithas ag Alun Edwards yw thema'r ysgrif hon, nid awn i fanylu am y cyhoeddi cyffredinol, er y ceir sôn wrth fynd heibio am rai o'n cyhoeddiadau oherwydd eu cysylltiad â datblygiadau eraill. Fe ddaeth gerbron Pwyllgor y Gymdeithas yn gynnar ym 1955 ddau gynllun a fyddai gydag amser yn cyfuno i weddnewid y fasnach lyfrau Cymraeg, sef ar y naill law 'Cynllun y Noddwyr' ac ar y llall gynlluniau cymorth ariannol y Cyngor Sir.

Cynllun y Noddwyr a ddaeth gyntaf i sylw'r Pwyllgor, yn sgil cyfarfod yn Aberystwyth brynhawn dydd Calan 1955. Y noson honno roeddwn i gyda'm gwraig mewn cwrdd a oedd yn edrych yn ôl ar fentr Cymroaidd llwyddiannus, sef cinio aduniad ym Mhantyfedwen, y Borth, ar gyfer arloeswyr gwersylloedd yr Urdd; cwrdd edrych ymlaen oedd cwrdd y prynhawn, ond nid cwrdd yn ceisio creu mudiad newydd o ddim. Yn un peth, roedd Clwb Llyfrau Cymraeg Llundain eisoes wedi rhoi hwb nodedig i'r fasnach drwy ei archebion am nifer dda o gopïau o'i lyfrau dewis, ac wedi symbylu cyhoeddi ambell lyfr gwerthfawr iawn. Pwrpas hollol wahanol oedd pwrpas cyntaf ein Cymdeithas ni yng Ngheredigion, ond roedd ganddi hithau fodolaeth gyfreithiol a chyfansoddiad a fyddai'n ei galluogi i wasanaethu unrhyw gynllun i hybu gwerthiant llyfrau Cymraeg.

Brynmor Jones a gyflwynodd adroddiad am gyfarfod y Calan i Bwyllgor y Gymdeithas ym mis Chwefror, a bu ef yn gweithredu'n ysgrifennydd i'r wedd hon ar waith y Gymdeithas, nes iddo orfod rhoi'r gorau iddi er mwyn paratoi at arholiadau. Taflwyd y pwysau'n ôl ar Alun Edwards, ac aeth yntau'n gefn i'r trefniadau ar gyfer cyfarfodydd i ddenu aelodau i'r Gymdeithas ac i'r Cynllun Noddwyr. Gwelwyd na fyddai patrwm gweithredu Clwb Llundain yn addas ond ar gyfer Cymry gwasgarog Llundain a mannau tebyg. Roedd y Cymry llengar gartref yn anfodlon i neb arall ddewis eu defnydd darllen drostynt, ond roedd llawer ohonynt yn barod i addo gwario swm penodol ar lyfrau Cymraeg bob blwyddyn. Cael ffordd seml i wneud addewid o'r fath yn effeithiol oedd problem ymarferol ymgyrch y cymdeithasau llyfrau.

Fe fu peth arbrofi a pheth amrywiaeth barn, yn y Gymdeithas ac yn y cymdeithasau eraill, cyn setlo ar 'y cynllun dwy gini' ond erbyn Ionawr 1957 roedd pwyllgor Cymdeithas Lyfrau Ceredigion yn penderfynu 'fod y Gymdeithas yn cydymffurfio â'r cynllun cyffredinol, ac y byddai gan hynny (a) yn codi £2 2s. am werth £2 o docynnau llyfrau, gan osod y ddeuswllt dros ben fel tanysgrifiad blynyddol at y Gymdeithas; (b) yn codi 7.5 y cant o gomisiwn ar y llyfrwerthwr'. Byddai'r Gymdeithas felly'n derbyn £2 2s. gan bob aelod, a phan ddelai'r tocynnau'n ôl oddi wrth y llyfrwerthwyr, byddai'r comisiwn yn golygu mai £1 17s. a delid allan: a dyna'r Gymdeithas wedi derbyn coron ar ran yr aelod—deuswllt oddi wrth yr aelod, a thriswllt o gomisiwn y llyfrwerthwyr. Felly y caed y tanysgrifiad blynyddol o goron (yn unol â'r hawl yn y Rheolau), a'r llyfrwerthwr wedi talu'r rhan fwyaf ohono. Gallai hynny ymddangos yn annheg â'r llyfrwerthwr, ond roedd y tocynnau'n tynnu prynwyr ato, a'r comisiwn ar y tocynnau newydd hyn yn llai na'r comisiwn a godid ar y *book tokens* o Loegr.

Ar y patrwm hwn, gyda pheth amrywiaeth yn y manylion, y buwyd yn gweithredu ar hyd y blynyddoedd; ond gydag amser, aeth y tocynnau noddwyr a ddosberthid drwy'r cymdeithasau llyfrau yn llai pwysig, wrth ddatblygu gwerthiant tocynnau llyfrau Cymraeg drwy'r siopau, ac yn enwedig wrth eu cynnig yn y siopau mewn cardiau cyfarch ar gyfer anrhegion. A chyn i'r Gymdeithas fabwysiadu'r cynllun dwy gini yn derfynol, yr oedd Alun Edwards wedi symud ymlaen (gyda bendith y Gymdeithas, ond heb ddim cyfrifoldeb arni hi) i baratoi stampiau cynilo er mwyn i blant ysgol allu rhoi arian heibio tuag at brynu llyfr. Diau fod Alun wedi gallu swyno'r athrawon i wneud gwaith yr ymgyrch hon, a hynny am eu bod eisoes yn gyfarwydd â threfn debyg ar gyfer y Cynilion Gwladol. A manteisiodd Alun ar fudiad y Cynilion Gwladol i hysbysebu cynlluniau'r Cymdeithasau Llyfrau: roedd y mudiad yn cynnig, yn rhad ac am ddim, bosteri lliwgar 'gweigion', sef rhai â lluniau ar yr ymylon yn hysbysebu'r mudiad cynilo, gan adael y canol yn rhydd i unrhyw neges arall. Gellid felly ddefnyddio'r posteri hyn i roi cyhoeddusrwydd i'r cymdeithasau llyfrau, ac yn enwedig i unrhyw weithgarwch lleol arbennig, ar hyd y wlad.

Ni ddeuai cyflawnder cynhaeaf y cynlluniau tocynnau llyfrau nes creu'r Cyngor Llyfrau Cymraeg: ac yn y pen draw, o'r cymorth ariannol a roddodd Cyngor Sir Ceredigion i'r Gymdeithas Lyfrau y tarddodd y Cyngor Llyfrau. Pan glywsom gyntaf sôn am ofyn am gefnogaeth ariannol y Cyngor Sir, roedd rhai ohonom yn tybio fod mentrusrwydd Alun wedi mynd y tu hwnt i reswm. Digon hawdd cyfiawnhau'r cymorth anuniongyrchol a roddwyd i'r Gymdeithas gan y Cyngor: nid oedd wedi costio dim i'r Cyngor. Nid oedd copïau'r ysgolion o *Gemau o Bant a Bryn* yn ddrutach am mai'r Gymdeithas a'i cyhoeddodd, a chyda'r Atlas roedd y Cyngor yn cael ei ddimai am bob copi a werthid ar y farchnad agored. Ond ym Medi 1955 dywedodd Alun Edwards wrth Bwyllgor y Gymdeithas fod yr amser yn aeddfedu i ofyn am gefnogaeth mewn arian sychion gan y Cyngor, ac 'wedi ychydig drafodaeth penderfynwyd fod yr Ysgrifennydd a Mr Edwards i baratoi cynllun ar gyfer y cais, gan ymgynghori â'r rhai a farnent yn orau, a chyflwyno'r cynllun i'r Pwyllgor'.

Yn araf a gofalus y symudwyd, ac nid oes gennyf gof i mi wneud dim, na chofnod am ddim ond rhyw awr o drafod gydag Alun Edwards. Roedd yntau wedi ymholi llawer yma a thraw cyn iddo ym mhen blwyddyn, ym mis Medi 1956, godi'r pwnc yn y Pwyllgor drwy gyfeirio 'at y memorandwm a luniodd ar gyhoeddi llyfrau Cymraeg poblogaidd i'r bobl hŷn. Dan y cynllun gofynnir i'r Cyngor Sir am (a) fenthyg £10,000 yn ddi-log o Gronfa'r Degwm; (b) grant blynyddol o £2,000 o'r trethi dan Ddeddf Llywodraeth Leol 1948. O gael hynny, byddai Cymdeithas Lyfrau Ceredigion yn gyfrifol am drefnu ysgrifennu a chyhoeddi deg nofel, tri chofiant, a dau lyfr taith bob blwyddyn; a thelid i'w hawduron yn ôl graddfa Llywodraeth Talaith Rydd Iwerddon'. Yn hinsawdd lenyddol Gymraeg y pumdegau, anodd credu y gallasai'r Gymdeithas gadw addewid i gyhoeddi deg nofel mewn blwyddyn, ac nid drwg o beth oedd cyngor y Cadeirydd (Oswald Williams), sef 'symud yn araf iawn oherwydd y sefyllfa ariannol bresennol, a cheisio cael barn ar adwaith Pwyllgor Arian y Degwm yn gyntaf oll'.

Rhaid bod dwy ran y cais wedi'u gwahanu wedi hyn, gan mai'r cais am y benthyciad yn unig a gafodd sylw'r Pwyllgor ym mis Mai 1957. Ym mis Gorffennaf roedd Alun Edwards yn adrodd fod y Cyngor Sir wedi cael caniatâd i roi £1,000 i'r Gymdeithas am y flwyddyn, ac yn pwysleisio mai rhoi cymorth i awduron oedd bwriad y rhodd; ac ar ei awgrym ef cytunwyd ar raddfa dâl 'sef £3 y fil o eiriau am nofelau gwreiddiol a £1 10s. y fil am gyfieithiadau, a £100 y llyfr, gyda grant o £30 tuag at ddarluniau, am lyfrau taith a chofiannau'. Nid cyhoeddiadau'r Gymdeithas yn unig a gâi fantais o'r cynllun hwn: roedd y cyhoeddwyr Cymraeg i gael gwybod am y cynllun, a gwnaed grantiau i rai llyfrau megis *Cofiant Idwal Jones,* Gwenallt, o Wasg Aberystwyth.

Erbyn hynny mae'n debyg fod Pwyllgor Arian y Degwm wedi derbyn yr egwyddor o roi benthyciad di-log i'r Gymdeithas, ond bu'n rhaid aros rhai misoedd tra buwyd yn ceisio ffordd i roi i'r Pwyllgor sicrwydd y byddai'r benthyciad yn ddiogel. Yng nghyfarfod mis Tachwedd o'r Pwyllgor adroddwyd 'fod yr Ysgrifennydd a Mr Alun Edwards wedi cwrdd â Chlerc a Thrysorydd y Cyngor Sir, a bod y Cyngor wedi cytuno i roi benthyg £5,000 o Gronfa'r Degwm ar sicrwydd *debenture* oddi wrth y Gymdeithas'. Benthyciad di-log am ugain mlynedd oedd hwn, ac erbyn i'r ugain mlynedd ddod i ben roedd hawliau a dyletswyddau Cyngor Sir Ceredigion wedi'u trosglwyddo i gyngor newydd Dyfed. Cafwyd estyniadau ar y benthyciad o dro i dro, ac yna ym 1990 cytunodd Cyngor Dyfed fod y benthyciad i'w droi'n rhodd—er rhyddhad mawr i'r Gymdeithas.

Efallai mai yn y cyfle a gafodd y Gymdeithas drwy'r grant awduron i ddangos i gyhoeddwyr eraill nad oedd hi'n ceisio tanseilio eu busnes hwy yr oedd gwerth mwyaf y grant hwnnw: roedd yn ychwanegu ychydig at y cymorth a roddid gan arian y Llywodraeth a weinyddid gan Wasg Prifysgol Cymru. Cafodd y Gymdeithas rai grantiau o'r arian hynny at lyfrau a gyhoeddwyd ganddi, a byddem yn gallu ymffrostio ein bod yn llwyddo'n well na rhai o'r cyhoeddwyr eraill i gael y symiau y gofynnem amdanynt—a hynny, nid oherwydd dim ffafraeth i ni, ond am ein bod yn fwy medrus na'r lleill yn y grefft gywrain o lanw ffurflen.

Beth bynnag am y grantiau awduron, roedd y benthyciad di-log yn gyfraniad amhrisiadwy at ddatrys problem fwyaf unrhyw gyhoeddwr Cymraeg, sef prinder cyfalaf. Fe ddangoswyd uchod y ffordd y bu Cymdeithas Lyfrau Ceredigion yn ei blynyddoedd cyntaf yn byw drwy ddala llygoden a'i bwyta; am fod ganddi addewid am werthiant buan i'r llyfrau yr oedd hi'n gallu mentro eu cyhoeddi o gwbl. Byddai'r Awdurdod Addysg wedi talu bil y Gymdeithas cyn iddi hithau orfod talu bil yr argraffwyr; ond pan gyhoeddwyd cyfieithiad o nofel Ffrangeg (*Ar Gwr y Goedwig*) ym 1955, gwarant gan y cyfieithydd a chyfaill iddo oedd sail y fentr. Nid oedd safle'r cyhoeddwyr eraill fawr gwell: rhaid iddynt allu dibynnu ar werthu'r gyfran helaethaf o unrhyw argraffiad yn y flwyddyn gyntaf, ac nid oedd hyd yn oed Gwasg y Brifysgol yn barod iawn i gyhoeddi llyfrau a fyddai'n gwerthu'n raddol dros gyfnod maith.

Wrth gwrs, er bod pum mil o bunnoedd yn prynu llawer mwy ym 1957 nag ym 1992, cyfraniad bach at ddatrys y broblem a wnaeth y cyfalaf di-log o Arian y Degwm, ond cyfraniad sylweddol at weithgarwch y Gymdeithas. Fe olygodd ein bod yn gallu mentro cyhoeddi rhai llyfrau a ddylai'n sicr fod ar gael, ond na ellid teimlo'n sicr o werthiant cyflym digonol arnynt. Cyfrolau atgofion o Geredigion a noddwyd gyntaf gan y cyfalaf newydd hwn, ac roedd y rheini'n enghraifft berffaith o'r broblem. I ddechrau, ffrwyth cystadleuaeth dan nawdd yr Awdurdod Addysg (a hynny, gellir mentro, dan symbyliad Alun Edwards) oedd y llyfrau, a hynny'n rhoi rhywfaint o ddyletswydd foesol ar y Gymdeithas i'w cyhoeddi, heblaw fod i'r cynnwys werth mawr fel ffynhonnell hanes. Wedyn gellid gobeithio gwerthu copïau i lawer o drigolion a chyn-drigolion y fro y sonnid amdani yn y gyfrol, ond prin y byddai hynny o werthiant yn ddigon i ddenu cyhoeddwr masnachol. Ac nid oedd modd gwybod pa faint o werthu a fyddai ar unrhyw gyfrol o'r fath y tu allan i'w bro ei hun, a thu allan i Geredigion—yn enwedig o gofio nad oedd ar y pryd ddim trefn at ddosbarthu llyfrau i'r siopau ledled Cymru. Felly y mentrwyd ar gyhoeddi'r llyfr a gafodd wobr gyntaf y gystadleuaeth, *Yr Hen Amser Gynt*, gan J Islan Jones, a rhyw hanner-dwsin o gyfrolau eraill yn ei ddilyn dros y blynyddoedd nesaf. Gwerthwyd pob copi o'r llyfr cyntaf, ac o rai o'r lleill, yn eithaf buan, ond roedd eraill heb eu gwerthu'n llwyr ar ddiwedd yr wythdegau—er na fu'r un ohonynt yn golled i'r Gymdeithas.

Gellir cyfrif y gamp o sicrhau benthyciad y Cyngor Sir yn uchafbwynt cyfraniad Alun Edwards i'r Gymdeithas Lyfrau;

er iddo ddal i weithio drosti a thrwyddi am flynyddoedd wedyn, braidd yn feichus fyddai adrodd rhagor o'r hanes yn fanwl. Ac wedi gweld cymaint y bu'r Pwyllgor yn pwyso arno am arweiniad, mae'r ymchwilydd yn rhyfeddu at gofnod yn gwrthod awgrym gan Alun Edwards. Roedd y Pwyllgor (ar 16 Rhagfyr 1957) wedi rhoi gwrandawiad i'r awgrym fod y Gymdeithas yn ceisio grant gan Gronfa Pantyfedwen at lyfrau crefyddol, ac wrth gwrs wedi rhoi arno ef y cyfrifoldeb am hel gwybodaeth a pharatoi cais, ond pan aeth ef ymlaen i awgrymu inni gymryd cyfrifoldeb am argraffiad Cymraeg o lyfrau lluniau crefyddol o waith Enid Blyton, 'teimlai'r Pwyllgor nad oedd y lluniau'n deilwng o'r Gymdeithas ac nad doeth fyddai cymryd cyfrifoldeb am y llyfrau'.

Nid oedd Alun ddim dicach o gael gwrthod y syniad diwethaf hwn, ac efallai'n wir nad oedd e'n disgwyl gwell: fe wyddai fod aelodau'r Pwyllgor yn fwy confensiynol eu chwaeth, yn ogystal â bod yn llai mentrus, nag yntau. Ac elfen holl-bwysig yng nghyfraniad Alun Edwards i fywyd Cymru oedd ei barodrwydd i fentro agor ei geg yn eofn—ac fe'm temtir i chwarae ar y gair a dweud ei fod yn eofn hyd at fod yn echon (neu'n ewn, yn ôl eich tafodiaith). Ac nid gwasanaeth genau a gafwyd ganddo, ychwaith: mae digon ohonom yn cael syniadau sy'n ymddangos i ni'n eithaf disglair, ond ychydig ohonynt sy'n troi'n ffaith. Wrth heneiddio rwyf wedi sylweddoli nad gwiw i ddyn awgrymu unrhyw weithgarwch i unrhyw gorff o bobl os nad yw'n barod i dderbyn baich y gweithgarwch hwnnw ei hun.

Dyna, mae'n siŵr gen i, arwyddocâd Cymdeithas Lyfrau Ceredigion yn hanes Alun Edwards. Roedd cael y weledigaeth gyntaf am y gymdeithas yn gryn gamp: ond ni fodlonodd Alun ar gynnig y weledigaeth, nac ar droi'r weledigaeth gyntaf yn ffaith gyfreithiol. Digon rhesymol fuasai iddo ddibynnu ar eraill i ddefnyddio'r offeryn, ond ni allai ef ei adael i rydu, yn offeryn hwylus i'w godi pan welid ei angen: fe fynnodd ef ei gadw'n loyw drwy roi digon o waith iddo, a thro ar ôl tro, fel y dangoswyd eisoes, fe ddaeth atom gyda syniad newydd—gan beri ambell ochenaid i rai ohonom. Byddem weithiau'n dweud wrth ein gilydd fod Alun yn naïf, yn ddiniwed, yn ei ffordd uniongyrchol o weithredu, gan na fyddai'n dangos ei fod yn mesur y gwaith a fyddai'n disgyn arnom ni; ond wrth edrych yn ôl, gellir gweld fod cyfran dda o gyfrwystra'r sarff yn gwmni i'w ddiniweidrwydd colomennaidd. Rhaid cofio nad oedd rhoi gwaith i ni'r lleill yn golygu dadlwytho ei waith yntau arnom; os cawsom ni gryn dipyn o waith llafurus syml (ac efallai anniddorol), yr oedd baich o waith cywrain ac anodd yn aros arno ef, a hwnnw'n galw am gyfuniad y ddwy elfen. Roedd ei hyder ef yn codi cywilydd ar ein diogi ni, a'n diwydrwydd gorfod yn deyrnged, nid i'w ddiniweidrwydd na'i gyfrwystra, ond i'r unplygrwydd a oedd yn cysoni'r ddwy elfen. Testun balchder i ni yng Nghymdeithas Lyfrau Ceredigion yw inni gael cydweithio ag Alun Edwards i gael un maen i'r wal—y wal sy'n amddiffyn y dreftadaeth Gymraeg.

ALUN R EDWARDS A'I GYNGOR

R Gerallt Jones

Y mae hanes parhad llenyddiaeth Gymraeg cyn belled â hyn mewn hanes yn stori sy'n llawn ergydion, anghysondebau, aberth unigolion a gwyrthiau annisgwyl. Y mae twf y Cyngor Llyfrau, o'i gychwyn fel gwreichionyn ym meddwl tanbaid Alun R Edwards i'w fodolaeth heddiw fel corff sefydlog a grymus, yn arddangos pob un o'r nodweddion hyn yn eu tro.

Islwyn Ffowc Elis, un o weision cyflog cynharaf y Cyngor Llyfrau yng nghyfnod ei fabandod, sy'n ein hatgoffa mewn erthygl a gyhoeddwyd yn *Llais Llyfrau*, Hydref 1986, o gyflwr pethau yn y byd cyhoeddi Cymraeg pan ddechreuodd Llyfrgellydd Ceredigion ar yr ymgyrch fawr i sicrhau cyflenwad teilwng o ddeunydd darllen ar gyfer cyhoedd disgwylgar:

> Gadewch inni'n hatgoffa'n hunain o gyflwr pethau ym 1950. Rhyw hanner cant o lyfrau Cymraeg a gyhoeddid mewn blwyddyn i oedolion, a rhywbeth tebyg ar gyfer plant. Doedd dim grant i'w chael o unman at gyhoeddi na llyfr na chylchgrawn Cymraeg . . . Doedd y mwyafrif o awduron Cymraeg yn derbyn yr un ddimai goch am ysgrifennu llyfr; roedd y cyhoeddwyr yn cyhoeddi'n aml ar golled . . .

Yr oedd y sefyllfa'n argyfyngus dlawd a doedd dim llawer o arwyddion gwelliant i'w gweld o unrhyw gyfeiriad. Wrth sôn am brinder llyfrau plant yn yr un cyfnod mewn erthygl Saesneg a gyhoeddwyd yn y symposiwm, *Loughborough '83* ym 1984, y mae Alun Creunant Davies, Trefnydd ac yna Cyfarwyddwr cyntaf y Cyngor Llyfrau, yn taro ar wirionedd cyffredinol ynglŷn â chyhoeddi yn y Gymraeg cyn dyfod cyfryngau nawdd:

Before the days of government subsidies, publishing for children was nearly always a response to a crisis, a matter of ensuring that the Welsh-speaking child would have some material to read in his own language.

Y mae'n mynd ymlaen i sôn am ymgyrch Griffith Jones yn y ddeunawfed ganrif i greu deunydd darllen i'r disgyblion yn ei ysgolion cylchynol, ac ymgyrch O M Edwards ar ddiwedd y ganrif ddiwethaf i Gymreigio amgylchedd darllen plant Cymraeg mewn cyfundrefn addysg Seisnig. Y ffaith yw y gellid dweud yr un peth i raddau helaeth am gyhoeddi ar gyfer oedolion hefyd. Mater o hap a damwain fu cyhoeddi yn y Gymraeg erioed, fel mewn unrhyw iaith leiafrifol, answyddogol arall. Y gwahaniaeth chwyldroadol a ddigwyddodd yn ystod pumdegau'r ganrif hon oedd fod y consensws meddyliol wedi newid yn gwbl sylfaenol hyd nes derbyn o'r diwedd y syniad deublyg fod angen cyfundrefn ganolog ar y byd cyhoeddi yng Nghymru a bod rhaid wrth gymhorthdal cyhoeddus fel sail i'r fath gyfundrefn.

Nid ar chwarae bach y gwelwyd gwireddu'r wyrth hon, ond roedd cydnabyddiaeth swyddogol o'r argyfwng i'w chanfod yn weddol gynnar yn yr hanes. Yn Hydref 1952, cyflwynwyd adroddiad ar gyhoeddi yn y Gymraeg i Syr David Maxwell Fyfe, y Gweinidog dros Faterion Cymreig ar y pryd, mewn hinsawdd pryd yr oedd rhai'n darogan tranc cyhoeddi o bob math yn yr iaith Gymraeg. Y mae Rheinallt Llwyd, yn yr arolwg cynhwysfawr a wnaeth o dwf y Cyngor Llyfrau yn rhifynnau Haf 1983 a Haf 1984 o *Llais Llyfrau*, yn dyfynnu adroddiad Ready, fel y'i gelwid, fel hyn:

Cenedl heb wreiddiau yw cenedl heb lyfrau, a'i thynged yw colli'i hunaniaeth a chyda hynny ei gallu i gyfrannu i stôr cyffredinol gwareiddiad . . . Pe darfyddai am gyhoeddi Cymraeg, buan hefyd y darfyddai am yr iaith fel cyfrwng diwylliant, ac ni cheid i'w dilyn namyn bratiaith sathredig a diurddas.

Dyfyniad pwysig a threiddgar. Nid am y tro cyntaf yn ei

hanes gwelwyd bod yr iaith Gymraeg mewn perygl o golli ei hurddas a sail ei pharhad. Cofiwn am gerdd Gwenallt i'r Esgob William Morgan a'i ddisgrifiad o'r iaith fel bratiaith yn y cyfnod cyn cyfieithu'r Beibl i'r Gymraeg. Â Adroddiad Ready ymlaen i ddweud fod cyhoeddi yn yr iaith Gymraeg:

. . . yng ngafael trobwll chwyrn sy'n bygwth ei lyncu. Oherwydd crebachu'r farchnad, bychan o amrywiaeth llyfrau a geir; oherwydd diffyg amrywiaeth, bychan o nifer a werthir. Blin yw'r rhagolygon oni thorrir grym y trobwll hwn; ni lwyddir i wneuthur hynny heb fwy o nifer, a mwy o amrywiaeth llyfrau.

Yn y lle cyntaf, aeth Alun R Edwards, llyfrgellydd newydd Ceredigion, ac, yn nhystiolaeth pawb yn ddiwahân a fu ynglŷn â'r materion hyn yn ystod y pumdegau, un o'r rhai cyntaf i adnabod dyfnder yr argyfwng, ati hi i lenwi bylchau trwy ysgogi gweithgarwch gwirfoddol ar lefel genedlaethol ar y naill law a gweithgarwch cyfundrefnol yn ei sir ei hun ar y llaw arall. Ond yr oedd ef, fel sawl un arall erbyn hyn, yn gynyddol ymwybodol fod angen cyfundrefn wirioneddol genedlaethol er mwyn trechu'r argyfwng, a honno'n gyfundrefn wedi ei hariannu'n deilwng. Gwaith anodd, serch hynny, oedd perswadio'r pwerau cyhoeddus. Un peth oedd cydnabyddiaeth o'r angen mewn adroddiadau swyddogol, peth arall oedd darbwyllo cynghorwyr a gweision sifil y dylid gwario arian. Dyma Islwyn Ffowc Elis eto:

Mae'n anodd credu heddiw gymaint o ragfarn a thaeogrwydd y bu'n rhaid iddo frwydro yn eu herbyn ymysg cynghorwyr a henaduriaid ei sir ei hun, heb sôn am gynghorwyr siroedd mwy Seisnig ac adrannau'r Llywodraeth. Byddai'n cael siom ar ôl siom, ergyd ar ôl ergyd, weithiau gan gynghorwyr a swyddogion a llyfrgellwyr yr oedd wedi'u hystyried yn ffrindiau iddo. Ond pan gaeai un drws yn ei erbyn byddai'n siŵr o fedru agor un arall.

Nid busnes yr erthygl hon yw manylu ynglŷn â'r gweithgareddau a roddwyd ar gerdded gan Alun R Edwards ac eraill yn ystod y pumdegau—y Cymdeithasau Llyfrau, y llyfrgelloedd teithiol—gwneir hynny mewn mannau eraill.

Digon yma yw pwysleisio mai braenaru'r tir ar gyfer sefydlu'r Cyngor Llyfrau fel corff cenedlaethol ar ddechrau'r chwedegau oedd prif swyddogaeth llawer o'r gweithgareddau hyn.

Serch hynny, pan ddaeth y corff newydd i fodolaeth mewn enw yn Nhachwedd 1961, naw mlynedd ar ôl cyflwyno Adroddiad Ready i'r Gweinidog, nid oedd y frwydr wedi ei hennill o bell ffordd. Nid oedd y Cyngor wedi ei ariannu o gwbl gan y Llywodraeth yn ganolog—daeth i fod trwy gefnogaeth Awdurdodau Lleol—ac nid oedd ganddo swyddogion amser-llawn. Aelodau staff Llyfrgell Ceredigion oedd yn gwneud y gwaith a'r Llyfrgellydd ei hun oedd yr Ysgrifennydd Mygedol. Ond mae'n werth nodi beth oedd yr amcanion cychwynnol fel y'u gwelir yn y Cyfansoddiad cyntaf. Dyma nhw:

1. Sicrhau llenyddiaeth boblogaidd yn Gymraeg ar gyfer darllenwyr mewn oed o bob math ac oedran.
2. Sefydlu, cynorthwyo neu helpu i sefydlu a chynorthwyo, unrhyw gymdeithas neu sefydliad a fyddai'n debyg o gryfhau amcan y Cyngor.
3. Hybu gwerthiant llyfrau Cymraeg trwy gydweithredu â'r fasnach lyfrau Cymraeg a thrwy unrhyw gyfrwng arall y bernid ei fod yn angenrheidiol.

Erbyn heddiw, wedi tair degawd o weithgarwch, y mae'r Cyngor a'i amcanion, wrth reswm, yn anifail gwahanol iawn i'r hyn ydoedd ar y cychwyn. Ac mae'n werth sylwi ar yr hyn sy'n debyg a'r hyn sy'n wahanol yn ymateb y Cyfarwyddwr presennol, Gwerfyl Pierce Jones, i'r cwestiwn 'Beth yw swyddogaeth y Cyngor Llyfrau?' yn fuan ar ôl ei phenodi (*Llais Llyfrau*, Hydref, 1987):

Mae swyddogaeth y Cyngor Llyfrau yn gwbl glir: hybu'r diwydiant cyhoeddi yn ei holl agweddau a gwneud hynny nid trwy ganoli a thra-awdurdodi ond trwy gefnogi, cynghori, annog a chynorthwyo'n ymarferol holl elfennau'r fasnach. Y nod yn y pen draw yw sicrhau amrywiaeth gyfoethog o lyfrau a chylchgronau y gall pawb ohonom ymfalchïo ynddynt o ran safon eu cynnwys a'u diwyg, a hefyd geisio cyrraedd y gynulleidfa ehangaf posibl ar eu cyfer.

Ar y darlleniad cyntaf, y mae'r gosodiad hwn yn osodiad tebyg iawn i'r hyn a ddywedwyd gan gychwynwyr y Cyngor ym 1961. Ond, o graffu'n fanylach, y mae newid pwyslais wedi digwydd, newid pwyslais sydd hwyrach yn golygu athroniaeth fwy datblygedig. Y mae'r newid yn sicr yn ernes o hyder, ac yn ernes o'r newidiadau sydd wedi digwydd yn yr holl hinsawdd cyhoeddus dros ddeng mlynedd ar hugain o amser. Y mae'r prif wahaniaeth yn troi o gylch y dehongliad priodol o'r ymadrodd 'llenyddiaeth boblogaidd' yn yr amcanion gwreiddiol, a'r ffaith nad yw'r Cyfarwyddwr presennol yn siarad yn y fath dermau o gwbl.

Y gwir yw nad oedd pawb yn y pumdegau, hyd yn oed ymysg caredigion llenyddiaeth Gymraeg, yn cytuno gant y cant â phob agwedd ar athroniaeth lenyddol Alun R Edwards a'i ddehongliad diwyro ef o'r hyn oedd ei angen ar y byd llyfrau yng Nghymru. Cododd y consept o 'lenyddiaeth boblogaidd' a grëwyd ganddo gryn helynt gan ysgogi trafodaethau chwyrn yng nghyhfnodolion y cyfnod, o'r *Faner* i'r *Arloeswr*. Beth oedd 'llenyddiaeth boblogaidd'? Pa beth a olygai Alun Edwards pan ddywedai mai cyflenwad o'r fath lenyddiaeth oedd ei eisiau a llai o lyfrau 'trymion'? Y mae un sylw yn nheyrnged Islwyn Ffowc Elis iddo yn codi cwr y llen ar ei gredo llenyddol ac ar ei farn o'r herwydd ynglŷn â phriod swydd y Cyngor Llyfrau. Meddai Islwyn Ffowc Elis am ei ymateb i'w lyfrau ef ei hun:

Mewn un llythyr fe ddywedodd ei fod yn annerch cymdeithasau diwylliannol ledled Ceredigion ar *Cysgod y*

Cryman ac yn perswadio'i wrandawyr i'w ddarllen. Fe'm sobrwyd. Daeth llythyr arall ar ôl cyhoeddi *Ffenestri Tua'r Gwyll*. Llythyr hyfryd o garedig eto, ond medrwn ddarllen ei siom rhwng y llinellau. Angen mawr y Gymru Gymraeg oedd cannoedd o nofelau 'poblogaidd' fel *Cysgod y Cryman*. Rwy'n credu imi gael ei faddeuant pan gyhoeddwyd *Yn ôl i Leifior*.

Fel llyfrgellydd, meddai Alun R Edwards ar farn bendant iawn ynglŷn â'r math o lyfr oedd yn debyg o ddenu llaweroedd o ddarllenwyr newydd, ac nid oedd nofel uchelgeisiol astrus fel *Ffenestri Tua'r Gwyll* yn ffitio'r patrwm. Y math o lyfr a fyddai'n debyg o brofi'n fwyaf poblogaidd, yn ei farn ef, oedd nofel gyfoes unionsyth, anghymleth-ddarllenadwy, gyda stori gref; llyfr hwyrach fel *Cysgod y Cryman*. Yr oedd ef yn elyn mawr i'r hyn a elwid yn gyson yn y cyfnod hwnnw yn llenyddiaeth 'dywyll', ac yr oedd rhai beirdd yn arbennig dan y lach yn gyson am fod yn elitaidd ac am gadw darllenwyr potensial draw trwy fod felly. Ystyriai ef y rhain, ar un wedd, yn elynion i'r iaith Gymraeg. Yn sicr, nid oeddynt yn gwneud dim i'w hachub yn ei chyfyngder.

Ymatebodd rhai llenorion mwy hydeiml na'i gilydd i'r cyhuddiadau hyn trwy honni yn eu tro mai bwndel o 'sothach' fyddai'n cael ei gynhyrchu fel canlyniad i bolisi o boblogeiddio bwriadol ac mai'r hyn oedd ei angen yn hytrach oedd cynhyrchu gwaith o sylwedd ac addysgu'r cyhoedd i'w fwynhau. Tueddai'r rhai hyn hefyd i amau a fyddai cyhoedd newydd y pumdegau, yng nghanol berw hudolus newydd-deb y cyfryngau torfol, yn cael eu denu i ddarllen gan lyfrau ysgeifn, a'u bod yn debycach o droi at lyfrau mwy sylweddol os am ddarllen o gwbl, gan ddefnyddio'r teledu at bwrpas adloniant ysgafn. Y mae'r cynnydd anhygoel ym mhoblogrwydd operâu sebon yn y cyfamser wedi cadarnhau'r farn hon i raddau ond yr oedd yntau'r un mor daer fod y cyhoedd yn dyheu am ddeunydd ysgafn, ac arferodd fwy nag unwaith y term 'sothach da' fel disgrifiad o'r nofeletau yr oedd am weld mwy a mwy ohonynt yn cael eu cynhyrchu, nofeletau fel y rhai sydd bellach ar gael yng *Nghyfres y Fodrwy*. Yr oedd y ddadl yn angerddol o'r ddwy ochr.

Dylid dweud, wrth gwrs, fod Alun Edwards ei hun, fel llyfrgellydd craff, yn gwbl ymwybodol o'r newid mewn arferion darllen ac o beryglon y teledu, ond roedd ganddo ffydd ddiysgog yng ngallu'r gair printiedig i ddenu darllenwyr, os oedd y deunydd yn ei hanfod yn ddeniadol i fod arall yr oedd llawer o drin a thrafod arno yn y cyfnod hwnnw, sef 'y darllenydd cyffredin'. Yr oedd yn ymwybodol iawn hefyd fod arferion darllen newydd yn arwain pobl, nid yn unig at lenyddiaeth ysgafn ond hefyd at lyfrau ffeithiol; dadleuai'n gynnar ac yn gywir fod angen llawer mwy o lyfrau Cymraeg ar bob math o bynciau o ddiddordeb cyffredinol, o arddio i goginio, a llwyddodd i berswadio'r awduron mwyaf annisgwyl i gyfrannu llyfrau ar bynciau o'r fath. Nid oedd neb, chwedl Syr Thomas Parry, yn ddiogel rhagddo!

Rhaid dweud, serch hynny, mewn cromfachau fel petai, fod ei fagwraeth uniongred biwritanaidd ar aelwyd Tŷ Capel Llanio wedi sicrhau hefyd ei fod weithiau'n gosod magl ar ei ffordd ei hun trwy ymateb yn negyddol chwyrn i rai nofelau poblogaidd nad oedd ef yn cymeradwyo'u chwaeth, ac yn arbennig felly nofelau'n cynnwys disgrifiadau rhywiol agored. Yr oedd yn barod iawn i dynnu oddi ar ei silffoedd yng Ngheredigion unrhyw lyfrau, Cymraeg neu Saesneg, a oedd yn ei farn ef yn troseddu yn y mater hwn. Ac yn sicr ni fyddai croeso i'r fath lyfrau yn ei restr o 'sothach da'. Yn y cyfnod ôl-Chatterley, roedd hyn yn golygu fod rhestrau 'cudd' go helaeth i'w cael yn llyfrgelloedd Ceredigion yn ei amser ef. Yr oedd rhai pethau'n bwysicach iddo hyd yn oed na denu darllenwyr.

O edrych yn ôl arnynt, mater o bwyslais a mater o anghenion cyfnod oedd dadleuon chwyrn y pumdegau ynglŷn â 'llenyddiaeth boblogaidd' a 'llenyddiaeth uchel-ael'. Gellir dweud yn ffyddiog, gyda gwrthrychedd pellter amser, fod angen y naill safbwynt a'r llall ar unrhyw lenyddiaeth

iach. Y mae angen y llenor arbrofol, y gweledydd
ysbrydoledig, yn sicr ddigon, er mwyn cadw'r cynnyrch a'r
ymwybod beirniadol rhag mynd yn statig a dof a gor-
geidwadol. Ar y llaw arall, y mae'r angen i ddenu a chadw
corff eang o ddarllenwyr gydag amrywiaeth o ddeunydd yn
amlwg iawn hefyd. Y mae'r ail angen yn debyg o frigo i'r
wyneb yn amlycach mewn cyfnod o argyfwng iaith, ac nid
yw'r broblem o sicrhau cyflenwad digonol o ddarllenwyr
wedi cael ei datrys eto, a dweud y lleiaf.

Sut bynnag, oherwydd grym personoliaeth Alun R
Edwards a phendantrwydd ei ddaliadau ef ynglŷn â'r angen
am lenyddiaeth boblogaidd, cysylltwyd y Cyngor Llyfrau yn
naturiol iawn, yn ystod ei ddyddiau cynnar, â'r ymgyrch i
boblogeiddio llenyddiaeth. Yr oedd ymateb y Cyfarwyddwr
presennol ym 1987 yn awgrymu fod y pwyslais wedi newid
fel y mae'r gymdeithas wedi newid, ac mae ei geiriau hi yr un
mor ddadlennol cyn belled ag y mae athroniaeth bresennol y
Cyngor Llyfrau yn y cwestiwn ag yr oedd geiriad yr
amcanion gwreiddiol ym 1961.

Hybu'r diwydiant cyhoeddi 'yn ei holl agweddau' yw
swyddogaeth y Cyngor bellach, nid hyrwyddo un math neu
un lefel o gyhoeddi'n unig; a'r nod yn y pen draw yw 'sicrhau
amrywiaeth gyfoethog o lyfrau a chylchgronau y gall pawb
ohonom ymfalchïo ynddynt o ran safon eu cynnwys a'u
diwyg'. Y mae'n wir fod yn rhaid iddi hithau ychwanegu 'a
hefyd geisio cyrraedd y gynulleidfa ehangaf posibl ar eu
cyfer', ond mae'r ffaith ei bod bellach yn gallu dweud y
dylai'r Cyngor geisio sicrhau'r fath gynulleidfa ar gyfer
'amrywiaeth gyfoethog o lyfrau a chylchgronau y gall pawb
. . . ymfalchïo ynddynt o ran safon eu cynnwys a'u diwyg' yn
fesur teg o hunanhyder y Cyngor Llyfrau erbyn hyn, ac yn
wir o ddisgwyliad amgen y cyhoedd yng Nghymru yn y
nawdegau. Y mae hefyd yn gyfaddefiad hwyrach na ellir
denu cynulleidfa ddigonol trwy ganolbwyntio ar un math o
lenyddiaeth yn unig.

Ond cyn rhuthro ymlaen yn rhy gyflym i dynnu casgliadau
am y presennol, mae'n rhaid dychwelyd at y dyddiau cynnar

ac at y modd yr oedd y corff newydd am wynebu'r sialens gychwynnol. Trown at Rheinallt Llwyd eto:

> Roedd yr holl bwyslais ar gynhyrchu cymaint o lyfrau poblogaidd Cymraeg ag y gellid . . . Rhaid oedd denu ysgrifenwyr o blith y rhai na feddyliasent am ysgrifennu'n greadigol cyn hynny a 'darparu digonedd o straeon ysgafn ar gyfer y rhai sy'n cefnu ar lenyddiaeth Gymraeg oherwydd diffyg deunydd addas' . . . fe fyddai'r Cyngor Llyfrau Cymraeg yn talu i awdur am ei waith yn ôl £3 am bob mil o eiriau hyd at gyfanswm o 50,000 os llwyddid i werthu 750 o gopïau o'r llyfr o fewn blwyddyn . . . Trwy gyfres o gystadlaethau fe obeithid denu'r awduron ac roedd gan Gymru, trwy lwc, ddyrnaid o leiaf o gyhoeddwyr ymroddedig a fyddai'n fodlon ymgymryd â'r dasg o ddwyn y llyfrau i olau dydd. Y dasg anoddaf ar y dechrau fu darbwyllo'r llyfrgellwyr ei bod yn ofynnol iddynt brynu 500 copi o bob llyfr a gymeradwyid gan Banel Cyhoeddiadau'r Cyngor Llyfrau cyn y gellid sicrhau llwyddiant y cynllun. Un o dasgau cynta'r Cyngor ym 1962 oedd sefydlu'r Panel Cyhoeddiadau er mwyn ceisio sicrhau fod oddeutu hanner cant o lyfrau poblogaidd yn cael eu cyhoeddi'n flynyddol . . .

O'r cychwyn, yr oedd i'r Cyngor amcanion pendant, a gosododd iddo'i hun dargedau ymarferol cwbl benodol.

Ond yr oedd llawer o ffordd i fynd cyn y gellid gwireddu unrhyw amcanion. Yr oedd gwir fwriad y Cyngor yn uchelgeisiol iawn, oherwydd, fel y gwelsom, roedd yn y pen draw yn golygu gweddnewid y sefyllfa gyhoeddi yng Nghymru ar hyd y daith, o fan cychwyn llyfr ym meddwl awdur i'w gyflawniad terfynol fel gwrthrych yn nwylo darllenydd. Er mwyn cyflawni'r fath chwyldroad, fe fyddai'n rhaid i'r Cyngor ymwneud, nid yn unig ag awduron, ond ag arianwyr, cyhoeddwyr, llyfrwerthwyr a darllenwyr hefyd. Ac er mwyn cychwyn ar y daith honno, roedd sicrhau strwythur priodol lawn cyn bwysiced ag athroniaeth gywir a dilys. Yn ffodus, sylweddolwyd hyn hefyd o'r cychwyn, er iddi gymryd rhai blynyddoedd cyn y gellid cymryd y cam cyntaf o bwys. Nid y lleiaf o gyfraniadau'r Cyngor Llyfrau i fywyd Cymru yw'r pwyslais cyson ar greu peirianwaith addas ac effeithiol i gyflawni ei amcanion. Nid ydym bob amser mor ymwybodol ag y dylem fod, yn ein brwdfrydedd dros gyflawni gwyrthiau, o bwysigrwydd peirianweithiau effeithiol. Wrth gwrs, y mae peirianweithiau'n dibynnu yn y pen draw ar bobl, a bu'r Cyngor yn hynod ffodus, o'r cychwyn cyntaf, yn ei bobl hefyd.

Ar ddechrau 1964, er enghraifft, penodwyd y Parchedig Enid Morgan (Enid Roberts y pryd hwnnw) yn Ysgrifennydd Cynorthwyol rhan-amser, er mwyn dwyn rhywfaint o'r gwaith oddi ar ysgwyddau'r Llyfrgellydd a'i staff. Y mae'n arwyddocaol sawl un o ferched Cymraeg galluocaf eu cenhedlaeth sydd wedi gwasanaethu'r Cyngor Llyfrau; hi oedd y gyntaf ohonynt a'i dawn newyddiadurol hi oedd yn gyfrifol am osod stamp bywiog a chyfoes o'r cychwyn ar un o gyhoeddiadau pwysicaf y Cyngor dros y blynyddoedd, *Llais Llyfrau.*

Ond roedd y peirianwaith ei hun yn gwbl annigonol hyd yn oed i ddechrau cyflawni bwriadau eang y corff newydd. Wedi'r blynyddoedd cyntaf felly o stryffaglio yn y dull traddodiadol Gymreig o geisio gwneud yr amhosibl gyda staff talentog ac ymroddedig ond prin ei adnoddau, llwyddodd dycnwch ac ystyfnigrwydd y sefydlydd i groesi'r gamfa nesaf, sef sicrhau trefnydd llawn-amser. Penodwyd Alun Creunant Davies i'r swydd ar ddiwedd 1964 a dechreuodd ar ei waith ar Ddydd Gŵyl Ddewi 1965. Fel yr oedd tân ac egni, unplygrwydd a hyd yn oed unllygeidiogrwydd achlysurol Alun R Edwards wedi bod yn gwbl hanfodol i gychwyn y fenter, ac i'w hysio ymlaen wedyn o gam i gam, yr oedd cydbwysedd a challineb ymarferol y trefnydd newydd yr union beth yr oedd ei angen ar egin-gorff a oedd i dyfu maes o law i fod yn sefydliad cenedlaethol o'r pwys mwyaf, a sefydliad cymhleth ac aml-weddaidd ei natur a'i strwythur.

Os am geisio creu sefydliad proffesiynol mewn gwlad fach dlawd a diwladwriaeth, y mae'n rhaid wrth amynedd di-ben-draw, ac y mae'n rhaid wrth adnabyddiaeth lwyr o natur y gymdeithas y mae'r sefydliad am ei gwasanaethu. Yn y pen draw, y mae'n rhaid gwybod hefyd pryd a sut i gyfaddawdu, gan na cheir fyth yr adnoddau angenrheidiol i greu sefydliad a fydd gant y cant yn broffesiynol foddhaol. Gwrandawn ar Rheinallt Llwyd eto, yn dyfynnu Islwyn Ffowc Elis, ar ôl iddo gael ei benodi'n Gyfarwyddwr y Cynllun Cynhyrchu a Chyfieithu ym 1968—teitl gor-fawreddog, chwedl Islwyn Ffowc ei hun, mewn staff o dri—yn sôn am yr anhawster i sicrhau cyfieithiadau:

. . . Rhaid cofio mai cyfieithwyr oriau hamdden ydynt a rhaid aros yn hir am ambell gyfieithiad, heb sôn am y gwaith golygu ar ôl hynny . . .

Â Rheinallt Llwyd ymlaen:

'Cyfieithwyr oriau hamdden,' meddid, ac wrth gwrs dyna wraidd y broblem y bu'n rhaid i'r Cyngor Llyfrau ymgodymu â hi gydol y blynyddoedd. Fe fu'n rhaid dibynnu nid yn unig ar gyfieithwyr oriau hamdden ond hefyd ar olygyddion oriau hamdden, ar ddarllenwyr llawysgrifau oriau hamdden, ac ar arlunwyr a dylunwyr oriau hamdden.

Y mae hwn yn wirionedd o'r pwys mwyaf. Faint bynnag o gymhorthdal cyhoeddus a geir, a pha mor llwyddiannus bynnag y bo'r cyswllt â'r farchnad maes o law, y tebyg yw y bydd raid i'r gyfundrefn lenyddol mewn gwlad fach barhau i ddibynnu i ryw raddau ar gyfraniadau rhan-amser. Y mae angen doethineb i weld sut orau i gydblethu strwythur proffesiynol effeithiol â chyfraniad amaturiaid rhan-amser, ac i gadw'r awyrgylch cartrefol a phersonol sy'n angenrheidiol er mwyn parhau i ddenu ac ennill teyrngarwch cyfranwyr o'r fath fel y mae'r sefydliad yn tyfu ac yn datblygu'n fwy proffesiynol. Yr oedd y cydbwyso a'r cyfaddawdu hwn yn un o ddoniau pwysig y Trefnydd newydd, dawn a ddatblygodd ac a berffeithiodd fel Cyfarwyddwr, ac a'i galluogodd, mewn partneriaeth â Chadeiryddion yr un mor hirben, fel yr Athro Geraint Gruffydd a David Jenkins, i adeiladu'n raddol ar seiliau cychwynnol adeilad solet iawn.

Yr oedd meysydd eraill ar wahân i natur cymysgryw'r cyfranwyr a'r staff, lle'r oedd angen doethineb ac amynedd. Dibynnai'r Cyngor ifanc o'r dechrau ar ewyllys da Awdurdodau Lleol a'u cynrychiolwyr. Yr Awdurdodau Lleol, wedi'r cyfan, oedd unig arianwyr y Cyngor ar y cychwyn; hebddynt ni fyddai wedi cychwyn o gwbl. Cyn hir, roedd dau bartner arall yr oedd angen cydweithio â hwy—Cyngor y Celfyddydau ac, yn ddiweddarach, y Swyddfa Gymreig. Y mae'n fesur o gyflawniad y Cyfarwyddwr cyntaf ei fod wedi llwyddo i greu strwythur a ddatblygodd o gam i gam, os nad yn ddidrafferth, eto'n effeithiol a rhesymegol hyd nes cyrraedd y pwynt presennol ble mae'n ysgwyddo rhan helaeth iawn o'r cyfrifoldeb dros holl rychwant cyhoeddi yn yr iaith Gymraeg.

Ac y mae'n bryd i ninnau symud tuag at y presennol. I ba raddau y mae'r Cyngor, fel y mae heddiw, yn ei strwythur a'i weithgaredd, nid yn unig yn cwblhau amcanion cynnar Alun R Edwards, ond hefyd yn wynebu'n realistig y sialens a gynigir gan gyfnod gwahanol iawn? Y mae'r ystadegau moel yn sicr yn tanlinellu maint yr hyn a gyflawnwyd. Yn y pumdegau, fel y gwelsom, llai na chant o deitlau Cymraeg a gyhoeddid mewn blwyddyn, a llawer o'r rheiny'n gyhoeddiadau achlysurol neu'n ysgolheigaidd arbenigol. Erbyn 1972, roedd y nifer wedi cynyddu i 199, gan gynnwys rhyw hanner cant o lyfrau i blant a phobl ifainc. Erbyn 1991, roedd y cyfanswm ymron wedi treblu, i 539, gyda 275 yn llyfrau i blant a phobl ifainc. Gellir dweud yn ddiogel fod hyn yn fwy o lawer nag a gyhoeddwyd erioed o'r blaen yn yr iaith Gymraeg, hyd yn oed yn anterth Oes Fictoria. Y mae cyfran helaeth iawn o'r credyd am hyn oll yn ddyledus i'r Cyngor Llyfrau.

Ond mae'n rhaid craffu y tu ôl i'r ystadegau i weld natur y gwaith a gyflawnwyd. Wedi'r cychwyn anturus ond cwbl gyfyngedig yn ystod y chwedegau, crëwyd dimensiwn hollol newydd ym 1971, pryd y sylweddolodd eraill ar wahân i swyddogion y Cyngor eu hunain nad oedd hi'n bosibl iddynt ddod yn agos at gyflawni eu hamryfal amcanion heb lawer mwy o adnoddau. Ar y pryd, roedd Cyngor y Celfyddydau, dan arweiniad ei Swyddog Llenyddiaeth, Meic Stephens, a fu'n cyd-drafod problemau cyhoeddi â'r Cyngor ers peth amser cyn hyn, yn y broses o gryfhau ei gefnogaeth i'r byd llenyddol yn gyffredinol. Mewn penderfyniad o'r pwys mwyaf i'r dyfodol, cynigiwyd grant sylweddol i'r Cyngor Llyfrau i sefydlu Adran Olygyddol. Roedd yn ddatblygiad tyngedfennol, yn agor y ffordd i strwythur amlweddaidd y Cyngor presennol. Amcan yr adran newydd oedd cynnig gwasanaeth golygyddol i'r gweisg yng Nghymru mewn perthynas â holl swyddogaethau gwasg: barnu llawysgrifau, cywiro proflenni, paratoi broliannau ac ati, a chynnig yr un math o wasanaeth hefyd i awduron unigol.

Pam felly yr oedd angen gwneud hyn? Onid swyddogaeth y gweisg eu hunain oedd gwneud yr union bethau yma— golygu, cywiro, paratoi deunydd cyhoeddusrwydd? Yma y mae angen wynebu un gwirionedd caled ynglŷn â chyflwr y byd cyhoeddi yr oedd y Cyngor Llyfrau wedi mentro iddo; hwyrach ei fod yn wirionedd ynglŷn â chyflwr anochel llenyddiaeth mewn unrhyw wlad fach. Ychydig iawn, iawn o weisg Cymru ar y pryd oedd yn gweithredu fel gweisg yn y modd yr oedd disgwyl i wasg weithredu yn Llundain a phrif ddinasoedd Ewrop. Argraffwyr yn wir oedd y rhan fwyaf o'r 'gweisg', yn ennill eu tamed trwy argraffu posteri, pamffledi ac ati, gan fwrw iddi i gynhyrchu ambell lyfr yn achlysurol. Nid oeddynt yn meddu ar adnoddau golygyddol; nid oeddynt yn aml yn gwneud llawer mwy na derbyn llawysgrif, ei phrintio a'i gosod blith draphlith ar y farchnad yn y gobaith y byddai'n gwerthu. Os am wella'r sefyllfa, roedd yn amlwg fod raid i rywun ddod i'r adwy, a bod rhaid i'r rhywun hwnnw ar yr un pryd ddarbwyllo'r cyhoeddwyr fod angen y fath gymorth arnynt. Dewiswyd y Cyngor Llyfrau i wneud y gwaith, ac y mae'n parhau i'w wneud.

Ond rhan o waith gwasg yw gofalu am ddiwyg llyfr. Unwaith y dechreuwyd ar y gwaith o geisio cynorthwyo'r gweisg i weithredu fel gweisg, daeth yn amlwg iawn mai un o'r elfennau gwannaf yn yr holl sefyllfa oedd diwyg llyfrau Cymraeg. Roedd eu diwyg gan amlaf yn anneniadol a'u dylunio'n amaturaidd. Roedd eu golwg yn aml yn annheilwng o'u cynnwys. O sefydlu Adran Olygyddol, yr oedd angen cymar iddi, sef yr Adran Ddylunio, a daeth honno i fodolaeth ym Medi 1972, a'r un pennaeth, Elgan Davies, sydd arni o hyd. Lle tyfodd yr Adran Olygyddol i wneud llawer iawn o'r gwaith y byddid wedi ei wneud gan y gweisg eu hunain mewn gwlad fwy cyfoethog ei hadnoddau, gan gynnwys yn y man hyfforddi egin-awduron a chomisiynu cyfresi poblogaidd yn ogystal â gwaith mwy priodol i gorff canolog ymgymryd ag o mewn unrhyw wlad, fel cyhoeddi catalogau i hybu gwerthiant a chylchgronau am lyfrau, llwyddodd yr Adran Ddylunio'n ddigamsyniol i weddnewid diwyg llyfrau Cymraeg mewn ugain mlynedd.

Aeth yr Adran hon eto ati hi'n benodol o'r cychwyn i ddiwygio mewn tri maes: safon cloriau a siacedi llwch, safon dylunio mewnol y llyfr a safon lluniau a ffotograffau. Nid oes angen ond cymryd cipolwg ar rai o lyfrau'r pumdegau ar silffoedd llyfrgelloedd i werthfawrogi'r hyn a gyflawnwyd. Ym 1971 hefyd, yr oedd Adran Gyhoeddusrwydd wedi ei sefydlu ochr yn ochr â'r Adran Olygyddol, ac unwyd y ddwy adran hon ym 1974 dan un arall o'r merched galluog a fu'n allweddol yn nhwf gweithgarwch y Cyngor, Elan Closs Stephens. Yr oedd yn weddol amlwg erbyn hyn fod swyddogaeth y naill adran a'r llall yn gwbl gyd-ddibynnol, hyd ddiwedd yr wythdegau. Bryd hynny fe grëwyd adrannau Golygyddol a Marchnata ar wahân.

O'r cychwyn, yr oedd dosbarthu wedi bod yn rhan bwysig o fwriadau'r Cyngor, er bod cryn feirniadu yn y blynyddoedd cynnar nad oedd digon yn cael ei wneud i'r cyfeiriad hwn.

Sefydlwyd Canolfan Lyfrau'n fuan iawn ond wedi sicrhau adeilad newydd cymwys ac ar ôl denu gŵr busnes profiadol, John Dudley Davies, i fod yn bennaeth ar Adran Farchnata newydd ar y cyd â'r Ganolfan ym 1975, y darganfuwyd y peirianwaith i gamu'n frasach tuag at y sefyllfa lle mae'r Ganolfan ar hyn o bryd yn cadw tua 4,000 o deitlau mewn stoc ac yn dosbarthu llyfrau'n wythnosol i bob rhan o Gymru. Sefyllfa, mewn gair, lle mae'r Cyngor o leiaf yn gwneud ymdrech deg i gyrraedd y gynulleidfa a'i bwydo.

Pan ychwanegir y gweithgarwch gyda llyfrau plant, a thwf y Ganolfan Llyfrau Plant (a ddaeth yn rhan o'r Cyngor Llyfrau ym 1990), fan Sbondonics, Clwb Sbondonics a'r cynllun hybu llyfrau mewn ysgolion, heb sôn am yr holl gefnogaeth i gylchgronau o bob math, y mae rhywun yn dechrau gweld amrywiaeth ac ehangder gwaith y Cyngor erbyn hyn. Y mae bellach yn gyfrifol am sianelu, nid yn unig rhan sylweddol iawn o grant gwreiddiol Cyngor y Celfyddydau trwy gyfrwng gwasanaethau ei wahanol adrannau, ond hefyd tua £600,000 o arian y Llywodraeth mewn grantiau i gyhoeddwyr. At hyn, yr oedd trosiant o werth oddeutu £1.9 miliwn net (£2.8 miliwn gros) o lyfrau yn pasio trwy'r Ganolfan ym 1993-94.

Y mae Gwerfyl Pierce Jones, y Cyfarwyddwr presennol, wedi tyfu gyda'r gyfundrefn. Bu'n bennaeth effeithiol, creadigol a di-lol ar yr Adran Olygyddol a Chyhoedd-usrwydd am rai blynyddoedd cyn cael ei phenodi'n Gyfarwyddwr. Y mae'n adnabod y sefyllfa yng Nghymru i'r dim, ac y mae ganddi ei gweledigaeth bendant ei hun. Y mae felly'n ddiddorol ac yn galonogol sylwi ar hyder ac ehangder ei hymateb pan ofynnwyd iddi ar ei phenodiad beth hoffai hi ei weld yn digwydd i weddnewid sefyllfa cyhoeddi yng Nghymru unwaith eto a chreu dimensiwn pellach pe bai'r arian ar gael. Rhestrodd chwe pheth, yn cynrychioli breuddwyd cynhwysfawr ac uchelgeisiol, a dylid sylwi arnynt yn fanwl wrth ofyn beth fydd trywydd tebygol y Cyngor yn y dyfodol.

Dyma a ddywedodd:

1. Bod modd i'r gweisg fyddai'n dymuno hynny sianelu eu holl amser ac egni i faterion cyhoeddi, rhagor nag argraffu, a bod ganddynt gnewyllyn o staff cymwys i gynhyrchu llyfrau gwerth chweil a'u marchnata'n drwyadl.
2. Bod tâl anrhydeddus i awduron a bod modd iddynt wneud bywoliaeth allan o sgrifennu neu o leiaf gael eu rhyddhau o'u swyddi am gyfnodau byrion i ymgymryd â chynlluniau penodol.
3. Bod cymorthdaliadau ar gael i lyfrwerthwyr er mwyn sicrhau bod gennym rwydwaith o siopau mawr, braf, effeithiol, a fyddai hefyd yn ganolfannau diwylliannol, ar brif strydoedd ein trefi.
4. Bod modd cynhyrchu toreth o lyfrau gwreiddiol, uchelgeisiol, yn enwedig ym maes llyfrau plant, a'u cyhoeddi ar ffurf cydargraffiadau cydwladol a fyddai'n dod ag elw i'w canlyn.
5. Bod ymgais i sicrhau'r elw mwyaf posibl i glasuron ein llên ar lefel byd-eang—trwy gyfrwng cynlluniau cyfieithu a chyhoeddi a thrwy ledaenu'r neges yn gyffredinol.
6. Bod sefydliad canolog megis y Cyngor Llyfrau yn goruchwylio a chyd-gysylltu'r cyfan, ac yn medru trefnu ymgyrchoedd marchnata cyffredinol, ar raddfa eang, er mwyn atgyfnerthu'r diddordeb mewn prynu a darllen llyfrau.

Breuddwyd dewr, hyderus a gwâr, a breuddwyd a fyddai'n mynd â Chyngor Llyfrau Alun R Edwards i fyd llawer ehangach hyd yn oed na'i freuddwydion ef. Y mae rhychwant eang y freuddwyd yn ernes o'r hyn a gyflawnwyd eisoes, ac yn ernes hwyrach o'r hyder newydd sydd yn y gwynt y dyddiau hyn, er gwaethaf popeth. Y mae'n dangos hefyd fel y mae'r Cyngor presennol, yn Gyfarwyddwr, aelodau a staff, wrthi hi'n adeiladu'n ymarferol fwriadus ar y sylfaen gychwynnol.

Ond, fel yr awgrymais yn gynharach yn yr erthygl hon, y mae yma bellach elfennau newydd. Y mae'r pwyslais ar safon ac uchelgais i'w groesawu, a'r pwyslais cydwladol sy'n gweddu i'r dim i'n cyfnod ni. Er y gellir meddwl yn sicr am y teledu ar un wedd fel gelyn i'r arferiad o ddarllen, eto hwyrach fod llwyddiant cydwladol S4C, a'r ffaith fod ffilmiau Cymraeg, a hyd yn oed operâu sebon Cymraeg, yn gwbl dderbyniol dramor, yn gymorth hefyd i'r byd llyfrau fagu gorwelion cydwladol cynyddol hyderus.

Y mae'r pwyslais ar barhau i broffesiynoleiddio yr un mor bwysig. Y mae'n gwbl gywir, i'm tyb i, fod y Cyngor yn awyddus o hyd i weld gweisg go-iawn yn datblygu yng Nghymru, ac yn lleihau'r angen i Adran Olygyddol y Cyngor Llyfrau weithredu fel gwasg i bawb. Yn gyffredinol, a rhai o'r amcanion cyntaf wedi'u cyflawni ac amcanion newydd yn dechrau ymffurfio, mae'n bwysig fod corff fel y Cyngor Llyfrau yn ceisio lleihau'r ddibyniaeth arno ef a'i staff ac yn annog gwahanol elfennau'r diwydiant llyfrau i weithredu'n fwy hunangynhaliol i'r graddau y mae hyn yn bosibl. Ac yn wir y mae cynnydd i'w weld i'r cyfeiriad hwn. Y mae rhai gweisg bellach yn cyflogi golygyddion, y mae ymwybod rhai o'r gweisg newydd o bwysigrwydd diwyg yn gyfan gwbl wahanol i lwydni'r pumdegau. Ond y mae llawer o ffordd i fynd; y mae'r Cyngor o hyd yn gorfod ysgwyddo mwy nag a ddylai o faich golygu.

Mewn cyfnod pryd y mae modd i lenor ennill bywoliaeth trwy ysgrifennu sgriptiau neu ymchwilio ar gyfer y teledu, y mae'r pwyslais ar broffesiynoleiddio cyflwr y llenor ei hun yr un mor bwysig. Yn wir, ar un wedd y mae'n bwysicach. Hyd yn hyn, y mae ymron pawb sydd ynglŷn â'r byd cyhoeddi yn debycach o fedru ennill bywoliaeth ynddo na'r person sydd wrth wraidd y cyfan, sef y llenor.

Ar yr un pryd, y mae'n wych, ac yn wir yn annisgwyl fentrus mewn cyfarwyddwr corff cyhoeddus, i weld y llenor yn cael ei annog i gynhyrchu llyfrau 'gwreiddiol ac uchel-geisiol'—nid i fwydo'r awydd am ddeunydd darllen rhwydd a difyr yn unig ond i archwilio gorwelion ehangach hefyd.

Hwyrach mai'r elfen hapusaf oll yn y freuddwyd hon yw delwedd y Cyfarwyddwr o siopau llyfrau 'mawr, braf, effeithiol, a fyddai hefyd yn ganolfannau diwylliannol, ar brif strydoedd ein trefi'. Dyma ddarlun o gymdeithas wâr yn wir. Nid ydym, gwaetha'r modd, yn byw ar hyn o bryd mewn cymdeithas wâr, ond mae'r ffaith fod Cyfarwyddwr ifanc ym mynnu edrych ymlaen yn ystyfnig bositif, ac mewn dull cwbl resymol, yn ernes deg o'r hyn sydd wedi ei gyflawni eisoes.

Y mae o'r pwys mwyaf fod y fath hyder a phendantrwydd yn cael ei arddangos. Mewn cenedl anghyflawn, sy'n brin o sefydliadau cenedlaethol gwir gysefin, y mae'r Cyngor Llyfrau, gyda'i staff amser-llawn o 42 yng Nghastell Brychan a Llanbadarn, a chyda'i lu o olygyddion, darllenwyr a dylunwyr rhan-amser, bellach yn sefydliad cysefin cwbl allweddol. Y mae'n sefydliad pwysicach yng Nghymru hwyrach nag y byddai mewn rhai gwledydd bychain eraill. Pryd y byddai pawb yn cytuno mai buddiol tu hwnt yw cael corff canolog addas i gynnig gwasanaethau arbenigol i ddiwydiant cyhoeddi sydd heb yr adnoddau i gynhyrchu'r fath wasanaethau ei hunan, a phryd y mae sawl gwlad yn eiddigeddus tu hwnt o broffesiynoldeb ein Cyngor Llyfrau ni, y ffaith yw fod y diwydiant cyhoeddi yn fwy canolog i fywyd Cymru nag y mae i'r rhan fwyaf o wledydd. Llenyddol yw craidd a hanfod ein diwylliant ni a phan ddywedodd Adroddiad Ready ym 1952: 'Cenedl heb wreiddiau yw cenedl heb lyfrau', yr oedd yn dweud mwy o wirionedd nag a wyddai am genedl y Cymry. Nid oes gennym ni ddim ond ein llên. I ni, cenedl heb lyfrau, cenedl heb ddim.

Wel, mae gennym ni lyfrau. Ac mae gennym ni beirianwaith i'w creu a'u dosbarthu sy'n cryfhau o hyd. Oes, ond meddai rhai'n ddilornus, beth ydi gwerth diwydiant llyfrau a pheirianwaith gweinyddol a'r cwbl yn ddibynnol ar gymhorthdal Llywodraeth Seisnig? Fyddai gennym ni ddim llyfrau o gwbl oni bai am y grantiau; does dim modd i ni gynnal y diwydiant ein hunain trwy werthiant y llyfrau. Dyna faint ydi gwerth ein diwylliant llengar ni erbyn hyn!

Gwaetha'r modd, rwy'n credu fod yr achwynwyr yn dweud hanner y gwir. Ond mae'n bwysig i ni sylweddoli pa ran o'u cwyn sy'n ddilys a pha ran sydd ddim. Yn y lle cyntaf, does dim byd o gwbl o'i le mewn derbyn cymhorthdal i lenyddiaeth. Y mae'n ernes o hyder newydd diwylliannau lleiafrifol dros Ewrop gyfan, a ninnau'n rhan ohono, fod pawb bellach yn cymryd yn ganiataol fod gan wladwriaeth aml-ddiwylliadol ac amlieithog gyfrifoldeb moesol i gynnal a chadw'r diwylliannau lleiafrifol o fewn ei therfynau. Y mae Llywodraeth Prydain, os yn fwy cyndyn na rhai llywodraethau eraill yn Ewrop, yn derbyn dilysrwydd y cyfrifoldeb hwn, ac fe ddylem ninnau dderbyn a dosrannu cymhorthdal yn gwbl naturiol fel rhan o'n hawliau dinesig. Nid oes achos i bryderu ynglŷn â hynny.

Ond y mae achos i bryderu fwy nag erioed, dybiwn i, ynglŷn â'r ffaith fod gwythïen lenyddol ein diwylliant yn teneuo'n ddybryd o flwyddyn i flwyddyn dan ein dwylo. Gwelsom fod gennym bellach beirianwaith cynorthwyol sydd ymron yn unigryw. Y mae mwy o lyfrau nag erioed yn cael eu cyhoeddi. Y mae eu cynnwys yn fwy amrywiol nag erioed, a'r ansawdd, at ei gilydd, lawn cyn uched ag y gellir disgwyl. Y mae eu diwyg yn fwy caboledig nag y bu erioed o'r blaen. Ond y mae lle i ofni fod y fath gyfundrefn yn bodoli, nid eto, mae'n wir, mewn gwagle, ond mewn hinsawdd lle mae'r diddordeb mewn llenyddiaeth greadigol yn brin, lle mae gwerthiant nofelau a chyfrolau o farddoniaeth, sef gwaith trosgynnol y dychymyg, a phinaclau unrhyw lenyddiaeth o werth, yn druenus o isel, a lle mae miloedd o'r Cymry newydd, y dysgwyr yr ydym mor falch o'u gweld yn ein mysg, yn affwysol anwybodus ynglŷn â'n traddodiad llenyddol. Soniais fel yr ydym yn dechrau dysgu sut i greu ffilmiau o safon sy'n tynnu sylw'r byd mawr oddi allan, a'r rheiny'n aml yn seiliedig ar ein llên ac ar arwyr ein llên—*OM, Un Nos Ola Leuad, Hedd Wyn*—ond, ysywaeth, prin yw gwybodaeth y rhan fwyaf o'r bobl ifainc sy'n eu creu ac yn actio ynddynt, heb sôn am y cynulleidfaoedd, am waith llenyddol gwrthrychau'r ffilmiau.

Hwyrach nad yw hyn oll ond un arall o'r llu paradocsau y bu raid i'n llenyddiaeth gyd-fyw â nhw gydol ei bodolaeth, ac y gwelwn eto ddydd yn gwawrio pryd y bydd gennym gynulleidfa i'n llenyddiaeth sy'n deilwng o'r peirianwaith sy'n ei darparu. Yn sicr ddigon, i'm tyb i, sialens fwyaf y Cyngor Llyfrau, wrth edrych ymlaen at ddiwedd y ganrif, yw sut i ddenu prynwyr i'r hyn sydd bellach yn gyflenwad cyfoethog ac amrywiol o lyfrau. A dyna ni'n ôl gydag Alun R Edwards a'i ddelfryd: creu cyflenwad o lyfrau diddorol ar gyfer cyhoedd darllengar. Y mae'r cyflenwad, i raddau helaeth, yn bod. Ble mae'r cyhoedd?

CYNLLUN LLYFRGELL TEIFI: Y NEWID A FU MEWN CYMUNEDAU GWLEDIG

Geraint I Evans ac Elaine M Griffin

Ceredigion—neu, yn gywirach—yr hen Sir Aberteifi oedd y cyntaf i ddarparu gwasanaeth llyfrgell deithiol yng Nghymru 'nôl ym 1949. Mae Alun Edwards yn adrodd sut y gwnaed y cyfan yn bosib drwy haelioni gwraig un o Gymry Llundain ac yn pwysleisio manteision y gwasanaeth arloesol hwn:

> The travelling library began its journeys in April 1949, and its success has been outstanding. The greatest benefit has been that the library is brought to the public eye and the smallest village, however remotely situated, receives equal service.[1]

Aeth y gwasanaeth o nerth i nerth gan fenthyg ar un cyfnod dros wyth gant o lyfrau mewn diwrnod. Er mai ei ragflaenydd Ivor Davies a gychwynnodd y gwasanaeth, Alun Edwards oedd yn gyfrifol am ei ddatblygiad ac yn arbennig, fel y croniclir yn *Yr Hedyn Mwstard*, am ymestyn y gwasanaeth ym 1963 drwy Gynllun y Faniau Bach i glosydd ffermydd a thyddynnod diarffordd Sir Aberteifi. Roedd y syniad—mynd â'r llyfrau at y bobl—yn feiddgar a chyffrous ac yn gofyn am weledigaeth a dyfalbarhad, dwy o nodweddion amlycaf Alun Edwards. Yr ardal gyntaf i dderbyn y gwasanaeth oedd cylch Llambed a Thregaron. Bachgen ifanc a lwyddodd yn ddiweddarach yn ei yrfa i gipio rhai o'n prif wobrwyon llenyddol, ac a gyferchir heddiw fel y Prifardd Idris Reynolds, oedd yn gyrru'r fan honno. Unwaith eto cafwyd llwyddiant ysgubol ac mewn byr amser roedd arloesi Sir Aberteifi yn cael ei ddilyn gan wasanaethau cyffelyb mewn sawl sir wledig arall yng Nghymru. Wrth edrych yn ôl mae'r cyfan yn ymddangos mor amlwg, ond mae'n sicr fod cael pwyllgor a chyd-weinyddwyr i dderbyn yr egwyddor o sefydlu gwasanaeth newydd yn gofyn am ddadleuon cadarn. Mae'n ddiddorol meddwl a allai llyfrgellwyr heddiw lunio a gosod ar waith gynlluniau mor bellgyrhaeddol. Wedi'r cyfan mae holl feddylfryd llywodraeth leol wedi ei chwyldroi ac mae cefn gwlad Ceredigion ym 1993 yn wahanol iawn i Sir Aberteifi 1963, heb sôn am Sir Aberteifi 1949. Beth yw'r prif newidiadau cymdeithasegol sydd wedi digwydd yn yr ardal a sut y dylai llyfrgellwyr ymateb i'r newidiadau hyn? Chwilio am atebion i'r cwestiynau dyrys hyn oedd wrth graidd Cynllun Llyfrgell Teifi.

I gychwyn ar gynfas eang, mae'n amlwg, fel yr awgrymwyd eisoes, y bydd degawd olaf y ganrif yn dod â her a newid yn ei sgil i ddarparwyr llyfrgelloedd cyhoeddus ym Mhrydain. Unwaith eto fe ad-drefnir strwythur gweinyddol ac ariannol llywodraeth leol—proses sydd ynddi'i hun yn llawn goblygiadau pellgyrhaeddol i sefyllfa'r gwasanaeth llyfrgell cyhoeddus, ac i sail ariannol y gwasanaeth oddi mewn i unrhyw strwythur newydd. Er y bydd gwasgfa ar bob awdurdod llyfrgell fel ei gilydd, amlygir y wasgfa mewn gwahanol ffyrdd yn yr ardaloedd amrywiol hynny sydd oddi mewn i'r Deyrnas Unedig. Eisoes gwelodd ardaloedd dinesig newid poenus yn eu sylfaen economaidd a diwydiannol. Lleddfwyd effeithiau'r newidiadau hyn i ryw raddau gan bolisi'r llywodraeth ganolog, ond bydd llawer iawn o gymunedau dinesig yn dal i'w chael hi'n anodd iawn yn y nawdegau i ddygymod â chaledi'r sefyllfa ac effeithiau amlwg y cynnydd mewn diweithdra. Cofiwn yn wyneb hyn mai'r rhanbarthau dinesig a fu yn llygad y cyhoedd ac mai hwy a dderbyniodd y rhan helaethaf o gefnogaeth y llywodraeth yn ganolog. Y mae'n hawdd deall pam: roedd y dirywiad yng nghanolfannau'r dinasoedd ac mewn stadau tai diflas—dirywiad a fflachiai'n derfysg o bryd i'w gilydd— yn galw am sylw uniongyrchol a di-oed gan y llywodraeth ganolog. Ni fu'r newidiadau yn yr ardaloedd gwledig mor amlwg o ddramatig, ac eto cydnabu astudiaethau diweddar[2] fod bywyd gwledig yn wahanol iawn i'r ddelwedd boblogaidd o sefydlogrwydd a chlydwch mewn bwthyn gwyngalchog.

Fel mewn llawer ardal wledig arall yn y Deyrnas Unedig, nodweddir cefn gwlad Cymru gan ddiffyg cyfleoedd am waith, darpariaeth tai, a gostyngiad yn safon a nifer ystod eang o wasanaethau cyhoeddus. Y mae unrhyw ostyngiad yn hybu gostyngiad pellach gyda chau ysgol bentref yn arwain at symudiad pellach yn y boblogaeth ac at amddifadu'r trigolion sy'n aros o ragor fyth o wasanaethau, megis siop y pentref neu drafnidiaeth gyhoeddus. Cymhlethwyd y prinder tai gan fewnfudiad teuluoedd o Loegr a brynodd dai haf neu dai i ymddeol iddynt am brisiau a oedd ymhell y tu hwnt i gyrraedd y bobl leol. Mae hyn oll yn arwain at ostyngiad mewn ansawdd bywyd i lawer o drigolion cefn gwlad gyda'r canlyniad fod llawer o'r trigolion hynny yn ymadael â'u broydd ac yn symud i ardaloedd dinesig Cymru neu i Loegr. Ochr yn ochr â'r patrwm hwn o allfudo ceir patrwm gwrthgyferbyniol o fewnfudo, ac fel y sylwodd Harold Carter, gellir gweld yn y mewnfudo yr awydd i ddianc o brysurdeb y dre i dawelwch a heddwch cefn gwlad:

> The material and consumer ethos of the transactional city and its obsession with finance . . . has brought about its rejection by some people. Those rejecting are of a great variety, ranging from drop-outs and hippies to artists. But many are simply those with enough money, especially after the sale of property at inflated prices, to settle in a more congenial environment at retirement age or well below it.[3]

Yn eironig, un o effeithiau'r dirwasgiad economaidd yw fod yr arfer o werthu tŷ, dyweder yn ne-ddwyrain Lloegr, gan arwain at ailymsefydlu proffidiol mewn ardal wledig nawr yn llawer anos. O ganlyniad arafwyd ond nid ataliwyd y broses o fewnfudo. Y mae'r holl drafferthion a ddisgrifiwyd hyd yn hyn yn rhan o brofiad ardaloedd gwledig eraill, er y gellid dadlau nad ydynt wedi eu crynhoi ynghyd i'r un graddau ag yng Nghymru. Yr un ffactor sy'n gosod Cymru ar dir gwahanol i'r gweddill o'r Deyrnas Unedig yw bodolaeth barhaol yr iaith Gymraeg.

Cofnododd Cyfrifiad 1981 fod yna 503,549 o siaradwyr Cymraeg yng Nghymru (18.9 y cant o'r boblogaeth). Ym 1911 roedd yna 977,400 o siaradwyr Cymraeg (44 y cant o'r boblogaeth) ac felly, o gyfri'n fras golyga hyn ostyngiad o 25 y cant yn y ganran. Ymdriniwyd yn helaeth â'r duedd ddidostur hon o erydiad cyson[4] a nodweddir ef gan grebachiad y fro Gymraeg gadarn. Bellach, yn hytrach na bro Gymraeg, cywirach yw cyfeirio at ynysoedd darniog o Gymreictod, ym Môn, Llŷn ac Arfon, Meirionnydd-Nant Conwy, Dyfed wledig a de-ddwyrain diwydiannol Dyfed/Gorllewin Morgannwg. Disgrifiwyd y crebachu hyn yn fyw iawn gan un llenor o Gymro fel:

> . . . profiad o wybod, nid eich bod chwi yn gadael eich gwlad, ond fod eich gwlad yn eich gadael chwi, yn cael ei sugno i ffwrdd oddi wrthych, megis gan lyncwynt gwancus i ddwylo ac i feddiant gwlad a gwareiddiad arall.[5]

Yn baradocsaidd ac er gwaethaf hyn oll fe welodd y degawd rhwng 1980 a 1990 gynnydd mewn diddordeb ac ymrwymiad tuag at yr iaith Gymraeg. Fe rydd y Ddeddf Diwygio Addysg 1988 statws pwnc craidd i'r Gymraeg mewn ysgolion Cymraeg a statws pwnc sylfaen i'r iaith mewn ysgolion eraill yng Nghymru. Sefydlwyd Bwrdd yr Iaith Gymraeg fel corff ymgynghorol ym 1988. Ar ôl i Ddeddf yr Iaith Gymraeg fynd drwy'r Senedd ym 1993—deddf a roddodd statws newydd i'r iaith—cafodd y Bwrdd ei ail-gyfansoddi fel corff statudol a dechreuodd ar ei waith yn Ionawr 1994. Mae'r Bwrdd yn gyfrifol am hybu a hwyluso defnyddio'r Gymraeg ac am sicrhau bod cyrff cyhoeddus yn trin y Gymraeg a'r Saesneg yn gyfartal. I droi at wariant, mae'r gefnogaeth ariannol a rydd y llywodraeth at yr iaith Gymraeg erbyn hyn yn cwmpasu cymorth i nifer o wahanol weithgareddau, megis darlledu, y celfyddydau yng

Nghymru, yr Eisteddfod Genedlaethol a chyhoeddi. Mae addysg hefyd wedi derbyn yn helaeth o nodded llywodraeth ganolog. Er 1980 galluogodd grantiau gan y Swyddfa Gymreig (o dan adran 21 o Ddeddf Addysg 1980) Awdurdodau Addysg Lleol a nifer o fudiadau yn ymwneud ag addysg i ehangu eu darpariaeth ym maes addysg Gymraeg. Cyfanswm blynyddol y cymhorthdal am 1980-81 oedd £501,775; erbyn 1990-91 roedd y cyfanswm hwnnw wedi cynyddu i £3,303,000—cynnydd o 558 y cant dros ddeng mlynedd.[6] Yn Ionawr 1995 cyhoeddodd y Llywodraeth fod cyfanswm ei gwariant ar yr iaith Gymraeg yn £6.46 miliwn a hyn yn cynnwys cymorth i'r Bwrdd Iaith a grantiau i fudiadau megis y Cyngor Llyfrau, Yr Urdd, Mudiad Ysgolion Meithrin, a'r Eisteddfod Genedlaethol. Y mae goblygiadau'r cynnydd hwn mewn cymhorthdal yn amlwg i lyfrgelloedd cyhoeddus. Mae gan lyfrgelloedd cyhoeddus yng Nghymru ddyletswydd i ddarparu gwasanaeth cyfartal i siaradwyr Saesneg a Chymraeg o ran y stoc lyfrau a'r staff gan anelu at gysondeb rhwng y ddarpariaeth Saesneg a'r un Gymraeg.[7] Yn yr awyrgylch o ymwybyddiaeth gynyddol yn y gefnogaeth swyddogol i'r iaith Gymraeg rhoddir pwyslais a pherspectif newydd ar ddarpariaeth gwasanaeth dwyieithog gan lyfrgelloedd cyhoeddus. Er hyn ni chafwyd unrhyw gydnabyddiaeth gan y llywodraeth ganolog fod angen arian ar lyfrgelloedd, fel addysg, i gwrdd â gofynion siaradwyr a dysgwyr Cymraeg.

Gall newidiadau ieithegol-gymdeithasol o'r fath esgor ar oblygiadau ehangach ar gyfer gwasanaethau llyfrgelloedd cyhoeddus a gwasanaethau lleol eraill. Gyda chynnydd yn nifer yr henoed, er enghraifft, gellid dadlau y dylid rhoi pwyslais ar wasanaethau gofal iechyd ar draul gwasanaethau hamdden. O fewn yr awdurdod llyfrgell mae'n bosibl y rhoddir blaenoriaeth i wasanaethau i'r rhai hynny sy'n gaeth i'w cartrefi, llyfrau print bras a llyfrau ar dapiau yn hytrach na'r awr stori i blant. Yn y pen draw rhaid cydnabod y gall y nodweddion cymdeithasegol o brinder pobl ifainc a theuluoedd yng nghefn gwlad Cymru amddifadu'r llyfrgelloedd o genhedlaeth newydd o ddarllenwyr.

Gwnaed amryw o astudiaethau ar ddarpariaeth llyfr-gelloedd cyhoeddus mewn ardaloedd gwledig[8] ond gan amlaf gwnaethpwyd yr astudiaethau hyn o safbwynt y sawl sy'n darparu'r gwasanaeth. Hefyd dirymwyd llawer o ganlyniadau'r astudiaethau hyn gan y newidiadau arwydd-ocaol a phellgyrhaeddol mewn ardaloedd gwledig y cyfeiriwyd atynt eisoes. Amcan Cynllun Llyfrgell Teifi a ariannwyd gan gymhorthdal i Gymdeithas Llyfrgelloedd Cymru oddi wrth Ymddiriedolaeth Gulbenkian oedd edrych ar y ddarpariaeth o safbwynt y defnyddiwr. Yn benodol, nod y cynllun oedd ymchwilio i anghenion llyfrgell a gwybodaeth ardal wledig unigol, sylwi ar newidiadau ac awgrymu ffyrdd y gallai awdurdodau llyfrgell ymateb i'r newidiadau hynny. Gwnaed yr ymchwil dros gyfnod o chwe mis rhwng Mehefin a Rhagfyr 1991.[9]

Lleolir yr ardal a astudiwyd yn ne Ceredigion oddi mewn i sir Dyfed. Dyfed yw sir fwyaf Cymru o ran ei harwynebedd tir gyda 2,200 milltir sgwâr—22.7 y cant o gyfanswm arwynebedd Cymru—oddi mewn i'w ffiniau. Awgryma rhag-ganlyniadau o Gyfrifiad 1991 fod gan Ddyfed boblogaeth o 341,600, sef 12.2 y cant o gyfanswm Cymru. O'r holl siroedd yng Nghymru, Dyfed a brofodd y cynnydd mwyaf o ran ei phoblogaeth er Cyfrifiad 1981, sef 11,600—cynnydd o 3.5 y cant. Mwy arwyddocaol efallai yw'r dystiolaeth sy'n cefnogi'r dyb mai canlyniad symudiadau poblogaeth yn hytrach nag unrhyw newidiadau naturiol sy'n gyfrifol am y cynnydd hwn.[10] Felly, mae'r tueddiadau demograffig oddi mewn i Ddyfed yn nodweddu un o ganlyniadau dadansoddiad cynnar o Gyfrifiad 1991:

> The fastest growing districts between 1981 and 1991 were generally remoter rural districts . . . and resort, port and retirement districts.[11]

Ceredigion yw'r cyngor dosbarth mwyaf gogleddol o'r chwech yn Nyfed ac unwaith eto, mae'n adlewyrchu'r patrwm a nodir uchod yn agos iawn. Ym 1981 roedd poblogaeth Ceredigion yn 57,400, ond erbyn 1991 roedd y cyfanswm hwnnw wedi codi i 63,600—cynnydd o 10.8 y cant dros gyfnod o ddeng mlynedd. Gellir priodoli llawer o'r cynnydd hwn i fewnfudiad. Datgela'r *Welsh Intercensal Survey* 1986 fod 41.9 y cant o boblogaeth Ceredigion wedi newid eu cyfeiriadau yn ystod y pum mlynedd blaenorol, gan osod yr ardal yn y chweched safle mewn rhestr a gymharodd ganlyniadau pob dosbarth yng Nghymru. Mae gan yr ardal ganran uwch o bobl dros eu trigain nag sydd yna yng ngweddill Cymru (8.9 y cant o'i gymharu â 6.5 y cant). Y canrannau diweithdra, o fewn rhai o'r ardaloedd teithio i'r gwaith yn yr ardal dan sylw yw: Aberteifi 10.3 y cant a Llanbedr Pont Steffan ac Aberaeron 8.5 y cant. Y mae hyn i'w gymharu â chanran o 9.5 y cant yn Nyfed a 9.8 y cant dros Gymru gyfan.[12] Mae'r rhwydwaith drafnidiaeth yn wan gydag un rheilffordd yng ngogledd y dosbarth yn mynd i dref prifysgol Aberystwyth, a lle y cynigir gwasanaeth bws rheolaidd y mae llwybrau'r gwasanaeth yn dilyn y priffyrdd. Yn llawer o gymunedau mwyaf diarffordd Ceredigion ceir gwasanaeth bws wythnosol ar ddydd marchnad yn unig, gydag ardaloedd eraill wedi eu hamddifadu'n llwyr o drafnidiaeth gyhoeddus. Erys amaethyddiaeth yn brif weithgaredd economaidd gyda phwyslais ar ffermio bugeiliol. Y mae twristiaeth hefyd yn hanfodol i economi'r ardal ond, fel y gellid disgwyl, gweithgaredd cymysg o ran ei bendithion yw hon: ar y naill law mae'n chwyddo incymau lleol ac yn medru arwain at wella cyfleusterau; ar y llall golyga ddibyniaeth ar gyflogau isel a swyddi tymhorol. Cyfrannodd twristiaeth yn rhannol tuag at y cynnydd mewn ail gartrefi a thai haf oddi mewn i Geredigion. Mae tua 5 y cant o holl dai Ceredigion yn ail gartrefi neu'n dai haf ac er bod y ganran yn uwch mewn ardaloedd eraill yng Nghymru (hyd at 16.8 y cant) y ffaith amdani yw fod canlyniadau pell-gyrhaeddol iawn i'w bodolaeth yng Ngheredigion. Disgynna rhannau helaeth o nifer o bentrefi arfordirol i drymgwsg dros fisoedd y gaeaf a chaeir siopau a gwasanaethau eraill. Adeg

Cyfrifiad 1981 honnodd rhwng hanner cant a thrigain y cant o drigolion Ceredigion eu bod yn gallu siarad Cymraeg a gellid cyfeirio'n gywir at yr ardal fel un o gadarnleoedd yr iaith. Er na ddatgelir yr wybodaeth a gasglwyd ar yr iaith Gymraeg yng Nghyfrifiad 1991 hyd 1993, awgryma astudiaeth Aitchison a Baptiste fod erydiad pellach wedi bod yn nifer y siaradwyr Cymraeg, ac nad yw'r disgrifiad 'cadarnle' mor berthnasol bellach.

Dengys Map Rhif 1 yr ardal dan sylw. Nid yw'r rhan fwyaf o'r cymunedau hyn yn cynnwys llawer mwy na mil o bobl, a nodweddir yr ardal gan gyfaneddau diarffordd a gwasgaredig. Ceir y cymunedau mwyaf yn Aberteifi (poblogaeth o 4,183), Llandysul (2,544), Aberporth (1,614) ac Aberaeron (1,445). (Daw'r holl ffigurau o'r OPCS Monitor Census 1981.)

Gwasanaethir yr ardal dan sylw gan un llyfrgell lawn-amser yn Aberteifi, pedair llyfrgell ran-amser gyda'r oriau agor yn amrywio o bump i un ar bymtheg yr wythnos mewn pedair tref arall oddi mewn i'r ardal (gweler eto Rhif 1), a dwy lyfrgell deithiol. Derbyniwyd yn gyffredinol mai'r llyfrgell deithiol yw'r dull mwyaf effeithiol ac economaidd i awdurdodau llyfrgell gwrdd â'u dyletswyddau statudol mewn ardaloedd gwledig lle mae poblogaeth y gymuned yn llai na 1,500[13]—gyda syniadau Alun Edwards wrth wraidd y derbyn a'r gydnabyddiaeth hynny.

Fel yr awgrymwyd, datblygwyd y gwasanaeth teithiol yn yr hen Sir Aberteifi dros ddau gyfnod: y faniau mawr yn darparu gwasanaeth i'r pentrefi ym 1949 a chynllun y faniau bach yn estyn allan i'r anheddau a'r ffermydd anghysbell ym 1963. Erys y rhaniad yn y dulliau o ddarparu gwasanaeth: gwasanaethir yr ardal dan sylw gan un fan bentref fawr sydd â stoc o 2,000 o lyfrau ar ei silffoedd a chyfanswm o 7,000 o lyfrau wrth gefn, a fan lai yn cario stoc o 1,200 o lyfrau a chyfanswm o 6,800 o lyfrau wrth gefn. Mae dewis o lyfrau ffeithiol Saesneg a llyfrau ffeithiol a ffuglen Cymraeg ar gael yn y ddwy fan. Ceir dewis o ffuglen Saesneg ar y fan fwyaf.

Gweithia'r ddwy fan yma yn hollol annibynnol ar ei

gilydd. Canolfan y fan fawr yw llyfrgell Aberaeron ac mae ganddi ddeg cylchdaith wahanol yn y cyffiniau. Y mae'n ymweld â'r pentrefi llai, cartrefi'r henoed, ac unigolion sy'n gaeth i'w cartrefi, unwaith bob pedair wythnos. Ymwelir â phentref Aberporth unwaith bob pythefnos—a hynny mae'n debyg oherwydd maint y pentref. Fe ddilyna'r fan fach, sy'n gweithredu o lyfrgell Aberteifi, bedair ar bymtheg o gylchdeithiau gwahanol gan ymweld yn fisol â chartrefi a ffermydd diarffordd yn yr ardal. Y mae'n ymweld â'r ysgolion cynradd hefyd—yn bennaf i gynnig gwasanaeth llyfrgell i staff yr ysgolion hynny. Un person sydd yn gweithio ar y ddwy fan gan wneud gwaith gyrrwr a chynorthwy-ydd llyfrgell. Er nad oes gan y gyrwyr/cynorthwywyr llyfrgell gymwysterau llyfrgellyddol proffesiynol maent yn ddwyieithog ac yn hen lawiau ar adnabod chwaeth ac anghenion eu darllenwyr. Rheolir y gwasanaeth o lyfrgell ranbarthol Aberystwyth.

Yn sail i ymchwil Cynllun Llyfrgell Teifi, dosbarthwyd cyfanswm o 998 o holiaduron i'r holl oedolion a oedd yn arfer defnyddio'r ddwy lyfrgell deithiol (i'r rheiny a ymwelodd â'r llyfrgelloedd yn ystod y mis hwnnw yn ogystal â'r rhai na wnaethant hynny). Cafwyd canran ymateb o 60 y cant. Dychwelwyd 590 o holiaduron mewn pryd i gael eu cynnwys yn yr astudiaeth.

CANLYNIADAU'R AROLWG HOLIADUROL

Dangosir isod ganlyniadau'r adrannau hynny a oedd yn berthnasol i faterion ieithyddol a hyd y cyfnodau y bu defnyddwyr yn preswylio yn yr ardal.

Iaith gyntaf y defnyddwyr

Dangosir dosbarthiad siaradwyr Cymraeg iaith gyntaf, Saesneg iaith gyntaf a siaradwyr ieithoedd eraill fel iaith gyntaf ymhlith defnyddwyr y ddwy fan a chyfanswm yr ymatebwyr yn Graff Rhif 2 (gweler tud 102).

Iaith y deunydd a fenthycwyd

Dangosir canrannau'r ymatebwyr a fenthycai ddeunydd Saesneg yn unig, Cymraeg yn unig neu ddefnyddiau yn y ddwy iaith am bob un o'r faniau ynghyd â chanrannau cyffredinol yn Graff Rhif 3.

Yr iaith a oedd orau gan y defnyddwyr

I'r cwestiwn 'Pa iaith y mae'n well gennych ei darllen?' ymatebodd 68 y cant o ddefnyddwyr y fan fawr â Chymraeg yn iaith gyntaf iddynt ac 81 y cant o'r rheiny a ddefnyddiai'r fan fach. Dangosir y canlyniadau yn Nhabl 1. Canrannau nifer yr ymatebwyr yw'r rhifau a ddyfynnir.

Dywedodd dau o ddefnyddwyr y fan fawr a deg o ddefnyddwyr y fan fach eu bod yn benthyca llyfrau Saesneg am nad oedd llyfrau cyfatebol ar gael yn y Gymraeg.

Dywedodd 34 o ymatebwyr eraill eu bod yn benthyca llyfrau Saesneg am fod yna amrywiaeth ehangach o ran testunau ar gael yn y Saesneg. Dywedodd un o ddefnyddwyr y fan fawr ac wyth o ddefnyddwyr y fan fach nad oeddynt yn darllen llyfrau Saesneg o gwbl.

Ffynonellau gwybodaeth am ddefnyddiau Cymraeg newydd

Ymatebodd 126 o bobl i'r cwestiwn 'Sut y cewch wybod am ddefnyddiau newydd yn y Gymraeg?', gyda 120 ohonynt yn siaradwyr Cymraeg iaith gyntaf (ychydig yn llai na hanner cyfanswm yr holl ddefnyddwyr Cymraeg eu hiaith) a chwech ohonynt yn ddysgwyr.

Mae Tabl 2 yn dangos y ffynonellau y cyfeiriwyd atynt yn ôl eu poblogrwydd (y mwyaf poblogaidd gyntaf). Roedd rhwydd hynt i'r ymatebwyr gyfeirio at fwy nag un ffynhonnell. Canrannau nifer yr ymatebwyr yw'r rhai a ddyfynnir.

Yn ychwanegol at hyn, fe nododd 32 o'r ymatebwyr (25 y cant) mai'r gwasanaeth llyfrgell deithiol oedd eu hunig ffynhonnell gwybodaeth am ddefnyddiau Cymraeg newydd, a dywedodd saith o bobl eraill (6 y cant) nad oedd ganddynt

unrhyw ddiddordeb mewn cael gwybodaeth am
ddefnyddiau o'r fath.

Dysgwyr Cymraeg
Dangosir nifer y defnyddwyr sy'n dysgu'r Gymraeg yn
Nhabl 3.

Nifer blynyddoedd yn byw yn yr ardal
Dengys Graff Rhif 4 nifer y blynyddoedd y bu defnyddwyr y
llyfrgelloedd teithiol yn byw yn y cyffiniau. Dengys Tabl 4
ardal breswyl flaenorol yr ymatebwyr.

Hyd y defnydd o'r gwasanaeth
Dangosir hyd yr amser y mae'r defnyddwyr wedi bod yn
defnyddio'r llyfrgell deithiol yn Graffiau Rhif 5 a 6. Nifer yr
ymatebwyr yw'r canrannau a ddangosir.

Ystadegau'r llyfrau a fenthycwyd ac a gofnodwyd gan y llyfrgell ranbarthol
(a) Y fan fawr
Cyfanswm benthyciadau'r deg cylchdaith ym mis Mehefin
1991 oedd 3,108:

> Iaith Saesneg = 2,999 (96.5 y cant)
> Iaith Gymraeg = 109 (3.5 y cant).

Cyfanswm y benthyciadau i'r un deg cylchdaith ym mis
Gorffennaf 1991 oedd 5,278:

> Iaith Saesneg = 4,614 (87 y cant)
> Iaith Gymraeg = 664 (13 y cant).

Y mae'r esboniad am y lefel uwch o fenthyg yn ystod mis
Gorffennaf ar draul Mehefin yn syml: gan nad yw'r faniau ar
y ffordd drwy gydol Awst y mae pobl yn tueddu i fenthyca
mwy o lyfrau nag arfer er mwyn iddynt bara'r ddau fis cyn
yr ymweliad nesaf.

Gellir esbonio'r cynnydd yn y llyfrau Cymraeg a roddwyd
ar fenthyg ym mis Gorffennaf drwy nodi fod rhan sylweddol

o'r rhain yn fenthyciadau i sefydliadau megis ysbytai a chartrefi henoed ar ffurf bocsys o lyfrau a baratowyd gan y llyfrgelloedd cangen ac a gyfnewidiwyd gan y gyrwyr/ llyfrgellwyr.

(b) Y fan fach

Cyfanswm y llyfrau a fenthycwyd yn y pedair cylchdaith ar bymtheg ym mis Mehefin 1991 oedd 4,670:

> Iaith Saesneg = 3,098 (66 y cant)
> Iaith Gymraeg = 1,572 (34 y cant).

Cyfanswm y benthyciadau i'r un cylchdeithiau ym mis Gorffennaf 1991 oedd 5,432:

> Iaith Saesneg = 3,677 (68 y cant)
> Iaith Gymraeg = 1,760 (32 y cant).

Fel yn achos y fan fawr, fe fenthycwyd mwy o lyfrau yn ystod mis Gorffennaf nag ym mis Mehefin, eto erys canran y llyfrau Cymraeg a fenthycwyd yn debyg am na fu yna unrhyw newid yn nifer y llefydd yr ymwelwyd â hwy dros y ddau fis.

TRAFODAETH

O ganlyniad i'r ymchwil a wnaed gan Gynllun Llyfrgell Teifi cawn gipolwg ar y newidiadau sy'n digwydd nawr mewn un ardal wledig— a dyna wrth gwrs oedd y bwriad. Yn gefndir i'r ymchwil ceir ystyriaethau ariannol dyrys— ystyriaethau a gymhlethir yn ddyddiol bron gan y dadlau cyson rhwng llywodraeth leol a llywodraeth ganolog am gyllid a strwythur. Dilys ailddatgan y pwynt sylfaenol na fu cymaint o wasanaethau llywodraeth leol ar gael i ardaloedd gwledig erioed, ac o ganlyniad i hyn fe gafwyd gwariant llai yn yr ardaloedd hynny (er bod y gwasanaethau a gynigir i gefn gwlad ynddynt eu hunain yn ddrutach i'w cynnal ac mae gwasanaeth llyfrgell deithiol yn enghraifft dda iawn o hyn). Amlygwyd y gwrthgyferbyniad rhwng gwlad a thref pan gyflwynwyd Treth y Pen. Prif egwyddor y dreth oedd y dylai pawb, boed yng nghefn gwlad neu mewn tref, dalu yr un faint, ac eto yr oedd hi'n hollol eglur na allai pawb dderbyn yr un ystod o wasanaethau ac adnoddau â'i gilydd. Erbyn hyn disodlwyd Treth y Pen gan y Dreth Gyngor ac er bod hyn yn gam oddi wrth yr un taliad cyffredin, bydd y ffaith mai sylfaen ariannol y dreth newydd yw ym mha gategori y gosodir tŷ rhywun yn golygu bod preswylwyr mewn ardaloedd dinesig a gwledig, i raddau helaeth, yn dal i gael eu trethu ar yr un lefel. Felly, erys y diffyg a oedd wrth wraidd Treth y Pen:

In the past households in remote rural areas . . . paid low rates as their low rateable values reflected their distance from services or a poor quality environment. Now they will pay the same as their counterparts in areas close to services . . . With these residents paying the same as urban counterparts, many will place demands for similar levels of service and that request should be entitled to serious consideration—a logical conclusion must be that all are entitled to an equal level of service.[14]

Y mae'r potensial hwn am ddiffyg anghyfartaledd ac undod yn gosod holl awdurdodau llyfrgell y Deyrnas Unedig mewn sefyllfa o gyfyng gyngor. Penbleth ychwanegol i awdurdodau llyfrgell yng Nghymru, yn enwedig y rheiny sy'n gwasanaethu ardaloedd gwledig, yw sut y gallant addasu eu gweithgareddau yn wyneb cyflymder y newidiadau ieithegol-gymdeithasol, gan barhau i gyflawni'r ddyletswydd sydd arnynt i ddarparu gwasanaeth cyfartal i siaradwyr Cymraeg a Saesneg. Yn wyneb y newidiadau mae llyfrgellwyr yn gorfod ailddiffinio holl ystyr gwasanaeth cymharol gan ystyried yr oblygiadau newydd a ddaw yn sgil yr ailddiffinio.Yn y broses, trist yw dweud nad oes ganddynt nemor ddim o ran argymhellion swyddogol i droi atynt fel arweiniad. Nid oes gan yr ymchwiliad diweddaraf i safonau cymeradwyedig darpariaeth llyfrgell gyhoeddus yng

Nghymru adran ar wahân i ymdrin â'r ddarpariaeth trwy gyfrwng y Gymraeg ac y mae'r argymhelliad allweddol ar brynu defnyddiau Cymraeg yn benagored a thawedog:

> A collection of materials in the Welsh language, to reflect the linguistic profile of the authority's area and to fulfil the library's fundamental role and responsibilities in promoting and fostering the Welsh language and culture should be provided in all the relevant categories of material.[15]

Y mae hyn yn gam yn ôl o safonau Bourdillon, 1961 (safonau a luniwyd, gyda llaw, gan Alun Edwards a llyfrgellwyr eraill),[16] ac er bod y rheiny wedi dyddio bellach, yr oeddynt o leiaf yn pennu lefelau pryniant penodol ar gyfer defnyddiau Cymraeg. Deisyf y dyfyniad uchod holi'r cwestiwn sylfaenol: ai unig ddiben llyfrgelloedd cyhoeddus yng Nghymru yw adlewyrchu sefyllfa ieithyddol yr ardal a wasanaetha'r awdurdod (yn enwedig os yw'r ardal honno yn dangos dirywiad yn nifer y siaradwyr Cymraeg) neu a ydynt yno er mwyn rhoi cefnogaeth i'r iaith, ac os felly, beth yw'r ffordd orau o gyflawni hynny? Rhaid bwrw golwg ar yr ystyriaeth hon yn awr yng ngoleuni'r dystiolaeth a ddaeth i'r amlwg yng Nghynllun Llyfrgell Teifi.

Fel y dengys Graff Rhif 2, Saesneg yw iaith gyntaf dros 44 y cant o ddefnyddwyr y fan fach. Os ystyrir pa iaith sydd orau gan y siaradwyr Cymraeg iaith gyntaf a ddefnyddia'r fan ei darllen (Tabl 1), dywedodd 53 y cant ohonynt nad oedd gwahaniaeth ganddynt, a dywedodd 13 y cant arall fod yn well ganddynt ddarllen Saesneg. Yn achos y fan fawr y mae'r nifer llai o lyfrau Cymraeg a fenthycir (dim ond chwarter y nifer o lyfrau Cymraeg a fenthycir o'r fan fach) yn adlewyrchu'r nifer llai o ddefnyddwyr sy'n darllen Cymraeg.

Y mae'n amlwg felly fod y mewnlifiad wedi arwain at leihad yng nghanran y siaradwyr Cymraeg brodorol gyda symudiad yn y patrymau benthyca yn dilyn hynny. Ar sylfaen defnyddwyr y fan fawr y cafodd y cynnydd mewn

mewnfudiad i'r ardal yr effaith mwyaf sylweddol gyda dros
55 y cant o'r defnyddwyr wedi symud i'r ardal (64 y cant o'r
rheiny o Loegr a 36 y cant ohonynt o ardaloedd eraill yng
Nghymru). Er nad yw effaith newid ieithyddol i'w weld mor
amlwg ar y defnydd a wneir o'r fan fach, y mae'r symudiad
ar un olwg yn fwy dramatig gan mai trigolion ffermydd ac
anheddau diarffordd yw'r bobl a wasanaethir—yr union
lefydd y byddai rhywun yn disgwyl gweld canran uchel o
siaradwyr Cymraeg yn byw ynddynt. Awgryma'r holl
arwyddion fod yr wybodaeth a ddatgelwyd ac a gofnodwyd
yn yr arolwg hwn yn debyg iawn i symudiadau ieithyddol
mewn ardaloedd gwledig eraill yng Nghymru. Os felly, yna
mae hi'n bwysig fod awdurdodau llyfrgell yn ailedrych ar eu
polisi darparu stoc i'r llyfrgelloedd teithiol ac yn ymateb i'r
newidiadau di-droi'n-ôl yn y boblogaeth.

Y mae hi hefyd yn bwysig i'r ymateb hwn fod yn un
cadarnhaol. Ni ddylai hi fod yn angenrheidiol, er enghraifft, i
unrhyw newid yn nifer y defnyddiau Cymraeg arwain at
newid yn safon y ddarpariaeth a gynigir. Argymhellodd
astudiaeth gynharach o wasanaethau llyfrgell gwledig yng
Nghymru y dylai aelod o staff fod â chyfrifoldeb penodol
dros ddatblygu casglu defnyddiau yn yr iaith Gymraeg a
chynghori aelodau o'r cyhoedd ac aelodau eraill o'r staff.[17] Lle
mae arbenigwyr o'r fath yn bod gallai cysylltiad rhyngddynt
â gweinyddwyr y llyfrgelloedd teithiol fod o gymorth i
sicrhau bod y defnydd gorau posibl yn cael ei wneud o'r
defnyddiau Cymraeg, a bod defnyddwyr y llyfrgelloedd
teithiol yn gallu cael gafael ar gyfrolau newydd yr un mor
hawdd â'r rhai sy'n defnyddio'r llyfrgelloedd cangen.
Gallasai cydweithrediad rhwng unedau a rheolaeth stoc
effeithlon fod yn arwyddocaol ei gyfraniad i ddarpariaeth
lwyddiannus o ddefnyddiau Cymraeg mewn ardal eang o
ran ei harwynebedd a wasanaethir gan nifer o unedau
gweinyddol oddi mewn i un sir.

Mae angen hefyd i ddefnyddwyr fod yn ymwybodol o
fodolaeth llyfrau a chylchgronau Cymraeg a lle y gellir cael
gafael arnynt. Fel y dengys Tabl 2, y dull mwyaf effeithiol yn

ôl yr ymatebwyr (45 y cant ohonynt) o'u hysbysu hwy am
ddefnyddiau newydd yn y Gymraeg oedd trwy roi hysbyseb
yn y wasg, ond yr ail ffordd fwyaf effeithiol oedd yr
wybodaeth a geid gan y llyfrgelloedd eu hunain. Mae'n
bwysig inni gofio i 25 y cant o'r ymatebwyr nodi mai'r
llyfrgell deithiol oedd eu hunig ffynhonnell gwybodaeth am
y defnyddiau yma—mewn geiriau eraill, eu bod yn dod o
hyd i dderbyniadau newydd wrth bori drwy'r llyfrau ar y
silffoedd neu wrth i'r gyrrwr/cynorthwy-ydd llyfrgell eu
cyfeirio atynt. Gallasai cynnydd yn yr wybodaeth sydd ar
gael ynglŷn â'r stoc lyfrau a derbyniadau newydd yn y sir ar
wahân i dderbyniadau'r llyfrgell deithiol fod o fudd i holl
ddefnyddwyr y gwasanaeth teithiol. Byddai gwybodaeth o'r
fath yn arbennig o ddefnyddiol, fodd bynnag, i'r rhai hynny
sydd mewn lleiafrif bellach yn yr ardal dan sylw, sef
darllenwyr Cymraeg hyfedr, ac yn arbennig y rheiny sy'n
dibynnu'n gyfan gwbl ar y llyfrgell hon i ddarparu
gwybodaeth iddynt ynglŷn â defnyddiau Cymraeg newydd.
Dylai fod gan awdurdod llyfrgell un ai arbenigwr a chanddo
gyfrifoldeb am y casgliad Cymraeg neu rywun â chyfrifoldeb
penodol dros y gwasanaeth teithiol. Dyma'r unigolion a allai
fel rhan o'u gwaith ledaenu manylion am ddefnyddiau
newydd drwy gyfrwng y gwasanaeth llyfrgell teithiol, gan
sicrhau felly fod cymaint o wybodaeth ar gael i ddefnyddwyr
y llyfrgell deithiol â'r rhai hynny sy'n defnyddio llyfrgelloedd
eraill.

Nid yw'r ffaith fod pobl yn siarad Cymraeg yn golygu eu
bod o anghenraid yn darllen llyfrau Cymraeg. Tanlinella
cymhariaeth rhwng Graffiau Rhif 2 a 3 a Thabl 1 yr
anghysonderau a welodd yr ymchwiliad hwn rhwng nifer y
defnyddwyr a allai siarad Cymraeg a'r nifer yn y garfan yma
a ddarllenai lyfrau Cymraeg. Y mae hyn yn cadarnhau
canlyniadau gwaith ymchwil cynharach: canfu Gweithgor
Ymchwil Marchnad a oedd yn ymchwilio i'r farchnad lyfrau
yng Nghymru mai dim ond 38 y cant o'r siaradwyr Cymraeg
a holwyd ganddynt a oedd wedi darllen llyfr Cymraeg yn
ystod y deuddeg mis blaenorol.[18]

Byddai'n beth da petai awdurdodau llyfrgell yn ystyried y ffordd orau i ysgogi siaradwyr nad ydynt ar hyn o bryd yn darllen llyfrau Cymraeg i fenthyca llyfrau Cymraeg. Awgryma'r adroddiad a grybwyllwyd uchod mai'r ffordd orau i ddenu'r garfan hon i godi llyfr Cymraeg fyddai cynhyrchu mwy o lyfrau Cymraeg o ddiddordeb lleol, gydag oedran darllen is o bosibl, a dwyn y llyfrau hynny i sylw'r defnyddwyr. Byddai hyn yn weddol hawdd ei gyflawni oddi mewn i derfynau eithaf cyfyng y faniau, a dylid nodi hefyd i'r arolwg marchnata ddarganfod bod llyfrau hanes yn yr ail ddosbarth mwyaf poblogaidd yn yr adran ffeithiol. Eto, ni fyddai hyd yn oed y mesurau a awgrymwyd gan yr arolwg yn gwrthbwyso'r diffyg diddordeb mewn defnyddiau Cymraeg ymysg rhai o'r siaradwyr Cymraeg a holwyd gan Gynllun Llyfrgell Teifi. Dim ond 50 y cant o'r siaradwyr Cymraeg a ymatebodd i'r cwestiwn 'Sut y byddwch yn dod i wybod am ddefnyddiau newydd yn y Gymraeg?', ac o'r nifer a ymatebodd dywedodd 6 y cant ohonynt nad oedd ganddynt unrhyw ddiddordeb.

Cydnabyddir yn gyffredinol mai'r unig obaith arall i'r iaith Gymraeg, ar wahân i gadw'r Gymraeg ymysg y siaradwyr brodorol, yw cynyddu nifer dysgwyr yr iaith. Anelir llawer o'r arian a'r ymdrech ychwanegol dros addysg Gymraeg a grybwyllwyd ar ddechrau'r bennod hon tuag at y diben hwn. Mynega llawer o fewnfudwyr awydd i 'fod yn rhan' o'u cymdeithas fabwysiedig, ac i'r diben hwn y maent yn bwrw ati i ddysgu'r iaith. Fel y dangoswyd yn Nhabl 3, dywedodd dros 15 y cant o'r holl ddefnyddwyr eu bod wrthi'n dysgu'r Gymraeg. Nid oes yna, fodd bynnag, unrhyw ddarpariaeth arbennig neu ddosbarthiad o ddefnyddiau wedi ei neilltuo ar y faniau ar gyfer anghenion y garfan sylweddol yma o ddysgwyr ar wahân i ambell nofel ac ychydig destunau safonol a oedd, yn ôl un dysgwr, wedi eu hysgrifennu 'mewn Cymraeg safonol diangen nad ydyw fy nghymdogion yn ei siarad nac ychwaith yn ei deall'.

Fel hyn yr adroddodd Cyngor Cynghori Llyfrgell (Cymru) ym 1978:

Students and libraries have found a dearth of books intended specifically for Welsh learners, with a high interest age but a low reading age.

Erbyn heddiw nid oes yna 'brinder llyfrau' ac y mae dewis eang ar gael o ddefnyddiau wedi eu paratoi'n arbennig. Y Cyngor Llyfrau Cymraeg yw'r brif asiantaeth sy'n cynnig cymorth swyddogol i argraffwyr a chyhoeddwyr yng Nghymru, a dengys eu hastudiaeth o lyfrau Cymraeg a gyhoeddwyd rhwng 1976 a 1990 i 72 o lyfrau newydd i ddysgwyr a 75 o ramadegau/geiriaduron/canllawiau iaith gael eu cyhoeddi yn ystod y cyfnod hwnnw.[19] Erys y rhan fwyaf o'r llyfrau a argraffwyd yn y gorffennol ar gyfer dysgwyr mewn print, felly mae digon o ddewis ar gael yn awr i ddarparu adran hawdd i'w chanfod mewn llyfrgelloedd teithiol. Gallai adran o'r fath hefyd gynnwys tapiau a fideos iaith a gwybodaeth am gyrsiau Cymraeg a digwyddiadau i ddysgwyr.

Y mae'r data a gasglwyd yn ystod cyfnod Cynllun Llyfrgell Teifi yn cadarnhau'r farn fod defnydd o'r Gymraeg yn lleihau wrth i'r mewnfudiad sylweddol o bobl i ardaloedd gwledig Cymru gyd-fynd ag allfudiad yr un mor sylweddol o siaradwyr Cymraeg brodorol yn ystod y deng mlynedd diwethaf. Y mae arbenigwr ar gofnodi effeithiau'r lleihad hwn wedi datgan nad yw'r anawsterau a amlygir wrth i diriogaethau iaith symud, yn unigryw:

They are not unique to Wales; they are well-nigh universal across the world. Every minority language and culture is experiencing the same pressures.[20]

CASGLIADAU

Dangoswyd yng nghanlyniadau Cynllun Llyfrgell Teifi y manteision a all ddod i wasanaethau llyfrgell o ddefnyddio arolwg anghenion defnyddwyr er mwyn asesu agweddau ar ddarpariaeth i gymunedau dwyieithog. Y mae'r ymchwil yn fynegbost pellach o'r llif di-baid o newidiadau yn y cymunedau hyn. Eto, erys un ffaith sylfaenol—fod defnyddwyr llyfrgelloedd teithiol mewn sefyllfa difreintiedig o'u cymharu â defnyddwyr llyfrgelloedd eraill. Nid oedd angen dysgu'r wers hon i Alun Edwards, person a anwyd ac a fagwyd yng nghefn gwlad Ceredigion. Sylwch fel yr oedd ei amcanion ef, wrth gychwyn y gwasanaeth teithiol ym 1949, wedi eu crisialu mewn geiriau a welir wedyn mewn dyfyniad ar ôl dyfyniad—sef bod gan breswylydd cefn gwlad yr hawl i wasanaeth cyfartal, 'an equal service'. Erys y nod, gan osod cwestiynau dwys a dyrys. Er enghraifft: sut y gall awdurdodau llyfrgell baratoi gwasanaeth technoleg gwybodaeth i ardaloedd gwledig? Pa ystyriaethau rheolaeth y dylid manteisio arnynt er mwyn sicrhau defnydd effeithlon o adnoddau staff a defnyddiau? Ac yn bennaf, efallai, sut y gall awdurdodau llyfrgell weithredu i hyrwyddo bywyd cefn gwlad a chreu adwaith yn erbyn yr amddifadiad a'r erydiad cyson? Mae holi cwestiynau yn hawdd. Y mae canfod yr atebion yn fwy poenus, yn arbennig pan fo raid gosod yr atebion yn erbyn cefndir o gwtogi cyson ar wariant. Fe fydd y broses o holi yn ei sgil yn arwain yr holl awdurdodau llyfrgell sy'n cynnig gwasanaeth i ardaloedd gwledig yng Nghymru a thu hwnt i ystyried eu blaenoriaethau o'r newydd ac i fwrw golwg yn neilltuol ar eu dulliau gwasanaethu a darparu.

Tabl 1   Dewis iaith y defnyddwyr

Iaith	Fan fawr(%)	Fan fach(%)	Cyfanswm
Cymraeg	9	34	23
Saesneg	42	13	26
Dim gwahaniaeth	49	53	51
Nifer yr ymatebwyr	78	100	182

Tabl 2   Ffynonellau gwybodaeth am ddefnyddiau Cymraeg newydd

Ffynhonnell	Safle	Nifer	Canran
Y wasg	1	57	45
Llyfrgell	2	52	41
Y cyfryngau (teledu, radio)	3	30	24
Siop lyfrau	4	11	9
Ysgol	5	5	4
Teulu / cyfeillion	6	4	3
Eisteddfod Genedlaethol	6	4	3

Tabl 3   Dysgwyr Cymraeg

	Nifer	Canran	Nifer yr ymatebwyr
Fan fawr	52	15.1	(345)
Fan fach	33	14.4	(229)
Cyfanswm	89	15.1	(590)

Tabl 4   Ardal breswyl flaenorol

ARDAL	FAN FAWR	FAN FACH	CYFANSWM
Wedi byw yma erioed	15.5	34	23
Ardal arall o Gymru (i gynnwys rhywle arall yn yr ardal astudio)	32	31.5	31
Lloegr	51	30	43
Yr Alban	0.5	0.5	0.5
Tramor	1	4	2
Nifer yr ymatebwyr	323	218	554

(Roedd y rhan fwyaf o'r rhai a ddaethai o Loegr wedi dod o Lundain neu'r De-ddwyrain.)

Rhif 1

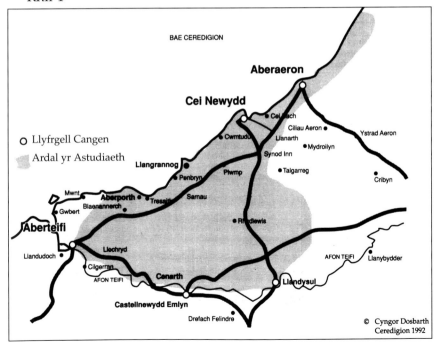

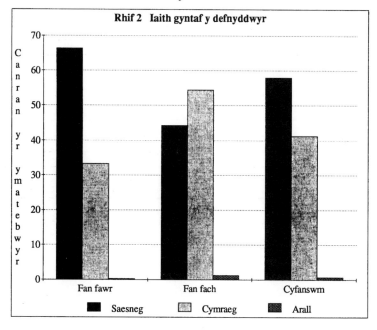

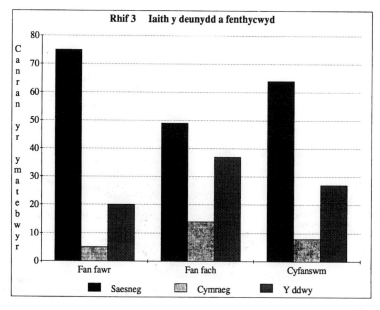

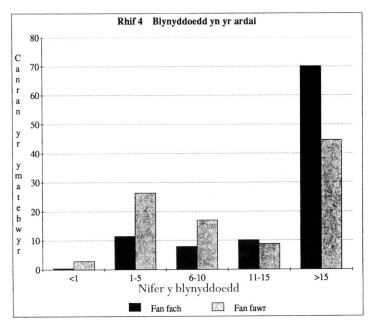

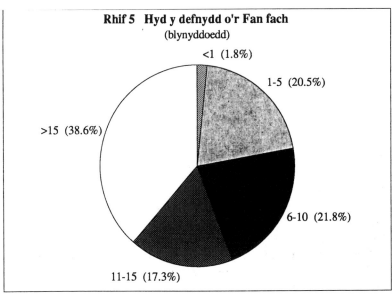

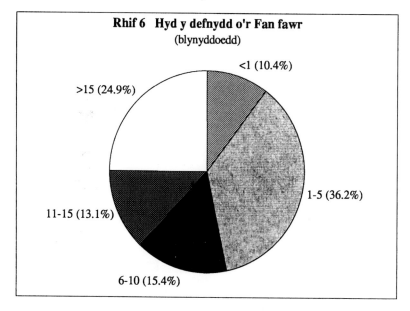

Rhif 6   Hyd y defnydd o'r Fan fawr
(blynyddoedd)

<1 (10.4%)

>15 (24.9%)

1-5 (36.2%)

11-15 (13.1%)

6-10 (15.4%)

Nodiadau

[1]Alun R Edwards, 'The Joint Library in Practice', yn *Library Association Record* 52, Awst 1950, t.287.

[2]The Archbishop's Commission on Rural Areas, *Faith in the countryside: a report presented to the Archbishops of Canterbury and York.* Sussex, Churchman, 1990; Sarah Mason a Rhys Taylor, *Tackling deprivation in rural areas: effective use of charity funding.* Cirencester, Action with Communities in Rural England, 1990.

[3]Harold Carter, *Culture, language and territory.* London, BBC, 1988, tt.18-19.

[4]C H Williams, 'Language contact and language change 1970-1: a study in historical geolinguistics', yn *Welsh History Review* 10, tt.207-238.

[5]J R Jones, *Ac Onide.* Llandybïe, Llyfrau'r Dryw, 1970, t.175.

[6]Pwyllgor Datblygu Addysg Gymraeg, Adroddiad blynyddol, 1990, t.17.

[7]Department of Education and Science, *The structure of the public library service in England and Wales*. London, HMSO, 1969, par.109.

[8]Library Advisory Council (Wales), *Library services in rural areas*. London, HMSO, 1978; Library and Information Services Council (Wales), *The report of a working party on public library services*. Cardiff, Library and Information Services Council (Wales), 1988.

[9]Elaine M Griffin a Geraint I Evans, *The Teifi Library Project, Final Report*. Aberystwyth, Cymdeithas Llyfrgelloedd Cymru, 1992.

[10]John Aitchison a Jan Baptiste, *Dyfed communities: an analysis of electoral registers, 1970-1990*. Aberystwyth: Rural Surveys Research Unit, 1990.

[11]*1991 Census: Preliminary Report for England and Wales*. Office of Population Censuses and Surveys, 1991, par.1.5.

[12]Swyddfa Gymreig, Adran Gyflogaeth, Datganiad i'r wasg 12 Mawrth 1992.

[13]Library Advisory Council (England) and Library Advisory Council (Wales), *Public library service points: a report with some notes on staffing*. London, HMSO, 1971.

[14]Royston Brown, gol., *The impact of the community charge on library development*. Capital Planning Information, 1989.

[15]Library and Information Services Council (Wales), *The report of a working party on public library services*, 1988, par.2.11.

[16]Department of Education and Science, *Standards of public library service in England and Wales*. London, HMSO, 1962.

[17]Library Advisory Council (Wales), *Library services in rural areas*, 1978, t.11.

[18]Gweithgor yr Ymchwil Farchnad, *Y fasnach lyfrau yng Nghymru*. Aberystwyth, Coleg Llyfrgellwyr Cymru, 1988, t.37.

[19]*Dadansoddiad o lyfrau Cymraeg 1972-1990*. Aberystwyth, Cyngor Llyfrau Cymraeg, 1991.

[20]Harold Carter, *Immigration and the Welsh language*, Abertawe, Llys yr Eisteddfod Genedlaethol, 1988, t.12.

CYFRANIAD MR READY

Rheinallt Llwyd

Pan gychwynnodd Alun R Edwards ar ei waith fel Llyfrgellydd Sir Aberteifi ar 1 Ionawr 1950 roedd y fasnach lyfrau Gymraeg mewn sefyllfa enbydus a'r rhagolygon yn dywyll. Pan orffennodd Alun ei yrfa broffesiynol ar 30 Ebrill 1980, ac yntau bellach yn Llyfrgellydd Sir Dyfed, roedd y sefyllfa wedi ei gweddnewid yn llwyr. Yn ystod 1950 cant o lyfrau Cymraeg a gyhoeddwyd:[1] ym 1980 roedd cyfanrif cynnyrch y gweisg wedi codi i 301. Ac erbyn dechrau'r naw-degau (fel y gwelir yn Nhabl 1) roedd y cyfanrif hwn wedi pasio'r pum cant. Yn wir ym 1993 fe gyhoeddwyd nid llai na 551 o lyfrau newydd ynghyd â 67 o adargraffiadau ac argraffiadau newydd i wneud cyfanrif terfynol o 618. Yr hyn sy'n esbonio'r newid syfrdanol a ddigwyddodd i'r fasnach lyfrau Cymraeg, wrth gwrs, yw nawdd cyhoeddus. Ar ddechrau'r pumdegau y cyhoeddwyr Cymraeg unigol, rhyw ddyrnaid ohonynt, oedd yn gwbl gyfrifol am gynhyrchu llyfrau heb gymhorthdal o fath yn y byd. Amodau ac amgylchiadau'r 'farchnad rydd' yn unig oedd yn bodoli. Erbyn dechrau'r wythdegau roedd gennym yng Nghymru nifer o gyrff a sefydliadau oedd yn cynnig cymorthdaliadau hael i gyhoeddwyr ac awduron gan mai hynny oedd eu priod swyddogaeth. Ac fe atgyfnerthwyd rhai o'r sefydliadau hyn ymhellach yn y blynyddoedd diwethaf fel bod y gyfundrefn nawdd i gyhoeddiadau Cymraeg bellach yn destun edmygedd a syndod i wledydd eraill yn arbennig gwledydd lle ceir, fel yng Nghymru, iaith a diwylliant lleiafrifol. Mae 'na beryglon, wrth reswm, mewn unrhyw sefyllfa sydd mor ddibynnol ar nawdd a'r rhan fwyaf o'r nawdd hwnnw'n deillio o ryw ffynhonnell ganolog. Ac ymhlith y peryglon mae'r anallu i gofio sut yr oedd pethau erstalwm. I unrhyw un dan ddeugain oed yn y Gymru gyfoes mae bron yn amhosibl dirnad beth oedd yr argyfwng honedig yn y

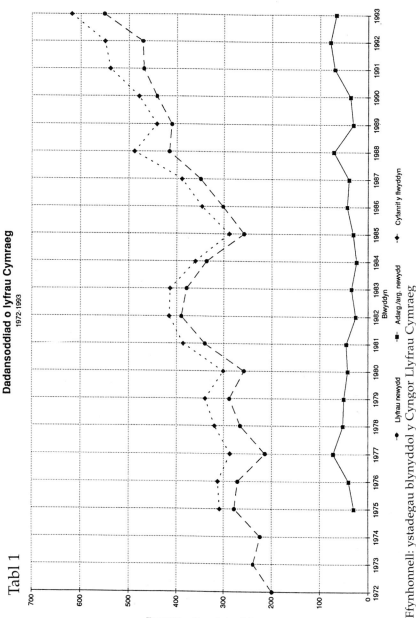

Tabl 1

Dadansoddiad o lyfrau Cymraeg
1972-1993

Ffynhonnell: ystadegau blynyddol y Cyngor Llyfrau Cymraeg

fasnach lyfrau Gymraeg ar ddechrau'r pumdegau. Nid drwg o beth fydd inni atgoffa ein hunain o rai ffeithiau.

Nid ym 1950 y dechreuodd gofidiau cyhoeddwyr llyfrau Cymraeg, wrth gwrs. Yr hyn a ddwysaodd y sefyllfa bryd hynny, fel y cawn weld yn y man, oedd y costau cynyddol mewn argraffu a phrinder affwysol o bapur. Y gwir amdani oedd fod yr ychydig gyhoeddwyr Cymraeg gweithredol yn wynebu nifer o anawsterau dybryd erbyn diwedd y pedwar-degau, rhai ohonynt yn ymwneud â'r diwydiant argraffu yn uniongyrchol, eraill yn ymwneud ag awduron a darllenwyr. Un o broblemau cyson y cyhoeddwyr oedd eu hanallu i ddenu awduron newydd. Mynegwyd hyn yn glir iawn gan Griffith John Williams a Gwenallt mewn cylchlythyr a anfonwyd allan ganddynt yn Ebrill 1952 ar achlysur dod â'r Clwb Llyfrau Cymraeg i ben:

> Ein cynllun ni fel golygyddion y Clwb Llyfrau Cymraeg oedd cyhoeddi llyfrau trwm ac ysgafn bob yn ail, ond methodd y cynllun. Ni lwyddasom i gael digon o lawysgrifau mewn llaw i fedru dewis ohonynt lyfrau sylweddol a difyr, a hefyd yr oedd yn haws o lawer gael llyfrau hanesyddol na llyfrau creadigol. Nid oes yng Nghymru ddigon o ysgrifenwyr a chanddynt hamdden i ysgrifennu llyfrau i Glwb. Cawsom addewid am lyfrau gan lawer, ond ni chywirwyd yr addewid am eu bod yn rhy brysur gyda phwyllgorau a gwahanol fudiadau yn eu horiau hamdden. Ni lwyddwyd i gael yr un nofel, ac un gyfrol o ystraeon byrion a gafwyd.[2]

Ac erbyn dechrau'r pumdegau roedd yn ymddangos fod yr arfer o brynu a darllen llyfrau Cymraeg ar y goriwaered hefyd a hynny, fe gofiwn, mewn cyfnod cyn bod sôn am deledu, na dim o'r cyfleusterau eraill sydd bellach ar gael i lenwi oriau hamdden pawb ohonom, mewn odid unrhyw gartref Cymraeg. Hyn hefyd mewn cyfnod pan oedd canran tipyn uwch o'r boblogaeth yn siarad Cymraeg (28.9 y cant, sef 714,686 o unigolion, yn ôl ffigurau Cyfrifiad 1951).

Beth felly oedd wedi achosi'r fath newid ym myd cyhoeddi Cymraeg rhagor y sefyllfa ffyniannus a fodolai ganrif ynghynt? Roedd y bedwaredd ganrif ar bymtheg wedi gweld cynnydd aruthrol yn y galw am lyfrau a chylchgronau Cymraeg—gymaint felly fel i dwf y wasg a'r fasnach lyfrau ddatblygu'n ddiwydiant llewyrchus mewn sawl ardal. Cynnydd mewn Anghydffurfiaeth a llwyddiant mudiad yr Ysgolion Sul yn creu gwerin-bobl lythrennog oedd yn bennaf gyfrifol am hyn, bid siŵr. Ac o gofio swm cynnyrch y gweisg Cymreig yn ystod ail hanner y ganrif ddiwethaf hawdd cydsynio â'r haeriad y 'gellir ystyried y cyfnod rhwng 1850 a 1890 yn oes aur cyhoeddi yng Nghymru'.[3] Nid oedd y llewyrch i barhau ac erbyn dechrau'r ganrif hon roedd y fasnach lyfrau yn crebachu'n sylweddol. Ym 1925 roedd cyfanrif y llyfrau a gyhoeddwyd wedi disgyn i 74[4] ac nid rhyfedd felly i'r Adroddiad diddorol a phwysig hwnnw *Y Gymraeg mewn Addysg a Bywyd* a gyhoeddwyd ym 1927 fynegi pryder ynglŷn â'r sefyllfa. Roedd 'y papurau dyddiol Saesneg yn cyrraedd cyrrau pellaf Cymru, ac y mae bron yn rhy anodd i bapurau wythnosol Cymraeg fyw ochr yn ochr â hwy, er na wna'r wasg Saesneg odid ddim i gyflenwi anghenion meddyliol y Cymry'.[5] Ac roedd diflaniad yr hen ddosbarthwyr llyfrau a'r ffaith fod yr enwadau crefyddol wedi sefydlu 'yn awr bob un ei Lyfrfa ei hun' i argraffu, cyhoeddi a dosbarthu yn uniongyrchol i'w deiliaid yn golygu ei bod yn anos cael gafael ar lyfrau mwy 'bydol'. 'Nid oes fwy na deg o siopau llyfrau trwy Gymru benbaladr lle y gellir prynu llyfr Cymraeg newydd heb drafferth anarferol.'[6]

Roedd dadansoddiad yr Adroddiad o'r sefyllfa yn weddol glir a diamwys a'r argymhellion ynglŷn â llyfrau i blant ysgol yn dangos gweledigaeth amlwg. Dylid sefydlu Byrddau Cyfieithu, meddid, i sicrhau fod clasuron o'r Saesneg ac ieithoedd eraill ar gael i blant Cymru; dylai Bwrdd Gwasg y Brifysgol gyfarwyddo a chefnogi awduron i gynhyrchu llyfrau Cymraeg i blant; dylid sicrhau llawer gwell darpariaeth ar gyfer llyfrgelloedd yn yr ysgolion ac fe ddylid 'trefnu arddangosfa o lyfrau Cymraeg diweddar a'i gyrru ar gylch trwy drefydd a phentrefydd Cymru. Byddai hynny'n sicr o ennyn diddordeb y cyhoedd yn y pwnc'.[7] Awgrymiadau gwerthfawr bob un ond rhai na fu gweithredu arnynt, gwaetha'r modd. Nid mor werthfawr oedd yr argymhellion ynglŷn â llyfrau Cymraeg i oedolion gan nad oedd y weledigaeth mor grisial glir. Edrych ymlaen a wnaed gyda llyfrau plant, ond edrych yn hiraethus yn ôl a wnaed wrth argymell y dylai Undeb y Cymdeithasau Cymraeg 'geisio sefydlu dosbarthwyr llyfrau, os oes modd, neu ynteu ddyfeisio rhyw ffordd arall i gyflawni'r un gwaith' ar y naill law a pharatoi 'apêl am arian at gronfa er cyhoeddi llyfrau Cymraeg'[8] ar y llaw arall. Fe fyddai hyn oll yn dibynnu, wrth gwrs, ar weithgarwch gwirfoddol! Ond roedd amgenach gwaith i wirfoddolwyr yng Nghymru ddirwasgedig diwedd y dauddegau a'r tridegau na hyrwyddo'r fasnach lyfrau Gymraeg. Serch hynny, roedd y sylw a roddwyd i broblemau llyfrau Cymraeg yn *Y Gymraeg mewn Addysg a Bywyd* yn garreg filltir bwysig yn hanes cyhoeddi yng Nghymru. Pwysleiswyd problem sylfaenol 'cyflenwad a galw' a'r ffaith mai 'llafur cariad gwŷr brwdfrydig yn eu horiau hamdden ydyw'r llyfrau Cymraeg gan amlaf'.[9] Mae'r ddeubeth hyn wedi parhau i raddau helaeth hyd heddiw.

Trwy ddygnwch ac aberth gweisg unigol y llwyddwyd i gynnal y fasnach lyfrau yn ystod y tri a'r pedwardegau. A thrwy weledigaeth nifer o unigolion nodedig. Digon yw nodi camp Prosser Rhys yn sefydlu'r Clwb Llyfrau Cymraeg ym 1937: 'Amcan y Clwb a fydd sicrhau cyhoedd o ddim llai na mil i lyfrau yn ymwneuthur â phroblemau cenedlaethol Cymru.'[10] Bu ymateb anhygoel i'r arbrawf ac erbyn Mehefin 1938 roedd pedair mil o aelodau yn nod dichonadwy i Drefnydd y Clwb. Yn ystod blynyddoedd blin yr Ail Ryfel Byd fe gafwyd menter arall hynod lwyddiannus gan y brodyr Aneirin ac Alun Talfan Davies pan gychwynnwyd Llyfrau'r Dryw. Yn gyfrolau bychain hylaw, clawr meddal a werthid am swllt a thair fe gyrhaeddodd y gyfres hon ddarllenwyr newydd a buan y daethant yn gyfraniadau anhepgor i'r Pwyllgor Cenedlaethol Cymreig er Darparu Llyfrau Cymraeg i'r Lluoedd Arfog. Nid oes amheuaeth nad oedd prynu llyfrau Cymraeg fel anrhegion i'w danfon i filwyr yn ystod blynyddoedd yr Ail Ryfel Byd wedi rhoi hwb anhygoel i'r fasnach lyfrau. Dyna yn sicr sy'n cyfrif am lwyddiant syfrdanol Ymgyrch Lyfrau'r Urdd rhwng 1941 a 1946 (gweler Tabl 2). Roedd yr Ymgyrch Lyfrau wedi ei chynnal gyntaf fel arbrawf 'o gwmpas Gŵyl Ddewi 1937' pan anogwyd canghennau'r Urdd i hybu'r fasnach lyfrau Gymraeg ac fe werthwyd dros fil o lyfrau yn ystod y tymor cyntaf hwnnw. Fe fu'r ymgyrch hon yn gysylltiedig â'r Urdd hyd 1965 pan drosglwyddwyd y cyfrifoldeb i'r Cyngor Llyfrau Cymraeg newyddanedig. Anodd dychmygu sut siâp fyddai wedi bod ar y fasnach lyfrau Gymraeg oni bai am y weledigaeth hon o du'r Urdd oherwydd fel yr honnodd prif symbylydd yr ymgyrch, R E Griffith, 'nid oedd neb yn poeni am y fasnach lyfrau, a gallasai fod wedi dirywio hyd at drengi yn y pedwardegau oni bai i'r Urdd weld cyfle i arloesi ac arbrofi'n wirfoddol yn y maes hwn, gweld cyfle i greu marchnad newydd ymhlith pobl a oedd ymhell o gyrraedd siopau llyfrau, a gweld cyfle i wncud darllen llyfrau Cymraeg yn arfer ffasiynol a phoblogaidd'.[11]

Fe drefnodd yr Urdd gynadleddau hefyd o 1943 i 1945 i drafod yr Ymgyrch a 'gwerthiant llyfrau Cymraeg yn gyffredinol' gyda phrif gyhoeddwyr Cymru yn bresennol. Diddorol i ni bellach yw nodi mai saith cwmni yn unig a gynrychiolid, sef Hughes a'i Fab, Gwasg Gee a Gwasg Aberystwyth, Gwasg y Brython, Gwasg Prifysgol Cymru, Gwasg Gomer, a Llyfrau'r Dryw. Mater arall pwysig ar agenda'r gynhadledd gyntaf honno ym 1943 oedd 'y priodoldeb o sefydlu canolfan genedlaethol i ddosbarthu llyfrau Cymraeg'.[12] Fe gymerodd dros ugain mlynedd arall cyn i'r syniad allweddol hwnnw gael ei wireddu! Ond dim ond dwy flynedd fu raid aros cyn gweld gwireddu un arall o freuddwydion pwysig sylfaenydd yr Urdd (Syr Ifan ab Owen Edwards) a'i phrif drefnydd (R E Griffith) sef ffurfio Undeb o gyhoeddwyr a llyfrwerthwyr Cymru. Fe sicrhawyd hynny yng Ngorffennaf 1945. Ac am y tro cyntaf ym 1946 fe geir y

Tabl 2

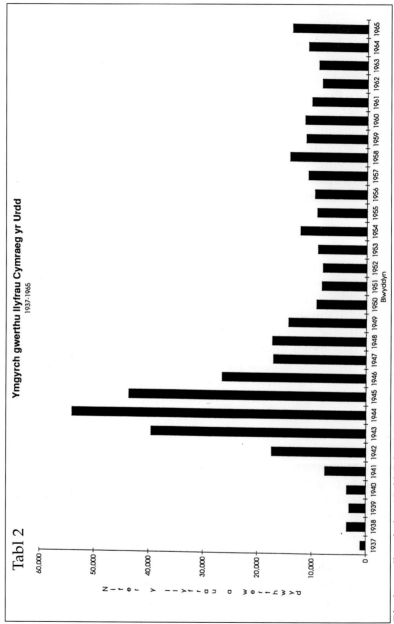

Ymgyrch gwerthu llyfrau Cymraeg yr Urdd
1937-1965

Ffynhonnell: cyfrolau *Urdd Gobaith Cymru*, R E Griffith

teitl Undeb Cyhoeddi a Gwerthu Llyfrau Cymraeg (dan nawdd Urdd Gobaith Cymru a nifer o gyhoeddwyr a llyfrwerthwyr) ar wynebddalen Catalog yr ymgyrch y flwyddyn honno.

Er bod cymylau'r rhyfel yn ymbellhau erbyn hyn nid felly ofidiau cyhoeddwyr Cymraeg. Mewn un ffordd roedd llwyddiant yr ymgyrch gwerthu llyfrau wedi tanlinellu gwendidau amlwg y fasnach. Ychydig o deitlau newydd a gyhoeddid ac roedd llawer o'r rheiny mewn argraffiadau cyfyngedig oherwydd y dogni ar bapur, nid yn unig yn ystod y rhyfel ond yn gynyddol yn y blynyddoedd wedi hynny. Roedd llwyddiannau aruthrol blynyddoedd 1943-45 wedi dihysbyddu hefyd unrhyw hen stoc oedd gan y cyhoeddwyr fel bod 'na brinder llythrennol o lyfrau ar gael i'w gwerthu erbyn ail hanner y pedwardegau. Nid rhyfedd felly fod mudiad Cymraeg arall, Undeb Cymru Fydd, yn mynegi pryder am ddiffyg llyfrau Cymraeg addas yn arbennig i blant ysgol. Ond prin oedd adnoddau'r mudiad hwnnw hefyd o safbwynt creu unrhyw newid sylfaenol yn y sefyllfa. Erbyn diwedd y pedwardegau, felly, roedd y pryderon yn amlhau. Ychydig, fel y gwelsom eisoes, o gyhoeddwyr oedd yng Nghymru a'r cwbl ohonynt ac eithrio Gwasg Prifysgol Cymru yn dibynnu ar argraffu am eu bara beunyddiol.

Hyd yn oed petai digon o ddarpar awduron a marchnad saff i lyfrau Cymraeg ni fyddai sefyllfa'r cyhoeddwyr yn ddelfrydol gan fod amgylchiadau eraill yn llesteirio twf y fasnach erbyn dechrau'r pumdegau, sef costau cynyddol argraffu a pharhad o'r hen broblem, prinder papur. Ym 1950 roedd y sefyllfa mor argyfyngus nes peri i rai gredu fod holl ddyfodol cyhoeddi yn yr iaith Gymraeg yn y fantol. Roedd anobaith ar bob tu—ymhlith awduron, cyhoeddwyr, llyfrwerthwyr, athrawon a rhieni. Roedd yn argyfwng gwirioneddol ym maes llyfrau plant fel y gwelir yn Nhabl 3 lle y nodir mai tri ar ddeg yn unig o lyfrau plant a gyhoeddwyd ym 1950. Fe welodd Llyfrgellydd ifanc Ceredigion y newyn ar ei waethaf a chael ei gyhuddo gan un o brifathrawesau'r sir o fod 'yn euog o ladd holl archwaeth

TABL 3: LLYFRAU CYMRAEG

Dadansoddiad, wedi'i drefnu yn ôl y pynciau,
o'r llyfrau Cymraeg a gyhoeddwyd yn ystod
1925, 1935, 1945, 1950, 1957, 1963

	1925	1935	1945	1950	1957	1963
CREFYDD	22	26	27	17	16	17
NOFELAU	2	2	8	6	4	8
BARDDONIAETH	4	13	9	11	12	10
COFIANNAU	6	13	6	6	9	17
HANES	—	4	7	6	2	9
GWYDDONIAETH	2	2	—	4	—	1
CYMDEITHASEG	1	—	15	1	—	1
DRAMA	15	28	18	16	7	10
LLÊN	5	6	17	11	18	13
IAITH	3	2	2	5	3	4
CERDDORIAETH	—	5	4	3	3	1
LLÊN GWERIN	—	3	—	1	—	1
LLYFRAU PLANT	14	19	6	13	45	15
	74	123	119	100	119	107

Cyhoeddwyd y tabl uchod gan y diweddar Idwal Lewis yng *Nghylchgrawn Llyfrgell Genedlaethol Cymru*, XIII, 1963-64, t.306. Atgynhyrchir trwy ganiatâd caredig y Llyfrgellydd Cenedlaethol.

plant at ddarllen Cymraeg! Bu hyn yn sioc ddirfawr i mi, a bûm yn gofidio a methu cysgu wrth feddwl y gallwn i gyfrannu tuag at farwolaeth y Gymraeg'.[13] Bu hefyd yn fath o dröedigaeth iddo oherwydd cyn diwedd 1950 roedd Alun R Edwards wedi dechrau gwneud rhywbeth o ddifri ynglŷn â'r sefyllfa. Mae'r manylion llawn yn *Yr Hedyn Mwstard* ac afraid ei ailadrodd yma ar wahân i nodi iddo dreulio llawer o'i amser yn ystod 1950 yn ceisio perswadio rhai o gyhoeddwyr llyfrau plant Lloegr i ganiatáu cyfieithiadau neu fersiynau

Cymraeg o rai o'u testunau. Fe lwyddwyd i berswadio
Cwmni Collins a'r canlyniad fu ymddangosiad cryn ugain o
deitlau Cymraeg wedi eu troi o'r Saesneg a hynny yn bennaf
gan y Prifardd John Eilian.

Erbyn Gorffennaf 1951 roedd datblygiad arall
tyngedfennol wedi digwydd, sef sefydlu Pwyllgor Llyfrau
Cymraeg fel un o is-bwyllgorau Pwyllgor Addysg Sir
Aberteifi gyda'r argymhelliad y dylid gwario £2,000 ar
hyrwyddo ysgrifennu, darlunio a chyhoeddi llyfrau Cymraeg
i blant. Fe fu problemau ynglŷn â chyfreithlonrwydd y
gwariant hwn ond stori arall yw honno ac mae wedi ei
hadrodd yn llawn yn *Yr Hedyn Mwstard*. Yr hyn sy'n bwysig
inni gofio yw fod Alun R Edwards, trwy Bwyllgor ei lyfrgell
a thrwy Bwyllgor Addysg Sir Aberteifi, wedi dechrau taclo'r
broblem o brinder llyfrau Cymraeg i blant a gwneud hynny
ar lefel cwbl leol. Roedd hefyd wedi dechrau trefnu
cynadleddau i hybu awduron lleol ei sir er mwyn cynyddu'r
ddarpariaeth. Ac yn fwy diddorol na dim i ni heddiw, roedd
wedi honni mewn sgwrs radio ym 1950 y dylid 'creu corff
annibynnol i hybu cyhoeddi llyfrau Cymraeg er mwyn
llanw'r bwlch ac er mwyn adnewyddu diwylliant
dwyieithog; ac y gellid disgwyl i bob Cyngor Sir gyfrannu
£1,000 tuag ato'.[14] Dyma'r hedyn a dyfodd ddegawd a mwy
yn ddiweddarach yn Gyngor Llyfrau Cymraeg.

Ond er cymaint brwdfrydedd a gweledigaeth y
llyfrgellydd sirol ifanc o Geredigion ni allai ef ar ei ben ei hun,
na chyda holl ewyllys da cynghorwyr a swyddogion ei sir
enedigol, ddatrys problemau tymor byr y diwydiant
cyhoeddi yng Nghymru bryd hynny, sef costau cynyddol
argraffu a phrinder papur. Roedd hon yn broblem i Gymru
gyfan. A'r corff a aeth i'r afael â hi oedd yr Undeb Gwerthu a
Chyhoeddi Llyfrau Cymraeg[15] dan ysgrifenyddiaeth egnïol y
sawl a ddygodd yr Undeb i fod yn y lle cyntaf, R E Griffith.
Gan fod R E yn gwybod mwy na neb am gyflwr y fasnach
lyfrau fel Cyfarwyddwr Urdd Gobaith Cymru a threfnydd yr
Ymgyrch gwerthu llyfrau blynyddol, roedd yn argyhoedd-
edig fod yn rhaid apelio am help gan y llywodraeth ganolog.

A dyna a wnaed. Cyflwynodd yr Undeb Gwerthu a Chyhoeddi Llyfrau Cymraeg femorandwm i Gyngor Cymru a Mynwy ym Mehefin 1951 yn pwysleisio difrifoldeb y sefyllfa a'r anobaith a deimlai cyhoeddwyr Cymru. Roedd y Cyngor hwnnw wedi ei sefydlu ym 1948 gyda'r 'cyfrifoldeb o gynghori'r llywodraeth ar faterion yn ymwneud â Chymru; ni roddwyd unrhyw bwerau iddo, ffaith a barodd rwystredigaeth gynyddol i Huw T Edwards, ysgrifennydd Undeb y Gweithwyr Trafnidiol a Chyffredinol yn y gogledd a chadeirydd y Cyngor hyd 1958'.[16] Ni fu Huw T Edwards, Cymro diwylliedig oedd yn llwyr amgyffred difrifoldeb y sefyllfa, yn hir cyn gweithredu ac fe geir cipolwg diddorol ar beth o gefndir y cyfnod hwn mewn casgliad o ddogfennau (llythyrau yn bennaf) sydd ym meddiant un o wyresau Huw T Edwards, Mrs Eleri Huws, Tal-y-bont, ac rwy'n ddiolchgar tu hwnt iddi am ganiatáu imi gael golwg ar y casgliad a gwneud defnydd ohono ar gyfer yr astudiaeth hon.

Fe ddanfonodd Huw T Edwards femorandwm yr Undeb ymlaen i'r Swyddfa Gartref ac erbyn Eisteddfod Genedlaethol Llanrwst ddechrau Awst 1951 roedd yn abl i adrodd wrth Undeb y Cyhoeddwyr a'r Llyfrwerthwyr fod Chuter Ede, yr Ysgrifennydd Cartref ar y pryd, yn debygol o sefydlu Pwyllgor bychan i ymchwilio i'r sefyllfa. Bu Huw T Edwards mewn cyswllt agos a chyson â'r Swyddfa Gartref ar y naill law ac â'r Undeb Gwerthu a Chyhoeddi Llyfrau Cymraeg ar y llaw arall ac nid oedd rhai o'r argoelion yn rhy dda. Meddai R E Griffith mewn llythyr at Huw T Edwards ar 5 Medi 1951:

There was a definite feeling amongst the Publishers that the Government had not grasped the Welsh problem, notwithstanding the fact that we had so clearly stressed the matter in our Memorandum, and we also know that you based your case on our behalf on these national grounds. It is, of course, the old, old problem of trying to get the Government to appreciate that we are a distinct nation with a language and culture of our own. Ample reference is made in the enclosed minutes to the dissatisfaction we feel over this matter.[17]

Serch hynny, fe ddarbwyllwyd y Swyddfa Gartref fod angen gweithredu ac ar 20 Hydref 1951 fe gyhoeddwyd warant apwyntiad gan J Chuter Ede yn enwi aelodau'r pwyllgor oedd:

I astudio trefniadau presennol cyhoeddi llyfrau, cylch-gronau a chyfnodolion yn yr iaith Gymraeg, a dwyn adroddiad ar fesurau a fo'n ddymunol ac ymarferol ar gyfer cyflenwi anghenion ysgolion a cholegau Cymru a'r boblogaeth Gymraeg.[18]

Cadeirydd y pwyllgor fyddai A W Ready, cyhoeddwr profiadol a chyfarwyddwr cwmni G Bell & Sons. Y ddau aelod arall fyddai Dr Ifor L Evans, Prifathro Coleg y Brifysgol, Aberystwyth a Goronwy Roberts, Aelod Seneddol Sir Gaernarfon er 1945. Roedd J E Daniel, un o Arolygwyr Ysgolion Adran Gymreig y Weinyddiaeth Addysg, i weithredu fel Ysgrifennydd i'r Pwyllgor ac roedd Huw T Edwards yn hynod falch o hynny. Mewn llythyr at R E Griffith ar 10 Tachwedd 1951 fe ddywed Huw T:

I have expressed the view to him [h.y. J E Daniel] that as far as the future of the Welsh language and the Welsh way of life is concerned, this Committee is the most important that has ever been set up and I have suggested to him that the Council itself might send a deputation to support the claims of the Publishers.[19]

Ac yna fe ychwanega'r frawddeg allweddol hon: 'I have also suggested that there should be set up a body to whom the Treasury may be able to make grants; this is in my view the only way to overcome the difficulty of subsidising'. Yr oedd Huw T Edwards o'r farn hefyd mai camgymeriad fyddai rhoi gormod o gyfrifoldeb dros gyhoeddi llyfrau plant yn nwylo Cyd-bwyllgor Addysg Cymru, 'for they would look upon the matter as a side-line rather than a main issue'. Roedd hyn hefyd yn broffwydoliaeth a wireddwyd i raddau helaeth yn ddiweddarach.

Tra oedd Pwyllgor Ready (fel y daethpwyd i'w adnabod) yn casglu tystiolaeth roedd R E Griffith ar ran y Cyhoeddwyr yn ceisio cael rhyw addewid am fwy o bapur i argraffwyr Cymru gan y Weinyddiaeth Defnyddiau (Ministry of Materials). Yn wir roedd wedi bod ar y trywydd yma fisoedd lawer cyn bod sôn am Bwyllgor Ready gan fod prinder papur yn broblem enfawr i gyhoeddwyr erbyn canol 1951. Ac mewn llythyr at Huw T Edwards ddiwedd Ionawr 1952 mae'n cwyno'n hallt am agwedd y Weinyddiaeth Defnyddiau:

> The Publishers are very concerned indeed over the shabby treatment they have received from the Ministry of Materials.[20]

Roedd misoedd lawer wedi pasio er pan gyflwynwyd cais ar ran cyhoeddwyr Cymru ond ni chafwyd hyd yn oed gydnabyddiaeth o du'r Weinyddiaeth yn Llundain. Ac meddai ymhellach:

> But the worst of it is that time is passing and nothing is being done in official quarters to ease the position of Welsh Publishers.

Yn y llythyr hwn hefyd mae R E yn cyfeirio at femorandwm o eiddo llyfrgellydd Sir Aberteifi yn delio â'r 'feasability of establishing a National Publishing Trust in Wales. I will not enlarge upon this matter now, as you will probably be hearing direct from the Cardiganshire Education Authority'. Diau yn wir fod 'na gysylltu cyson wedi bod rhwng y ddau Edwards, Huw T ac Alun R, a bod cryn ddealltwriaeth rhyngddynt. Yn sicr, fe gyflwynodd Awdurdod Addysg Ceredigion dystiolaeth i Bwyllgor Ready a diau mai syniadau Alun oedd craidd y dystiolaeth.

Erbyn diwedd Mehefin 1952 roedd y pwyllgor wedi cwblhau ei adroddiad ac mewn llythyr at Huw T Edwards mae A W Ready yn maentumio y gellid, o weithredu prif argymhellion yr adroddiad, liniaru cryn dipyn ar broblemau cyhoeddi yn yr iaith Gymraeg ac yn arbennig felly ym maes llyfrau plant ac ysgolion. Ond mae hefyd yn nodi'r peryglon posibl:

> It is, however, one thing to make a report and another to get its recommendations carried out. In this case several Government departments are involved—the Home Office, the Ministry of Education and the Ministry for Planning and Local Government. It seems to me there is some danger of the Report losing its way between the different Government departments. I cannot help feeling that, if Sir David were to give a sufficiently strong directive that he wanted something done with the Report, the civil servants concerned would quickly find it possible to smooth out some of the difficulties in the way.[21]

Yn y llythyr hwn hefyd mae Ready yn cydnabod ei ddiolch i aelodau'r Pwyllgor ac yn arbennig 'a noble effort on the part of our Secretary' yn cyfieithu'r Adroddiad i'r Gymraeg. Ddeuddydd yn ddiweddarach roedd J E Daniel ei hun yn ysgrifennu at Huw T ac yn cyfaddef mai ef a bwysodd ar Ready i sgwennu at Gadeirydd Cyngor Cymru. Yr un yw byrdwn neges J E Daniel yntau:

> Anfonaf yn awr i bwyso gymaint ag a allaf am i chwi wneuthur gymaint ag a allwch chwi, ac y mae hynny yn llawer iawn. Oni cheir gorchymyn oddi uchod megis, sef oddi wrth Syr David ei hun, i'r gweinyddiaethau eraill, y mae'n bur debyg y bodda ein hargymhellion mewn cors o fân-swyddogaeth. Fel y gwelwch gofynnir am rywbeth tu allan i rigolau cyffredin trefn y grantiau ac y mae miloedd o resymau y gallai swyddogion â'u llygaid ar y 'Regulations' eu codi yn ei erbyn. Rhaid cael cledd miniog i dorri trwy'r clymau cordeddog hyn, a chwi a eill beri ei dynnu o'r wain.[22]

Fe fu pwysau, fel y gellid disgwyl, yn ystod misoedd yr haf 1952 i sicrhau y byddai gweithredu ar argymhellion yr

Adroddiad pan gyhoeddid ef. Danfonodd Huw T Edwards at yr Ysgrifennydd Cartref a Gweinidog Materion Cymreig, Syr David Maxwell Fyfe, i ddatgan fod ei Gyngor yn credu fod Pwyllgor Ready wedi gwneud gwaith da gan ychwanegu 'that their recommendations are deserving of immediate and sympathetic consideration':

> It appears to me that they have recommended the only successful approach to what is a very difficult problem, i.e. the setting-up of a Welsh Books Foundation.[23]

Roedd Huw T yn ffyddiog y gellid cael cefnogaeth Awdurdodau Lleol Cymru a llawer o Gymry alltud, yn enwedig Cymry Gogledd America, i hybu'r Gronfa Lyfrau Gymraeg. Onid oedd gan y Cymry hynny ddyled i hen wlad eu tadau? Ond prif fyrdwn llythyr Cadeirydd Cyngor Cymru at yr Ysgrifennydd Cartref oedd y dylai'r llywodraeth roi arweiniad cadarn a dangos faint eu hewyllys da trwy roi'r Gronfa ar ei thraed yn ariannol. Roedd angen 'a good send-off and breathing space to build up the necessary good-will':

> If the Government could see its way clear to make a donation covering the first five years, to the extent of say £125,000, the likelihood is that the Foundation would then have received the right sort of impetus and would not require to make further appeals at the end of five years to the National Exchequer.

Roedd yr awgrym yma, wrth gwrs, yn mynd yn llawer pellach na dim a argymhellwyd yn yr Adroddiad swyddogol!

Fe ymddangosodd Adroddiad Ready yn Hydref 1952, flwyddyn union ar ôl i'r Pwyllgor ddechrau ar ei waith. Yr oedd bryd hynny, ac y mae hyd heddiw, yn Adroddiad pwysig yn hanes yr iaith Gymraeg. Dyma, er enghraifft, y tro cyntaf erioed i'r llywodraeth ganolog roi ystyriaeth fanwl i'r fasnach lyfrau Gymraeg a'r tro cyntaf i'r syniad o nawdd o ffynhonnell gyhoeddus gael ei estyn i'r diwydiant cyhoeddi yng Nghymru. Fe geir yn yr adroddiad hefyd ddarlun cryno o'r argyfwng ym myd cyhoeddi Cymraeg. Rhestrir a dadansoddir y rhesymau economaidd a diwylliannol dros bryderu am ddyfodol y diwydiant yn ddiamwys a deheuig. Mae 'na adrannau cyfan o'r Adroddiad y talai inni heddiw, dros ddeugain mlynedd yn ddiweddarach, eu hystyried, yn arbennig pan faentumir pwysigrwydd y diwylliant print i iechyd unrhyw genedl. O golli gafael ar y diwylliant hwnnw, meddai Adroddiad Ready, ni fyddai gobaith i'r iaith ychwaith:

> Nid diwylliant heb lyfrau; hebddynt ni sicrheir na pharhad na thwf diwylliant cenedl. Cenedl heb wreiddiau yw cenedl heb lyfrau, a'i thynged yw colli'i hunaniaeth a chyda hynny ei gallu i gyfrannu i stôr cyffredin gwareiddiad . . .

> Pe darfyddai am gyhoeddi Cymraeg, buan hefyd y darfyddai am yr iaith fel cyfrwng diwylliant, ac ni cheid i'w dilyn namyn bratiaith sathredig a diurddas, heb ach ac heb hâd.[24]

Mae'r Adroddiad hefyd yn nodi mor bwysig oedd gweithredu ar lefel genedlaethol gan mai 'yn y bôn gwaith i'r genedl gyfan, pa un ai Cymraeg ai Saesneg a siaredir, ac i'r genedl fel cyfangorff ac nid fesul siroedd neu awdurdodau unigol, yw'r gwaith o ddarparu llyfrau Cymraeg ar gyfer ysgolion Cymru. Priodol felly ei gyflawni trwy gorff cenedlaethol canolog'.[25]

Does ryfedd felly mai prif argymhelliad yr Adroddiad oedd y dylid sefydlu:

> Cronfa Lyfrau Gymraeg yn bennaf i gyflenwi'r Awdurdodau Addysg â llyfrau Cymraeg ar gyfer ysgolion, ond a chanddo allu, dan amgylchiadau arbennig, i hybu cyflenwad cyffredinol llyfrau Cymraeg.[26]

I gynnal y Gronfa fe fyddai angen sicrhau oddeutu £40,000 y flwyddyn am y pum mlynedd cyntaf ac roedd yr incwm yma 'i ddod yn rhannol o arian llywodraeth leol, ac yn rhannol o arian y llywodraeth ganol . . . Dylai pob Awdurdod Lleol fod yn rhydd i gyfrannu un ai allan o'r trethi neu o incwm Arian y Degwm'.[27] Roedd argymell egwyddor o sicrhau nawdd uniongyrchol o du'r llywodraeth ganol tuag at lyfrau Cymraeg, ac yn arbennig llyfrau Cymraeg ar gyfer ysgolion, yn gam pwysig yn hanes cyhoeddi diweddar yng Nghymru. Dyna yn sicr gyfraniad mwyaf a phwysicaf Adroddiad Ready. Ac mae'n ddiddorol erbyn hyn nodi fod yr 'argymhellion eraill' na fu rhyw lawer o sôn amdanynt na thrafod arnynt ar y pryd yn rhai oedd o'r pwys mwyaf yng nghyd-destun iechyd y diwydiant yn gyffredinol. Fe ddylid, meddai'r Adroddiad, roi mwy o sylw i lyfrau Cymraeg trwy drefnu 'Arddangosfa Genedlaethol Llyfrau Cymraeg', a chael 'mwy o hysbysebu cyffredinol o'r math "Darllenwch Lyfrau Cymraeg".' Ac fe gofnodwyd am y tro cyntaf mewn adroddiad swyddogol o eiddo'r llywodraeth y syniad o 'sefydlu canolfan ('clearing house') i lyfrau Cymraeg'.[28]

Roedd Pwyllgor Ready yn weddol bendant ynglŷn â'r modd y dylai'r Gronfa Lyfrau Gymraeg gael ei sefydlu a'i gweinyddu. Gellid disgwyl i Gyd-bwyllgor Addysg Gymru 'ddarparu'r ystafelloedd angenrheidiol' a byddai gan y sefydliad hwnnw ynghyd ag Adran Addysg y Brifysgol a Chyngor Cymru a Mynwy gynrychiolwyr ar y corff bychan a fyddai'n rheoli'r Gronfa. Fe fyddai ar y corff hwnnw hefyd aelodau wedi eu dewis gan y Gweinidog Addysg a'r Gweinidog Materion Cymreig. Ni fyddai arno unrhyw un yn cynrychioli cyhoeddwyr Cymru nac unrhyw Adran arall o'r fasnach lyfrau. Ac mae'n ddiddorol sylwi fod Pwyllgor Ready wedi gwrthod ar unwaith un o brif argymhellion y memorandwm a ddanfonwyd i'r Ysgrifennydd Cartref ym Mehefin 1951:

> Gwrthodasom yn ddioed gais gwreiddiol memorandwm yr Undeb am gymorth ariannol uniongyrchol, am fod yr egwyddor yn beryglus ac anymarferol.[29]

Er mwyn ceisio sicrhau'r cyhoeddusrwydd mwyaf posibl i'r Adroddiad, fe drefnodd Anrhydeddus Gymdeithas y

Cymmrodorion ynghyd â Chyngor Cymru a Mynwy a Chyd-
bwyllgor Addysg Cymru gynhadledd undydd i drafod y
prif argymhellion a chynhaliwyd honno yn Llandrindod ar
21 Tachwedd 1952. Cafwyd adroddiadau manwl yn *Y Cymro*
a'r *Faner* a llawer o bapurau rhanbarthol a lleol Cymru a'r
cyfan yn sôn am araith feistrolgar a grymus y prif siaradwr
gwadd, Syr Emrys Evans, Prifathro Coleg y Brifysgol Bangor.
Fe dynnodd y Prifathro ddarlun tywyll iawn o ragolygon yr
iaith Gymraeg oni wneid rhywbeth ar fyrder i hyrwyddo
cyhoeddiadau Cymraeg. Yn ôl adroddiad *Y Cymro* yr
wythnos ddilynol:

> Soniodd Syr Emrys am fitaminau'r bywyd a'r diwylliant
> Cymreig, yr elfennau bywydol a ddibynnai ar eu porthi a'u
> meithrin os oedd y genedl i fyw. Llyfrau a llenyddiaeth
> Gymraeg oedd yn mynd i wneud hynny. Hebddynt,
> byddai i'r iaith, sy'n 1,500 mlwydd oed, ddiflannu. Nid
> marw'n esmwyth mewn unnos fyddai ei thynged, meddai
> ef, ond dirdynnu marw mewn pangfeydd dros gyfnod o
> flynyddoedd ac yr oedd hynny'n llawer gwaeth.[30]

Aeth y Prifathro rhagddo hefyd i nodi'r dylanwadau
estron oedd yn bygwth Cymreictod:

> Roedd Cymru a'i phethau gorau mewn argyfwng, meddai
> Syr Emrys Evans, a'r ffordd i fuddugoliaeth oedd creu
> mwy o lenyddiaeth wych, cyhoeddi rhagor o lyfrau
> Cymraeg ar gyfer ysgolion a sicrhau bod marchnad iddynt.

Mae'n sicr i araith rymus y Prifathro gael cryn ddylanwad
ar y cynadleddwyr ac roedd cryn unfrydedd ynglŷn â
chefnogi prif argymhellion Adroddiad Ready. Ond nid
unfrydedd llwyr. Roedd John Eilian o'r farn mai
camgymeriad fyddai sefydlu cronfa ganolog ac mai'r hyn
oedd ei wir angen oedd:

> . . . pwyso ar awdurdodau lleol i wneud cyfraniadau
> arbennig i ysgolion Cymreig i brynu llyfrau Cymraeg . . .

Ni chredai ef fod dim o'i le ar gyhoeddi Cymraeg, fel y mae pethau ar hyn o bryd. Yn ei farn ef, y cynllun mwyaf effeithiol fyddai i awdurdodau lleol gyfrannu'n ddigonol fel y gallai ysgolion brynu llyfrau Cymraeg. Dim ond dau gefnogwr a gafodd John Eilian.[31]

Er bod mwyafrif llethol cynadleddwyr Llandrindod wedi rhoi sêl eu bendith ar brif argymhellion Adroddiad Ready, nid oedd pawb o bell ffordd yn hapus. Roedd rhai o athrawon Sir Aberteifi wedi cynnal cwrs penwythnos ym Mhlas y Cilgwyn ar 14 a 15 Tachwedd 1952 (wythnos cyn Cynhadledd Llandrindod) ac wedi gwyntyllu Adroddiad Ready yn fanwl. Fe basiwyd saith o benderfyniadau yn y Cilgwyn a'r cyfan yn awgrymu gwelliannau i Adroddiad y llywodraeth. Mae'n amlwg mai'r ofn mwyaf oedd y byddai'r Gronfa Lyfrau Gymraeg a argymhellwyd gan Ready yn mynd i ddwylo biwrocratiaid na fyddent o reidrwydd yn llawn ddeall y sefyllfa. Roedd yn bwysig felly:

1. Ein bod fel cynhadledd yn rhoddi bendith ar yr adroddiad hwn cyn belled ag y mae'n myned.
2. Fod Pwyllgor y Gronfa yn cynnwys aelodau fydd eu gwybodaeth o lyfrau Cymraeg yn eang a'u diddordeb yn iaith a diwylliant Cymru yn ddirfawr.
3. Fod y Gronfa Lyfrau Gymraeg i'w sefydlu yn Ebrill 1953 —ar ddechrau'r flwyddyn ariannol.
4. Fod angen pennaeth profiadol i weinyddu'r cynllun.
5. Ein bod i apelio ar i Sir Aberteifi roi arweiniad i'r Awdurdodau eraill drwy gyfrannu'r dreth geiniog i gyd ac hefyd swm a awgrymir o arian y degwm.[32]

Er mai cynhadledd athrawon oedd hon mae'n gwbl amlwg o'r argymhellion uchod fod Alun R yno hefyd! Ac ar 26 Tachwedd 1952 mae Alun mewn llythyr at Huw T Edwards yn mynegi pryder arall ynglŷn ag Adroddiad Ready:

Ond, beth am anghenion y darllenwyr hŷn sydd wedi eu hanghofio yn y Papur Gwyn? Fe roddwyd awgrym gennych yn Llandrindod fod eich Cyngor chwi yn fyw i'r broblem arbennig hon. Beth debygwch chwi yw'r cam nesaf i ni wneud fel Pwyllgor?[33]

Nid Alun Edwards yn unig a fynegodd ei siom wrth Gadeirydd Cyngor Cymru. Yn Ionawr 1953 fe luniwyd memorandwm arall gan yr Undeb Gwerthu a Chyhoeddi Llyfrau Cymraeg yn mynegi cefnogaeth gyffredinol i argymhellion Ready ond yn mynegi'r pryder fod buddiannau llyfrwerthwyr Cymru wedi cael rhy ychydig o sylw yn yr Adroddiad hwnnw. Ac roeddynt hefyd o'r farn fod canolbwyntio cymaint ar anghenion llyfrau ysgol a hynny ar draul llyfrau cyffredinol yn gam peryglus. Dyna hefyd, yn ddiddorol iawn, oedd safbwynt y gŵr a weithredai fel Ysgrifennydd Cyngor Cymru a Mynwy, J L Palmer. Mewn llythyr at Huw T Edwards fe grisialodd ei bryderon ef ei hun yn ogystal â phryderon llawer un arall:

> It seems to me that while the school-books scheme must clearly be the main support of the Foundation, we can easily become too obsessed with this aspect, and it is unfortunate, I think, that the Ready Committee gave so little attention to the more general part of their terms of reference, and in what they did say about general activities did not seem anxious to make the Foundation a central feature. There is a danger, consequently, of the Foundation becoming a bit of Ministry of Education machinery, and this would ruin the conception.[34]

Roedd hwn yn ddadansoddiad craff iawn o eiddo Palmer oherwydd dyna yn union a ddigwyddodd. Fe ddaeth y syniad o Gronfa Lyfrau Gymraeg yn fater dadlau o fewn y Weinyddiaeth Addysg. Awgrym Syr Ben Bowen Thomas, Prif Swyddog Adran Gymreig y Weinyddiaeth Addysg, oedd mai canolbwyntio ar gynhyrchu llyfrau ar gyfer ysgolion y dylid ei wneud yn ystod y pum mlynedd cyntaf a hynny trwy'r corff oedd eisoes ar gael, sef Cyd-bwyllgor Addysg Cymru. Meddai mewn llythyr at Huw T Edwards yn Ionawr 1953:

Would it not be an act of statemanship to ask the W.J.E.C., as the body being responsible, to devise ways and means of implementing the Ready Report insofar as they are concerned with schools, and let the formation of the General Books Foundation be regarded as the next step.[35]

Fe fyddai'r cam cyntaf (sef gweithredu'r argymhellion ynglŷn â'r llyfrau i ysgolion) yn cymryd o leiaf bum mlynedd, yn ôl Syr Ben. Wedyn, ar ôl sicrhau gwell darpariaeth ar gyfer plant a meithrin eu harchwaeth at ddarllen llyfrau Cymraeg, fe ellid symud ymlaen i sicrhau gwell darpariaeth ar gyfer oedolion. Ond i Alun Edwards a llawer eraill o garedigion yr iaith yr oedd y syniad o aros pum mlynedd cyn ceisio diwallu anghenion darllenwyr hŷn am lyfrau Cymraeg yn wrthun.

Ddeunaw mlynedd yn ddiweddarach ac yntau'n gweld pethau'n gliriach, o bosibl, fe fynegodd Alun ei ddirfawr siom ynglŷn ag Adroddiad Ready:

> Rwy'n cofio dweud pethau mawr am Bwyllgor Ready fel rhyddhad i'm siom a sylweddoli yn y diwedd fy mod yn gwastraffu fy adnoddau ac amser i wneud dim byd ond protestio. *Paham y methodd y Pwyllgor ag achub y cyfle a dynion gorau Cymru yn aelodau ohono?* Diffyg gweledigaeth? Efallai, oni ddisgwyliem, fel arfer, setlo problemau mawr dros nos fel gwyrth. Diffyg paratoi a chynllunio pendant ymlaen llaw? Efallai, gan fod hwn ac arall wedi cynnig pob math ar atebion ond neb wedi gwneud astudiaeth wyddonol. Diffyg Arbrofion—doedd dim arbrofion bach yn unman i brofi llwyddiant. *Y prif reswm oedd diffyg cyfundrefn a chymdeithasau a fyddai'n sefyll yn unig dros lyfrau Cymraeg ac yn barod i ymladd dros hynny.*[36]

Fe wyddom bellach mai safbwynt Syr Ben Bowen Thomas a orfu ac mai canolbwyntio bron yn gyfan gwbl ar ddiwallu'r angen am lyfrau Cymraeg i ysgolion a wnaed yn dilyn cyhoeddi Adroddiad Ready. Mae'r modd y digwyddodd hynny wedi ei adrodd eisoes yn weddol gyflawn yn *Yr Hedyn*

Mwstard a mannau eraill. Ni fu sôn am gymhorthdal i lyfrau oedolion tan 1956 pan benderfynodd y llywodraeth roi grant blynyddol o £1,000 i gyhoeddwyr Cymru a hwnnw i'w ddosbarthu gan Wasg y Brifysgol. Bu'n rhaid felly i Alun R Edwards ac eraill ailystyried o ddifri eu tactegau yn gynnar ym 1953. Os na ddeuai gwaredigaeth yn fuan trwy'r system swyddogol fe fyddai'n rhaid creu system newydd, wahanol a fyddai'n ateb gwir anghenion pobl Cymru am lyfrau Cymraeg. Parhaodd Pwyllgor Addysg Sir Aberteifi i frwydro'n arwrol ym maes llyfrau plant ac erbyn 1 Mai 1953 roedd grŵp o Gymry gwlatgar yn Llundain wedi sefydlu Cymdeithas Llyfrau Cymraeg (Clwb Llyfrau Llundain) a oedd i gael dylanwad pellgyrhaeddol ar ddyfodol y fasnach lyfrau yng Nghymru. Stori arall ddiddorol yw honno ac un sydd bellach wedi ei chofnodi'n fanwl a difyr gan Emlyn Evans, ysgrifennydd y gymdeithas newydd yn Llundain.[37]

Cyn gadael 1952 efallai y dylem atgoffa'n hunain nad oedd y sefyllfa cynddrwg ag y maentumiai Syr Emrys Evans yn ei anerchiad yng nghynhadledd Llandrindod. Yn eironig rhywfodd, o gofio'r darogan gwae ar y pryd, fe gyhoeddwyd cyfanswm o 111 o deitlau yn ystod 1952. Un o'r rheiny, wrth gwrs, oedd *Adroddiad y Pwyllgor Cyhoeddi Llyfrau Cymraeg*. Go brin fod neb, ac eithrio ambell fyfyriwr, yn talu unrhyw sylw i hwnnw bellach! Ond mae rhai o'r llyfrau eraill a ymddangosodd yn ystod y flwyddyn arbennig honno bellach ymhlith rhai o glasuron yr iaith.

Daeth o Wasg Prifysgol Cymru gnwd sylweddol o lyfrau ysgolheigaidd—yn eu plith *Y Treigliadau a'u Cystrawen* (T J Morgan), *Dulliau'r Canu Rhydd*, 1500-1650 (Brinley Rees) a champwaith Thomas Parry, *Gwaith Dafydd ap Gwilym*. Dyma flwyddyn cyhoeddi *Crwydro Ceredigion* (T I Ellis), y cyntaf yng nghyfres enwog Llyfrau'r Dryw ac o hen Wasg y Brython fe gafwyd *Gyda'r Blynyddoedd*, hunangofiant y llenor toreithiog E Tegla Davies. Gwasg Gee a gyhoeddodd *Cerddi'r Gaeaf*, ail gyfrol hirddisgwyliedig R Williams Parry ac o Wasg Aberystwyth daeth *Cyn Oeri'r Gwaed*, y casgliad o ysgrifau a enillodd y Fedal Ryddiaith i Islwyn Ffowc Elis yn Eisteddfod

Genedlaethol Llanrwst flwyddyn ynghynt. A'r cyfan (ac eithrio cyfrolau Gwasg Prifysgol Cymru, efallai) yn ymddangos heb gymhorthdal na grant na nawdd! Rhyfedd o fyd.

Nodiadau

[1]*Cylchgrawn Llyfrgell Genedlaethol Cymru* XIII, 1963-64, t.306.

[2]Gweler David Jenkins, 'Braslun o Hanes Argraffu yn Sir Aberteifi' yn *Journal of the Welsh Bibliographical Society* VII, 1950-53, t.189.

[3]Meic Stephens, gol., *Cydymaith i Lenyddiaeth Cymru*. Caerdydd, Gwasg Prifysgol Cymru, 1986, t.20.

[4]*Cylchgrawn Llyfrgell Genedlaethol Cymru* XIII, 1963-64, t.306.

[5]*Y Gymraeg mewn Addysg a Bywyd*. Llundain, HMSO, 1927, par.214.

[6]*ibid.*, par.215.

[7]*ibid.*, par.195.

[8]*ibid.*, par.283.

[9]*ibid.*, par.189.

[10]Rhisiart Hincks, *E Prosser Rhys, 1901-1945*. Llandysul, Gwasg Gomer, 1980, tt.176-177.

[11]R E Griffith, *Urdd Gobaith Cymru I, 1922-1945*. Aberystwyth, Urdd Gobaith Cymru, 1971, t.227.

[12]*ibid.*, t.316.

[13]Alun R Edwards, *Yr Hedyn Mwstard*. Llandysul, Gwasg Gomer, 1980, t.51.

[14]*ibid.*, t.49.

[15]Undeb Gwerthu a Chyhoeddi Llyfrau Cymraeg yw'r teitl a fabwysiadwyd ym 1945 a dyna yw'r geiriad ar lythyrau swyddogol yr Undeb ac ar gatalogau'r ymgyrchoedd llyfrau. Ond erbyn cyhoeddi Adroddiad Ready ym 1952 fe'i rhestrir fel Undeb Cyhoeddwyr a Llyfrwerthwyr Cymru.

[16]John Davies, *Hanes Cymru*. Llundain, Allen Lane, 1990, t.599.

[17]Casgliad Huw T Edwards. Llythyr REG at HTE, 5 Medi 1951.

[18]*Report of the Committee on Welsh Language Publishing: Adroddiad y Pwyllgor Cyhoeddi Llyfrau Cymraeg*. London, HMSO (Cmd.8661), 1952, ii, t.17.

[19]Casgliad Huw T Edwards. Llythyr HTE at REG, 10 Tachwedd 1951.

[20]*ibid*. Llythyr REG at HTE, 29 Ionawr 1952.

[21]*ibid*. Llythyr AWR at HTE, 26 Mehefin 1952.

[22]*ibid*. Llythyr JED at HTE, 28 Mehefin 1952.

[23]*ibid*. Llythyr HTE at DMF, 4 Gorffennaf 1952.

[24]*Adroddiad y Pwyllgor Cyhoeddi Llyfrau Cymraeg*, 1952, par.11 a 12.

[25]*ibid*., par.30.

[26]*ibid*., par.46(i).

[27]*ibid*., par.46(ii).

[28]*ibid*., par.47(iii).

[29]*ibid*., par.24.

[30]*Y Cymro*, 28 Tachwedd 1952.

[31]*ibid*.

[32]Casgliad Huw T Edwards. Penderfyniadau Athrawon Sir Aberteifi (Plas y Cilgwyn), 14 a 15 Tachwedd 1952.

[33]*ibid*. Llythyr ARE at HTE, 26 Tachwedd 1952.

[34]*ibid*. Llythyr JLP at HTE, 14 Mawrth 1953.

[35]*ibid*. Llythyr BBT at HTE, 23 Ionawr 1953.

[36]Alun R Edwards, *Teledu a Llyfrau*. Abertawe, Gwasg John Penry, 1970, t.3.

[37]Emlyn Evans, *O'r Niwl a'r Anialwch*. Dinbych, Gwasg Gee, 1991.

GWEITHGARWCH A CHYFRANIAD ADRAN LLENYDDIAETH CYNGOR CELFYDDYDAU CYMRU 1967-90

R Brinley Jones

I

Ddeugain mlynedd yn ôl, bron, daeth yr enw Cyngor y Celfyddydau yn rhan o eirfa noddi llenyddiaeth yng Nghymru. Yn y flwyddyn ariannol 1953-4 dyfarnwyd gwobrau gwerth rhyw £250 i Bobi Jones, R Williams Parry a Roland Mathias. Hyd 1967, prif gyfraniad y Cyngor oedd noddi darlleniadau o farddoniaeth a chynnig mân wobrau i awduron a grantiau i gylchgronau—*Taliesin* a ymddangosodd gyntaf ym 1961 dan olygyddiaeth Gwenallt ac, o 1965, dan D Tecwyn Lloyd, *Poetry Wales* a gyhoeddwyd gyntaf ym 1965 dan olygyddiaeth Meic Stephens a'r *Anglo-Welsh Review*, yr enw a roddwyd ym 1957 i'r cylchgrawn *Dock Leaves* a sefydlwyd ym 1949 dan olygyddiaeth Raymond Garlick ac, o 1961, dan Roland Mathias. Gwnaed y dyfarn-iadau hyn drwy Banel Drama a Barddoniaeth Cyngor Celfyddydau Prydain Fawr.

Ond ym 1967 daeth tro ar fyd. Troes y Pwyllgor Cymreig o'r prif gorff yn Llundain yn Gyngor Celfyddydau Cymru ac iddo fesur helaeth o annibyniaeth; cynigiwyd nawdd i'r celfyddydau yng Nghymru drwy ei bwyllgorau gwahanol sydd bellach yn cynnwys cerddoriaeth ac opera, y celfyddydau gweledol, llenyddiaeth, drama, dawns, ffilm a chrefftau. O 1967 ymlaen gwnaeth y Cyngor gyfraniad arbennig iawn tuag at ddiwylliant Cymru a'r ymwybydd-iaeth o'r diwylliant hwnnw mewn llawer man dros y byd crwn, cyfan. Mae wedi cynnig sêl a sicrwydd, dros dro beth bynnag, i'r diwylliant Cymreig. Ni fu heb feirniadaeth, wrth reswm—ambell un yn haeddu rhagor o sylw nag a gafodd ac ambell un yn haeddu llai, o bosib, o edrych tuag yn ôl—ond ar y cyfan heb os nac oni bai bu cyfraniad Cyngor y

Celfyddydau yn ei holl agweddau o gymorth aruthrol i egni diwylliannol Cymru. Ni fu llenyddiaeth heb ran nodedig yn y cyfraniad hwnnw. 'Welsh literary life has been transformed by the arrival of a separate Welsh Arts Council', meddai sylwebydd y *Times Literary Supplement* ym mis Medi, 1969.

Wrth gwrs, nid peth newydd yw cynnig nawdd i'r celfyddydau. Tybed sut rai fyddai orielau ac adeiladau'r Eidal oni bai am nawdd y gorffennol? Oni bai am deulu'r Medici—y noddwyr *par excellence*—tybed faint o athrylith Donatello, Filippo Lippi, Fra Angelico, er enghraifft, fyddai wedi diflannu heb sylw, heb gydnabyddiaeth? Ac i ddod yn nes adref: faint o lewyrch a fuasai ar ganu Beirdd y Tywysogion a Beirdd yr Uchelwyr oni bai am nawdd y teuluoedd pwerus a thirfeddiannol a'u cyflogai? Roedd y cyfnod hwnnw pan oedd llenydda yn grefft broffesiynol yn gyfnod arbennig yn hanes ein llenyddiaeth. Pan ddaeth diwedd ar y nawdd a her yr oes newydd yn yr unfed ganrif ar bymtheg, wynebai'r Gymraeg a'i llenyddiaeth argyfwng arall—cystadleuaeth iaith a dyfai'n un o ieithoedd mawr y byd ac a gynyddai gyda grym gwleidyddol ei chynheiliaid. Ni ddiflannodd nawdd yn gyfan gwbl, wrth gwrs, ond rhywbeth a gynigid yn achlysurol ydoedd a phrin ei fod yn ddigon i gynnal dosbarth proffesiynol o awduron. Gresynai Ieuan ab Wiliam ap Dafydd ab Einws o Bowys nad oedd y fasnach lyfrau i'w chymharu â'r un yn Lloegr ac, o'r herwydd, cyfansoddodd lyfr rhwng 1544 a 1552 'ar i gost i hyn i gael o bobyl ddifyrwch o hono a lles yw heneidiav'. Addewid go sylweddol a geid yn ewyllys Syr Edward Stradling o Sain Dunwyd, 'Whereas there were printed at my expense twelve hundred and fifty British grammars', hynny yw gwaith y Dr John Davies, Mallwyd, . . . ond anaml, bellach, y ceid y fath haelioni. Gwaethygodd pethau gyda thwf y Saesneg, diflaniad nifer o'r Cymry, trai ar y tai crefydd a diffyg system addysg Gymreig. Ond yr oedd y gydwybod Gristnogol, gymdeithasol, yr 'awen' a'r awydd i anfarwoli, mynegi, perfformio, yn ddigon nerthol i sicrhau parhad y traddodiad llenyddol. Er hyn, gellir gofyn rhai cwestiynau: a fyddai pererindod Goronwy Owen wedi bod yn esmwythach pe buasai nawdd ar gael . . . ac a fyddai Daniel Owen wedi medru ymlacio pe buasai'r brethyn a'r bregeth wedi hawlio llai ar ei amser? Wrth reswm, cwestiynau rhethregol yw'r rhain ac y mae dadl sy'n dweud mai anawsterau sydd yn rhyddhau'r adrenalin weithiau. Ond hanes yr amaturiaid o ran statws fu hanes yr awduron yng Nghymru—a phrin fu'r cyfle i'r un dawnus a oedd wrth ei alwedigaeth yn gorfod dwyn pwys a gwres y dydd, fedru fforddio'r amser a'r egni i ddarllen a chyfansoddi. Mae'n dal yn syndod gymaint a gyflawnwyd o gofio brinned y gynulleidfa a chyn lleied y marchnata. Bellach mae aml-wynebedd diwylliant ail hanner yr ugeinfed ganrif—teledu yn ei ganol—yn ychwanegu at y gystadleuaeth a'r sialens. Tybed a fydd haneswyr y dyfodol yn casglu mai dod mewn pryd—*just* mewn pryd—y gwnaeth y Cyngor i gynnig yr ychydig rhagor o faeth, peth hamdden, a gronyn o galondid?

Mae'n anodd gen i gredu y bydd neb yn gwarafun gair o ddiolch i'r Cyngor am sefyll yn yr adwy—'fel y cadwer'—a chofnodi diolch hefyd i'r swyddogion diflino a fu wrthi yn cymell, yn perswadio, yn proffwydo, yn ceryddu, yn dyfarnu, yn ymchwilio, yn pwyso a mesur ac yn dynwared, weithiau, gynlluniau a fu'n llwyddiannus mewn gwledydd eraill.

Beth, felly, fu cyfraniad y Cyngor i'r llenor, i'r llyfr, i'r fasnach lyfrau, i'r darllenydd . . . ac i lenyddiaeth? Bydd rhaid rhoi cyfle i'r gwin sefyll ac i'r gwaddod fynd i'r gwaelod cyn bod modd mesur y cynhaeaf llenyddol. Gwneir hynny yfory, neu drennydd. Nid oedd y Châteauneuf-du-Pape cystal ag y tybiais y byddai ym 1968. Heddiw, yma, dim ond nodi'r gwrtaith, y tyfiant, y costrelu a'r gwerthu a wneir . . . a cheisio labelu peth o gyfraniad y Cyngor yn y broses. Bûm innau'n ddigon ffodus i fod yno, yn dyst o'r plannu yn y blynyddoedd cyntaf oll: gyda chwarter canrif bron o weithgarwch—a minnau bellach yn sefyll yn segur yn y farchnadfa, y tu allan i wres y winllan—mae'n ddigon teg ceisio mesur llwyddiant y llafur.

II

Awn yn ôl at y llenor gan gofio bod gan y Cyngor ddyletswydd i hybu llenyddiaeth mewn dwy iaith—a'r ddau fynegiant â'u cryfderau, eu gwendidau a'u peryglon gwahanol. Os bu'n anodd i lenyddiaeth Gymraeg ennill dogn o ddarllenwyr i'w chynnal, digon amharod fu'r silff lyfrau Saesneg i gymryd sylw haeddiannol. Prin y byddai neb yng Nghymru bellach yn cytuno â barn yr enwog Samuel Johnson, 'Syr, dim ond twpsyn sy'n llenydda heb dâl'; er hynny, digon teg i'r llafurwr ei gyflog a'i gyfle. Wrth gwrs mae byd y cyfryngau ffasiynol yn ddiweddar—yn radio a theledu—yn cynnig tâl am sgrifennu ond nid yw'r cyfryngau hynny bob amser yn fodd i gynnal llenyddiaeth fel y cyfryw nac wrth fodd ambell lenor. Rhaid wrth grefftwyr proffesiynol nad ydynt wedi eu llyffetheirio gan hualau haearnaidd amser a natur rhaglen. Adnabod crefft, ei chydnabod, ei hanrhydeddu, ei chyhoeddi, ei lledaenu a'i chynnig i'r cyhoedd—dyna fu mandad Pwyllgor Llenyddiaeth y Cyngor. Aed ati mewn gwahanol ffyrdd ac ni fu'r pwyslais heb newid dros y blynyddoedd: tyfai cynlluniau newydd a disodlid eraill—ond bob tro gan obeithio eu bod o fudd i'r awdur. Ni wnaed ymdrech yn y llith yma i ddynodi dyddiadau ar gyfer pob menter: byddai hynny'n darllen yn union fel Adroddiad Blynyddol!

O'r cychwyn, barnwyd mai iawn fyddai cydnabod crefft a chyflwyno Anrhydeddau'r Cyngor ar ffurf 'anrhydedd' a siec i'r rhai a fu wrthi am gyfnod yn cyfoethogi llenyddiaeth Cymru. Mae'r rhestr o'r enwau a anrhydeddwyd rhwng 1968 a 1976 yn glodwiw: Kate Roberts, Waldo Williams, Saunders Lewis, T H Parry-Williams, John Gwilym Jones, Aneirin Talfan Davies, Euros Bowen, T J Morgan, R S Thomas, David Jones, Jack Jones, Rhys Davies, Glyn Jones, Gwyn Jones, Richard Hughes a Gwyn Thomas y Barri. Ni fyddai neb yn amau iddynt gyflawni siwrnai dda yng ngwaith y winllan lenyddol: nid yw hynny'n golygu nad oes gan bawb ohonom ei labrwr ei hunan a haeddai le yno. Ond hollti gwinwydd fyddai hynny.

Cydnabyddiaeth arall i awduron oedd dyfarnu gwobrau blynyddol a hynny o gynhaeaf blwyddyn flaenorol—dewis y gwin gorau ac nid yn unig ei wobrwyo ond, yn sgil hynny, roddi cyhoeddusrwydd dyledus iddo . . . a rhyw fathodyn bach ar y clawr yn symbol o'r safon. Ar y dechrau ni roddwyd sylw i gategorïau ffurfiol fel y cyfryw ond yn ddiweddarach dosbarthwyd yn wobr barddoniaeth, rhyddiaith greadigol, llyfr ffeithiol, beirniadaeth lenyddol a gwaith awdur ifanc. Ym mlwyddyn gyntaf y dyfarnu, cynhwyswyd *Meibion Darogan*, Pennar Davies, *Cerddi*, Gwilym R Jones, *A Sense of Europe*, Raymond Garlick a *The Dragon has Two Tongues* gan Glyn Jones. Anodd, os nad amhosibl, yw dewis ffefrynnau o wobrwyon y blynyddoedd—y mae rhestr hir iawn ohonynt. Yn barod, enillodd rhai statws *vintage* yn fy nghyfrif i—*Gwanwyn yn y Ddinas*, Alun Llywelyn Williams, *Cân Galed*, Eirian Davies, *Laboratories of the Spirit*, R S Thomas, *Dros Fryniau Bro Afallon*, Jane Edwards, *Egin*, Donald Evans a *Cadwynau yn y Meddwl*, Gwyn Thomas. Ac y mae rheswm personol iawn dros gofio un a dderbyniodd wobr. Ddiwedd 1986 oedd hi a minnau'n darllen cyfrol Roland Mathias, *A Ride through the Wood*, a hynny ar y trên. Mi wnes i anghofio'r stop . . . colli'r cyfarfod . . . meddwi ar win y goedwig a chynnig llwncdestun tawel i'w grëwr, un o ysgolheigion tyneraf a mwyaf trwyadl Cymru yn hanner olaf yr ugeinfed ganrif. Wfft i'r cyfarfod, ddwedais i!

Menter arall a enillodd gyhoeddusrwydd i fyd y llenor oedd yr un a fabwysiadwyd drwy gydweithrediad y Brifysgol a'r Cyngor: cynnig gwobr llenor rhyngwladol i awdur o fri i ddod i Gymru i annerch, i ddarllen ei waith, i gyfarfod â llenorion. Yr oedd yn gyfle rhagorol i gyfnewid syniadau ac i fedru dangos i awduron tramor o fri beth o gyfoeth diwylliant Cymru—llenyddiaeth yn arbennig. Trwy'r cynllun yma y daeth Eugène Ionesco o Ffrainc, Friedrich Dürrenmatt o'r Swistir, Astrid Lindgren o Sweden, Derek Walcott o India'r Gorllewin a Margaret Atwood o Ganada . . . i Gymru. (Cofier fel y cyfieithwyd Ionesco a Dürrenmatt i'r gyfres *Dramâu'r Byd* a gyhoeddwyd gan Wasg y Brifysgol ar ran y Cyngor. Cyfieithwyd unig nofel Ionesco, *Le Solitaire, Mercure de France,* 1973 'gyda chyfarwyddyd a chaniatâd yr awdur ei hunan' fel y dywed y diweddar John Watkins yn y rhagymadrodd i'w gyfieithiad rhagorol. Cyhoeddwyd y gyfrol honno gan yr Academi Gymreig ym 1982 'gyda chymorth Cyngor Celfyddydau Cymru'. Ac y mae darllen brawddegau megis 'Mae pob gwawr yn ddechreuad neu'n ail-ddechreuad. Mae yna atgyfodiad. Mae marwolaeth yn symud draw, yn mynd i guddio rhag y goleuni. Mae bod y bore'n ddadeni yn rhywbeth amgen na sumbol', yn dangos gymaint o gyfoeth a enillwyd drwy gynllun y trefniant rhyngwladol.) A sôn am gyfnewid syniadau, dyna oedd peth o ddiben cynnig grantiau teithio—weithiau fel cymorth ar y cyd—i awduron gael mynd i wledydd eraill er mwyn profi diwylliant arall ac i gasglu ffeithiau i'w prosiectau ac i 'gynrychioli' Cymru mewn sefydliadau a seminarau. Cyfle i flasu gwinoedd gwahanol. Bu Iwerddon, Iwgoslafia, Gwlad Pwyl, 'yr Undeb Sofietaidd' a Tsiecoslofacia yn boblogaidd. Profiad llesol i Gymru oedd ehangu gorwelion.

Sylweddolodd y Cyngor mor hanfodol bwysig oedd rhyddhau awduron o'u dyletswyddau beunyddiol am gyfnod hyd at flwyddyn er mwyn cyflawni prosiectau penodol. Y syniad y tu ôl i'r cynllun ysgoloriaethau oedd cynnig i lenorion, a oedd eisoes wedi dangos dawn greadigol, gyfle i fyw fel awduron proffesiynol. Rhoes hyn amodau derbyniol i nifer sylweddol o lenorion, yn eu plith Islwyn Ffowc Elis, Rhydwen Williams, John Tripp, T Glynne Davies, Emyr Humphreys, Eigra Lewis Roberts, Alan Llwyd, Nesta Wyn Jones, ac ati, i gyflawni gwaith cofiadwy. Oni bai am y 'rhyddid', pwy a ŵyr—efallai na fyddai eu gweithiau wedi gweld golau dydd.

Ffordd arall o ryddhau o ddyletswyddau bob-dydd oedd cynnig y posibilrwydd o fyw a gweithio mewn sefydliad academaidd a gwnaed hyn, ar delerau gyda gwahanol golegau a'r Brifysgol. Braint i'r rhai hynny ohonom oedd yn ymweld â Gregynog oedd bod yng nghwmni B S Johnson ac

Emyr Humphreys a fu'n gymrodorion y Brifysgol a'r Cyngor.
A chofiwn hefyd am awduron preswyl yn y Colegau—
R Gerallt Jones yn Aberystwyth a Val Warner yn Abertawe, er
enghraifft. A thrwy gydweithrediad y cymdeithasau
Celfyddydau Rhanbarthol (a fu'n amlwg iawn yn y gwaith),
yr Adran Addysg a Gwyddoniaeth a'r Awdurdodau Addysg
lleol ar y dechrau, lansiwyd cynllun Awduron mewn
Ysgolion a ledaenwyd wedyn i gynnwys cylchoedd
gwahanol. Dan y cynllun hwn rhoddid cyfle i gynulleidfa
gyfarfod ag awduron, gwrando arnynt yn traethu ac yn
darllen a thrafod eu gwaith. Datblygiad pellach o hyn oedd y
cynllun awduron preswyl mewn ysgolion a'r gweithdai lleol.
Roedd y cynlluniau hyn yn deffro diddordebau llenyddol yn
y grŵp oedd yn gwrando ac, ar yr un pryd, yn cynnig
cyhoeddusrwydd i'r awdur a'i brocio, o bosib, i sgrifennu
rhagor. Mi welais i Gillian Clarke yn darllen a thrafod ei
gwaith hithau—a phrofiad cyfoethog arbennig oedd hwnnw:
droeon yr es i'n ôl wedyn i ddarllen ei cherddi hi yn *Selected
Poems* a ymddangosodd ym 1985.

Mae'n anodd synied am fywyd llenyddol Cymru heb sôn
am 'gystadlu' ac o bryd i'w gilydd bu'r Cyngor yn cynnig
gwahanol gystadlaethau—barddoniaeth, rhyddiaith, cyfieithu.
Rhoddai hyn gyfle rhagorol i'r rhai ifainc, meddai rhai, ond
siomedig, ar y cyfan, fu ymateb y Cymry Cymraeg, a hynny
efallai oherwydd cystadlaethau'r Eisteddfod Genedlaethol.
Mae enillwyr 1969—*Cannwyll yn Olau*, Nesta Wyn Jones a
Neighbours, Glyn Hughes ar fy silff lyfrau o hyd . . . fel y mae
Storïau Ewrop a olygwyd gan Harri Pritchard Jones ac sy'n
cynnwys ei gyfieithiad campus o *Les Muets* Camus.

Soniwyd eisoes am y cydweithrediad a geid rhwng y
Cyngor a'r Cymdeithasau Celfyddydau Rhanbarthol. Ac i'r
llenor bu sefydlu'r Academi Gymreig yn ddatblygiad o'r
pwys mwyaf. Sefydlwyd yr Academi ym 1959 a daeth yr
adran Saesneg i rym ym 1968. Ei *raison d'être* oedd
gweithredu fel fforwm i awduron i hybu a sicrhau safon ac er
iddi fod yn annibynnol o ran cyfansoddiad oddi ar 1978,
derbyniodd ran sylweddol o'i harian gwario oddi wrth

Gyngor Celfyddydau Cymru gan godi arian hefyd o gyfeiriadau gwahanol. O'i swyddfeydd yn ardal dociau Caerdydd mewn adeilad sydd ychydig yn llai urddasol na'r *Académie Française*, gwnaeth waith campus drwy ei *Bwletin* sydd o ddiddordeb i wŷr llên, ei hysgolion undydd, ei chystadlaethau, ei chynadleddau, ei chyhoeddiadau etc. Nid gormod dweud mai uchafbwynt ei bodolaeth fu cyhoeddi'r *Cydymaith i Lenyddiaeth Cymru* a gasglwyd ac a olygwyd gan Meic Stephens (fersiynau Cymraeg a Saesneg) ac a gyhoeddwyd ym 1986 'gan Wasg Prifysgol Cymru ar ran yr Academi gyda chymorth ariannol Cyngor Celfyddydau Cymru a Chyngor Celfyddydau Prydain Fawr'. (Tebyg oedd y *Companion* ond mai Gwasg Rhydychen a'i cyhoeddodd.) Mae'n waith gorchestol a megis *Y Bywgraffiadur Cymreig*, a ymddangosodd mor bell yn ôl â 1953 yn ei ffurf Gymraeg, mae'n anodd meddwl bellach sut y byddai dyn yn medru byw hebddo. A chyn bo hir daw *Geiriadur Saesneg-Cymraeg* Dr Bruce Griffiths, a mawr y disgwyl am hynny. Daeth cyfres 'Clasuron Cymraeg' (golygydd Gwyn Griffiths), cyfres o adargraffiadau pwysig o fyd yr Eingl-Gymry, a chyfres o gyfieithiadau o gampweithiau llenyddol Ewrop hefyd o'r Academi—a hithau biau'r cylchgrawn deniadol hwnnw *Taliesin*. Mae hyd yn oed clawr *Taliesin*, ar ei newydd wedd, bob amser yn rhoi hwb i'r galon, a hiraeth yn y cof, weithiau.

Er cymaint yr arbrofi â dulliau llenyddol newydd ymysg llenorion Cymru yn ystod yr hanner can mlynedd diwethaf, arhosodd traddodiad y canu caeth yn sicr. Ond er mwyn diogelu'r safonau, sefydlwyd Cymdeithas Cerdd Dafod ym 1976, trefnwyd nifer o weithgareddau, yn llyfrau, eisteddfodau, cynadleddau . . . a chyhoeddwyd *Barddas*, cylchgrawn y gymdeithas; ymddangosodd y rhifyn cyntaf ym 1976 dan olygyddiaeth Alan Llwyd a Gerallt Lloyd Owen. Cyfrifir 'Cyhoeddiadau Barddas' yn arwydd o safon. Braf, er enghraifft, oedd cael cerddi Gwilym R Jones rhwng dau glawr, *Mae Gen i Lyn a cherddi eraill*; yno y gwelais i'r gân i Saunders Lewis:

Un mwy na'r Cymro mwyaf
Aeth i'w fedd ar ddiwedd haf.

Ymddangosodd ym 1986 gyda'r nodyn 'gyda chefnogaeth ariannol Cyngor Celfyddydau Cymru, a chyhoeddwyd y gyfrol hon gyda chymorth y Cyngor'. Yn yr un flwyddyn, gyda'r un 'gydnabyddiaeth' cyhoeddwyd *Cread Crist*, Donald Evans, gyda'r llinell 'am lais mwyalchen yn niwlen y wawr', a dwy gyfrol gan hen gyfeillion—fel minnau yn enedigol o'r Rhondda—*Pedwarawd*, Rhydwen Williams a *Trigain*, Gareth Alban Davies.

Nid wyf wedi cyfeirio at yr holl gynlluniau nawdd a fu ar gyfer awduron—er enghraifft comisiynu ar gyfer y radio, trefnu darlleniadau cyhoeddus ac arddangosfeydd yn ymwneud â llenyddiaeth (enghraifft nodedig oedd yr un ar Wasg Gregynog ym 1974) a noddi darlith un o gymwynaswyr mawr llenyddiaeth Cymru, Yr Athro Gwyn Jones. Aeth y Cyngor ati hefyd, mewn gwahanol ffyrdd, i gefnogi gweithgareddau'r Eisteddfod Genedlaethol. Ond efallai, o'r arbrofion oll, mai *Clywch y Beirdd, Dial-a-Poem*, oedd yr un a afaelodd yn nychymyg Cymru: fe'i lansiwyd gan y Cyngor ym 1970 a thros gyfnod o rai blynyddoedd, bob wythnos, byddai bardd yn recordio un o'i gerddi i'w chlywed dros y ffôn. Cofiaf wrando ar Meirion Pennar, Siôn Eirian, Gwyn Erfyl, Brenda Chamberlain, Dannie Abse a Cyril Hodges (o barchus gof) . . . ymhlith eraill. Roedd hi'n fenter newydd ac yn un lwyddiannus—gymaint felly fel y gwnaed detholiad ohonynt ar ddwy record.

Dyna fras olwg felly ar y gymwynas i'r llenor—rhyw *aperitif* o'r gwasanaeth, heb ryw lawer o fanylion a heb sôn ond ychydig am y llenyddiaeth Saesneg a ddaeth allan o Gymru ac a noddwyd gan y Cyngor. Rydw i am ddweud hynny oherwydd, gyda *Pedwarawd* Rhydwen, fe fydd ambell gân megis 'New-born', John Davies, a'r llinellau:

Since just last week
your eyes

have seen through his.
Trust them

a rhai o gerddi Raymond Garlick yn aros yn rhan o'm
blodeugerdd i.

III

Mae'n anodd credu bod deugain mlynedd a mwy wedi
mynd heibio oddi ar i'r Llywodraeth ganolog sefydlu
pwyllgor dan gadeiryddiaeth Mr A W Ready 'i astudio
trefniadau presennol cyhoeddi llyfrau, cylchgronau a
chyfnodolion yn yr iaith Gymraeg'. Dyma a ddywedwyd yn
yr adroddiad hwnnw: 'Pe darfyddai am gyhoeddi Cymraeg,
buan hefyd y darfyddai am yr iaith fel cyfrwng diwylliant, ac
ni cheid i'w dilyn namyn bratiaith sathredig a diurddas'.
Roedd yn adroddiad o wir bwys—a'i argymhellion yn
bellgyrhaeddol gyda'r syniad o sefydlu corff cenedlaethol i
hybu cyhoeddi llyfrau Cymraeg. Hedyn mwstard. Sefydlu
Pwyllgor Llyfrau Cymraeg gan y Cyd-bwyllgor Addysg i
sicrhau cyflenwad o lyfrau ysgol ac yn sgil hyn sicrwydd o
werthiant: hwnnw'n datblygu'n Gynllun Llyfrau Cymraeg.
Ac wedyn sefydlu rhwydwaith o gymdeithasau llyfrau
Cymraeg er mwyn 'hyrwyddo darllen, ysgrifennu a gwerthu
llyfrau Cymraeg poblogaidd'. Dyna sefydlu Undeb
Cymdeithasau Llyfrau Cymraeg ac yna, ym 1961, cychwyn
yn swyddogol y Cyngor Llyfrau Cymraeg a'i ariannu'n
bennaf gan yr awdurdodau lleol gyda'r nod o 'sicrhau
llenyddiaeth boblogaidd yn Gymraeg ar gyfer darllenwyr
mewn oed o bob math ac oedran'. Hadau mwstard. A
phlannwyd hedyn arall pan wnaeth y Llywodraeth ganolog
benderfynu ym 1956 sefydlu grant blynyddol 'i gynorthwyo
cyhoeddwyr i gyhoeddi llyfrau Cymraeg i oedolion yn unig'.
Mi wyddwn gryn dipyn am weinyddu'r grant: pan own i'n
Gyfarwyddwr Gwasg Prifysgol Cymru—a fu'n rhannu'r
grant hyd nes y cyflwynwyd y gwaith i'r Cyngor Llyfrau—
gwelais achosion o bwyso a mesur gofalus ynglŷn â'r
ceisiadau. Wrth gwrs yr oeddwn i, yn y cyfnod hwnnw,

mewn swydd freiniol. Braint bod yn Gyfarwyddwr gwasg oedd yn medru cyhoeddi llyfrau o safon uchel o ran cynnwys a'u dilladu mewn diwyg cymwys heb orfod colli gormod o gwsg oherwydd problemau marchnata a thalu ffordd. (Bellach mae gweisg prifysgolion wedi gorfod wynebu ystyriaethau'r farchnad a masnach, a gresyn hynny.) Soniaf am hyn er mwyn dangos cymaint y gallwn i werthfawrogi problemau'r cyhoeddwyr eraill yng Nghymru ar y pryd. Pan own i'n dechrau ar fy swydd—ym 1967—dyma Gyngor Celfyddydau Cymru yn estyn rhagor o nawdd ac yn ceisio awgrymu gwahanol ddatblygiadau. Ym 1971/2, ar gais y Cyngor, sefydlodd y Cyngor Llyfrau adrannau golygyddol a chyhoeddusrwydd ac, yn ddiweddarach, adrannau dylunio a marchnata a'r cyfan dan nawdd Pwyllgor Llenyddiaeth Cyngor y Celfyddydau yr adeg honno. Roedd y nawdd yma (yn wahanol i'r nawdd a nodwyd eisoes) yn ateb gofynion cyhoeddi yn y ddwy iaith. Rydw i'n cofio'n iawn, pan own i'n aelod o Gyngor yr Iaith Gymraeg, sylweddoli cymaint o newid a fu yn y byd llyfrau fel canlyniad i'r datblygiadau pwysig o gyfeiriad y Cyd-bwyllgor, Grant y Llywodraeth, y Cyngor Llyfrau a Chyngor y Celfyddydau. A sylweddoli hefyd faint o ansicrwydd a fu yn y diwydiant llyfrau cyn eu bodolaeth hwythau a rhyfeddu at wasanaeth anrhydeddus y rhai fu'n cynnal llenyddiaeth Gymraeg yn y dyddiau hynny. Drwy nawdd—a dychymyg—y 'cyrff' newydd, a thrwy ddyfalbarhad cymwynaswyr mawr megis Alun R Edwards, gweddnewidiwyd y fasnach lyfrau yng Nghymru. Dilyn ambell drywydd ar hynt Cyngor y Celfyddydau, prif ffynhonnell y nawdd a'r dychymyg, y bydd gweddill y bennod yma.

Soniwyd eisoes fel y gwnaeth Cyngor y Celfyddydau gyfrannu at weithgareddau'r Cyngor Llyfrau a rhoi iddo'r modd i gynnig gwasanaethau neilltuol i awduron, cyhoeddwyr a llyfrwerthwyr gyda'i adrannau arbenigol ar olygu, dylunio, cyhoeddusrwydd a marchnata. Ac estyn y gwasanaeth i'r byd Cymreig hefyd. Cyn bod y gwasanaethau hyn ar gael nid oedd modd i'r byd llyfrau ddibynnu ar gorff

canolog i gynnig cyfarwyddyd cwbl broffesiynol. Bellach yr
oedd y cyfarwyddyd hwnnw ar gael i bawb oedd yn ymhél â
llyfrau: bellach yr oedd modd disgwyl i'r safon godi o ran
cynnwys a diwyg—a gwerthu. Yn fras, cynnig ambarél o
wasanaeth, i'r byd llyfrau.

Ond yr oedd gwasanaeth uniongyrchol i'r cyhoeddwyr
hefyd a'r Cyngor yn cynnig cymorthdaliadau ar gyfer
cyhoeddi llyfrau yn Gymraeg a Saesneg a gawsai
gymeradwyaeth gan y Pwyllgor Llenyddiaeth fel gweithiau o
ansawdd llenyddol da a hynny ar sail barn darllenydd neu
ddarllenwyr. Yr oedd rhai amodau ynghlwm wrth y
cymorthdaliadau yma, er enghraifft, cytundeb proffesiynol,
cydnabyddiaeth o nawdd y Cyngor. Mae darllen 'Cyhoeddir
gyda chymorth ariannol Cyngor Celfyddydau Cymru' yn
arwydd o safon ac yn gydnabyddiaeth o nawdd: edrycher ar
y cannoedd o lyfrau a wnaeth elwa ar y cynllun yma.
Rhoddwyd grantiau uniongyrchol hefyd i rai o'r prif
gyhoeddwyr drwy estyn modd iddynt benodi golygyddion
amser llawn . . . a hefyd grantiau cyfansawdd i gynnwys staff,
gweinyddu a gweithgareddau: enghraifft o hyn yw *Poetry
Wales Press* a wnaeth waith arbenigol ym maes llenyddiaeth
Eingl-Gymreig. A gwasanaeth arall oedd cefnogi Prifysgol
Cymru wrth ailgyfodi Gwasg Gregynog.

O sylweddoli mor bwysig yw cylchgronau ym mhrofiad y
Cymry gwelodd y Cyngor yn dda i roi cefnogaeth i'r rhain.
Dyma lwyfan i'r profiadol a'r newydd ac er mwyn sicrhau
bod safonau proffesiynol—megis tâl i gyfranwyr—roedd
cymhorthdal yn wir angenrheidiol. Diddorol yw'r hyn a
ddywedodd un o ohebwyr y *Sunday Times* yn ddiweddar:
'Literary magazines are rarely profitable ventures. So I am
pleased to see that *The London Magazine,* a publication that can
trace its origins to the 1820s, when the essayist William
Hazlitt was a member of staff, is about to be placed on a firm
financial footing.' Os yw hyn yn wir am gylchgrawn Saesneg
o fri gyda chynulleidfa fyd-eang, nid rhyfedd bod
cylchgronau Cymru wedi wynebu anawsterau! Mi ddaeth y
Cyngor i'r adwy. Mae copi yn fy llaw, y funud yma, o rifyn

cyntaf *Planet* yn cynnwys teyrnged i Jack Jones gan Gwyn Jones: 'I am grateful that a Welsh journal allows me to speak of him again' . . . erthygl gan Dafydd Iwan ar 'What I understand by conservation' ac adolygiad gan Dafydd Glyn Jones ar *A Winter in the Hills* gan John Wain—a'r cyfan am 'five shillings' gyda'r cytgan 'We acknowledge the financial support of the Welsh Arts Council'. Dyna fu hanes *Barn* . . . *Y Traethodydd* . . . *Y Faner* . . . *Y Genhinen* ac ati, a nawdd sylweddol iawn wedi'i gynnig i nifer ohonynt.

Gwnaeth y Cyngor, hefyd, gomisiynu llyfrau a chyhoeddi cyfresi megis *Dramâu'r Byd* a'r *Meddwl Modern* (ces i flas arbennig ar lyfr G L Jones yn traethu ar Brecht y 'Stückeschreiber' . . . 'Ysgrifennwr darnau wyf i. Rwy'n dangos/Yr hyn a welais. Ar farchnadoedd dynion/Rwyf wedi gweld sut mae dyn yn cael ei werthu. Hyn/'Rwyf yn ei ddangos, fi, yr ysgrifennwr darnau'.) . . . a'r gyfres ddarluniadol ar hanes llenyddiaeth yng Nghymru (Cymraeg a Chymreig). A dyna'r gyfres *Writers of Wales*: gwell peidio â sôn am honno gan imi (gyda'm cyd-olygydd Meic Stephens) fod wrth y llyw ar hyd y blynyddoedd. Dyma'r gyfres a ddisgrifiwyd yn y *TLS* fel 'slim and elegant'; bellach ar newydd wedd ac amryw o deitlau newydd wedi ymddangos er 1991. A chyfres ragorol *Llên y Llenor* hefyd dan olygyddiaeth y cawr o ysgolhaig gwâr hwnnw, yr Athro Caerwyn Williams; yno dan arweiniad Alan Llwyd yr edrychais i o ddifrif eto ar farddoniaeth R Williams Parry a dechrau gweld y brychau yn ogystal â'r gogoniannau. Dyna hefyd gyfresi poblogaidd *Bro a Bywyd* a *Writer's World*. Mae gweld llun o 'D J y Mabolgampwr' gydag 'Inspector W Thomas' . . . a gweld tystiolaeth T C Edwards, yn ei law ei hun, fod ymddygiad O M 'has been uniformly satisfactory' yn creu rhyw agosatrwydd hyfryd. Dyna gyfresi ardderchog! Rhaid nodi hefyd y recordiau a noddwyd gan y Cyngor . . . yn eu plith, David Jones yn ei ddull dihafal yn darllen 'The Tutelar of the Place'.

Nid anghofiwyd llenyddiaeth plant, lle bu cynnydd aruthrol ym mhob agwedd. Bydd llawer ohonom yn cofio adroddiad pwysig Mrs Mairwen Gwynn Jones a'i argymhellion ac ni pheidiodd yr ymchwil a'r trafod ar wahanol bynciau ynglŷn â'r llenyddiaeth yma. Bu chwyldro. Bellach mae safon cynnwys y llyfrau, amrywiaeth y deunydd, y dylunio deheuig yn gosod rhai o'r llyfrau ochr yn ochr â'r goreuon o unrhyw wlad. Does dim rhaid manylu— mae *Blwyddyn Gron* John ac Elinor Davies a *Culhwch ac Olwen* Gwyn Thomas yn enghreifftiau nodedig. Sefydlwyd gwobrau Tir na n-Og a'u dyfarnu i lyfrau megis *Tân ar y Comin* T Llew Jones a *Y Flwyddyn Honno* Dyddgu Owen. Un arall o ganlyniadau astudiaeth Mairwen Gwynn Jones oedd mynd ati, ym 1979, i sefydlu Canolfan Llenyddiaeth Plant. Fe'i cartrefwyd yn wreiddiol yng Ngholeg Llyfrgellwyr Cymru ond mae hi bellach yng Nghastell Brychan. A maes arall y sylwodd Mairwen Gwynn Jones arno oedd y cylch-gronau ac aed ati i gynhyrchu rhai bywiog, deniadol megis *Sbondonics* a'i gymheiriaid. Gwnaed yr holl weithgareddau hyn gyda chymorth sylweddol Cyngor y Celfyddydau.

Ond y mae angen gwerthu llyfrau hefyd a dyna paham y rhoid pwyslais ar gynorthwyo llyfrwerthwyr. Ac uchafbwynt diddordeb y Cyngor yn y llyfr a'r 'pethau o'i gwmpas' oedd sefydlu siop Oriel yng Nghaerdydd ym 1974—(yn wreiddiol yn Stryd Siarl, bellach ar dir sanctaidd Tŷ'r Brodyr)—i werthu llyfrau, recordiau, cardiau ac ati, yn Gymraeg a Saesneg, a fyddai o ddiddordeb i'r Cymry llengar ac yn wir i bawb sydd yn ymhél â llenyddiaeth. Fe fu'r adran 'gwerthu tu allan', fan lyfrau Oriel, a'r cyfleusterau archebu trwy'r post yn fendith i'r rhai ohonom oedd yn byw yn y baradwys sydd ymhell o ganol y brifddinas. Ac yno yn siop Oriel gydag urddas a cherddoriaeth a chwrteisi, gyda'r cyfle i wrando ar ddarlleniadau ac edrych ar waith artistiaid, mae modd loetran a rhyfeddu at y cynnyrch. A chodi uchelgais am fod yn llenor a mynychu un o gyrsiau Tŷ Newydd Cricieth. Ac yno, eto, mae ôl bys y Cyngor.

Mi dyfodd yr hedyn mwstard . . . ac mi aeddfedodd y gwin. Ac rydw i fel llawer o'm cyd-Gymry wedi cael blas ar y lluniaeth.

Ôl-nodyn

Pleser mynegi diolch i'r cyfaill Rheinallt Llwyd, ac i Mrs Gwyneth Evans gynt o Gyngor y Celfyddydau am fy nghyfeirio unwaith yn rhagor at adroddiadau blynyddol y Cyngor ac at yr adolygiadau a wnaed gan Meic Stephens ym 1974 a Tony Bianchi ym 1983. Pleser hefyd ydyw cydnabod yr help a gefais o ddarllen *Y Fasnach Lyfrau yng Nghymru* a baratowyd gan Adran Astudiaethau Cymreig Coleg Llyfrgellwyr Cymru a dderbyniais i gan Miss Gwerfyl Pierce Jones pan ymddangosodd ym 1988. Hyfryd fu ail bori hen feysydd a sawru eto hwyl a thrafod yr hen gwmnïaeth yng Nghyngor y Celfyddydau a chofio, gyda diolch, Alun R—merthyr os bu un erioed.

LLYFRAU PLANT 1950-90

D Geraint Lewis

Tri ar ddeg o lyfrau Cymraeg i blant, a phrifathrawes ysgol gynradd Swyddffynnon yn gwarafun i Alun Edwards ei fod yn euog o ladd holl archwaeth plant at ddarllen Cymraeg trwy foddi ysgolion cefn gwlad Ceredigion â llyfrau Saesneg. Dyma ddarlun o'r sefyllfa cyhoeddi llyfrau Cymraeg i blant yn y flwyddyn 1950.[1] Nid oedd y sefyllfa wedi newid dim erbyn 1952 pan gyhoeddwyd *Adroddiad y Pwyllgor Cyhoeddi Llyfrau Cymraeg* sydd yn fwy adnabyddus erbyn hyn fel Adroddiad Ready. Prif ofid y Pwyllgor hwn oedd y prinder affwysol o lyfrau Cymraeg i blant gan fod nifer o adroddiadau gan Arolygwyr Ysgolion wedi dod i'r casgliad:

> Prin odiaeth yw llyfrau Cymraeg yn y maes hwn (sef defnydd darllen y gellir ei alw yn 'gyffredinol' neu 'amryw'). Swm hyn oll yw, na ellir cyfrannu addysg foddhaol yn Gymraeg oni ddiwellir yr angen hwn, ac i'r graddau na wneir hynny, rhwystrir gorchymyn Deddf Addysg 1944 bod hyfforddi'r plentyn yn ôl ei oedran, ei allu, a'i ddawn.[2]

Wrth gynnig ateb i'r broblem yma, yr oedd gan y pwyllgor un o ddau ddewis:

> Gellid awgrymu y datrysid yr holl broblem mewn ffordd syml ddigymhleth, ac effeithiol, pe dilynai'r Awdurdodau Addysg esiampl Ceredigion a gwario rhagor ar lyfrau Cymraeg. Rhoisom ystyriaeth ofalus i'r awgrym hwn, a'i wrthod . . .[3]

> Ein prif argymhelliad gan hynny yw sefydlu corff newydd canolog i brynu a chyflenwi llyfrau Cymraeg, yn bennaf i'r Awdurdodau Addysg. Gellid ei alw Y Gronfa Lyfrau Gymraeg.[4]

Ni sefydlwyd corff newydd, ond rhoddwyd y cyfrifoldeb canolog yma i'r Cyd-bwyllgor Addysg, corff a ffurfiwyd ym 1948 i fod:

(a) yn gorff arholi dros Gymru gyfan;
(b) yn gorff ymgynghorol ym maes Addysg Bellach;
(c) yn gydweithgor o Awdurdodau Addysg Cymru.

Yr oedd gan y Cyd-bwyllgor eisoes banel, a sefydlwyd ym 1951, a fyddai'n cynghori cyhoeddwyr a oedd unrhyw lawysgrif (a anfonid at y panel gan gyhoeddwr) yn addas i blant ai peidio. Nid oedd y panel yn cyhoeddi'r llawysgrif ac nid oedd yn gallu gwarantu unrhyw werthiant i lawysgrif a dderbynnid ganddo, ond y gred oedd y byddai llyfrau a fyddai'n derbyn sêl bendith y panel yn sicr o werthu'n well i ysgolion na'r rheiny heb y fath gymeradwyaeth. O ganlyniad i argymhelliad Pwyllgor Ready, ffurfiwyd is-bwyllgor Llyfrau Cymraeg a'i waith cyntaf oedd darbwyllo pymtheg allan o'r ddau ar bymtheg Awdurdod Addysg oedd i'w cael ar y pryd, i wario lleiafswm penodol o arian bob blwyddyn ar lyfrau Cymraeg i'w hysgolion.

Rhwng 1952 a 1963, cyhoeddwyd 120 o lyfrau a dderbyniodd sêl bendith y Cyd-bwyllgor ac un ar ddeg o deitlau a lanwai fylchau arbennig.

Ond ochr yn ochr â'r cynllun hwn fe dyfodd y cynllun arall, a wrthodwyd gan Bwyllgor Ready. O dan arweiniad Alun Edwards, fe dyfodd cynllun un sir yn Gynllun Tair, Pump ac yna Saith Sir, ac ym 1964, penderfynodd awdurdodau'r Saith Sir drosglwyddo eu cynllun hwy i ofal Cyd-bwyllgor Addysg Cymru, a'r cynllun cyfun yma yw'r un sy'n gweithio hyd y dydd heddiw. Dan y cynllun hwn mae'r Awdurdodau Addysg i gyd—pob un yn cael ei gynrychioli ar Baneli Llyfrau'r Cyd-bwyllgor—yn ymrwymo i brynu nifer penodol o bob llyfr a gyhoeddir dan nawdd y panel yn gopi sampl i'w hysgolion. Mae'r ffigurau wedi newid rhywfaint dros y blynyddoedd ond yn fras mae'r cynllun yn gwarantu gwerthiant o 1,300 o gopïau o lyfrau darllen cyffredinol a thua 1,800 o werslyfrau.

Gellir mesur llwyddiant y cynllun newydd trwy gymharu nifer y llyfrau Cymraeg a gyhoeddwyd i blant yn y cyfnod 1966-76 â'r nifer a gyhoeddwyd yn y cyfnod 1955-65.

Dyma ddangos yn ddigon eglur y twf yn nifer y teitlau a gyhoeddwyd a rôl cynllun y Cyd-bwyllgor yn y twf hwnnw.

Blwyddyn	Nifer y llyfrau plant*	Blwyddyn	Nifer y llyfrau plant	Nifer dan gynllun newydd y Cyd-bwyllgor
1955	34	1966	48	—
1956	26	1967	58	30
1957	48	1968	54	46
1958	27	1969	50	48
1959	20	1970	75	54
1960	57	1971	61	52
1961	30	1972	73	59
1962	49	1973	91	78
1963	24	1974	76	63
1964	34	1975	133	74
1965	25	1976	100	74

*Ceir rhai amrywiaethau yn y ffigurau hyn gan ddibynnu ar beth yn union a ystyrir yn llyfr plant a gyfrifir cyfres o lyfrynnau bychain fesul teitl neu fesul cyfres.

Erbyn 1975 yr oedd yn werth cyhoeddi catalog arbennig *Llyfrau Cymraeg i Blant: Rhestr gyflawn o'r llyfrau sydd mewn print.*[5] Rhestrir yma dros 600 o lyfrau a gwelir amrywiaeth y ddarpariaeth o ddosbarthiad y catalog:

120 o lyfrau stori a llun i'r plant lleiaf
95 o storïau i blant 7-11 oed
93 o storïau i'r plant hŷn
52 o deitlau mewn chwe chyfres ddarllen
25 o straeon o'r Beibl
25 o lyfrau chwedlau gwerin
27 llyfr dosbarth (iaith a gramadeg)
16 o lyfrau hamdden
55 o gyfrolau natur a gwyddoniaeth

79 o gerddi, caneuon a dramâu

32 o gyfrolau ar hanes a daearyddiaeth.

Yn sicr nid dyma'r 'dygn brinder defnyddiau addas yn Gymraeg' y sonnir amdano yn Adroddiad Ready. Yn wir, erbyn 1976, yr oedd y cyhoeddwr Roger Boore, ar sail dadansoddiad o gyhoeddiadau plant mewn wyth o ieithoedd lleiafrifol Ewrop yn cynnig:

> Ar sail y ffigurau hyn, awgrymaf fod tua 200 i 300 o wahanol deitlau yn isafswm o lyfrau plant a gwerslyfrau y dylai iaith fwyafrifol fod yn eu cyhoeddi bob blwyddyn. A bod rhyw 150 yn ffigwr cyfatebol i iaith leiafrifol—ffigwr llai oherwydd y sefyllfa ddwyieithog. Yn Gymraeg yn 1976, yn ôl catalog y Cyngor Llyfrau, fe gyhoeddwyd 119 o lyfrau plant a gwerslyfrau, os cyfrifais yn gywir. 150 yn darged; 119 yn cael eu cyhoeddi: camp go dda, ddywedwn i, ac yn ddyledus yn bennaf i'r Cyd-bwyllgor Addysg.[6]

Wrth ehangu'r ddarpariaeth o lyfrau ar gyfer plant, fe sicrhaodd y cynllun hwn lyfrau i ddysgwyr yn ogystal â Chymry Cymraeg, a darparwyd gwerslyfrau a'i gwnaeth yn bosibl i gynnal cyrsiau trwy gyfrwng y Gymraeg. Roedd y gyfundrefn o gystadlaethau sirol a etifeddwyd o'r hen gynllun Saith Sir yn esgor ar fwrlwm o weithgarwch ac amrywiaeth eang o awduron a defnyddiau—mwy ar adegau nag y gallai'r system ymdopi â nhw. Yn nes ymlaen, defnyddiwyd yr Eisteddfod Genedlaethol (yn llwyddiannus iawn) i ddenu deunydd ac awduron newydd.

Penodwyd swyddogion golygyddol yn Adran Gymraeg y Cyd-bwyllgor i weinyddu'r cynllun, a ddefnyddiai gyhoedd-wyr masnachol Cymraeg. Oherwydd hynny, bu'r cynllun yn fodd i gryfhau'r holl ddiwydiant cyhoeddi yng Nghymru gan ganiatáu i gyhoeddwyr megis Gwasg y Dref Wen a Pridgeon (gynt) ddatblygu yn arbenigwyr yn y maes plant. Un arall o gryfderau'r cynllun oedd iddo sicrhau bod llyfrau oedd yn cael eu cymeradwyo yn cyrraedd yr ysgolion lle'r oedd eu hangen.

Eto, er gwaethaf holl gryfderau'r cynllun a'i lwyddiant digamsyniol dros y deng mlynedd cyntaf yma, nid oedd pawb yn hapus nac yn fodlon fod y maes cyhoeddi llyfrau plant yn Gymraeg mor ddibynnol ar gynllun y Cyd-bwyllgor. Er enghraifft, ym 1974, ffurfiwyd grŵp newydd oedd â diddordeb arbennig mewn llyfrau plant, sef Cymdeithas Llyfrgelloedd Ieuenctid Cymru. Oddi ar sefydlu Coleg Llyfrgellwyr Cymru ym 1964 bu hyfforddi llyfrgellwyr a fyddai'n arbenigo mewn gwaith llyfrau plant yn un o gyrsiau pwysig y Coleg, a thros y blynyddoedd penodwyd mwyfwy o'r llyfrgellwyr hyn i fod yn gyfrifol am wasanaethau plant yn llyfrgelloedd sirol Cymru. O dan arweiniad Frank Keyse, pennaeth Adran Llyfrgellyddiaeth a Llenyddiaeth Plant a Phobl Ifainc y Coleg, fe ddaeth y llyfrgellwyr hyn at ei gilydd a dechrau craffu'n fanylach ar ddiwyg a chynnwys llyfrau Cymraeg i blant ar sail yr egwyddorion a'r safonau a ddefnyddid wrth bwyso a mesur llyfrau plant Saesneg, a dechrau lleisio anniddigrwydd ynglŷn â diwyg llyfrau Cymraeg brodorol. Roedd hyn yn y cyfnod pan oedd Gwasg y Dref Wen wedi dechrau cyhoeddi addasiadau o lyfrau gorau'r Cyfandir o dan gynllun y Cyd-bwyllgor, ac roedd y rheini'n darlunio'n fwy eglur fyth y bwlch rhwng ein llyfrau brodorol a'u cymheiriaid o'r tu allan. Roedd amheuon hefyd gan rai awduron a llenorion. Oherwydd mai cynllun y Cyd-bwyllgor oedd yr unig ffordd (gyda rhai eithriadau) o gael llyfr plant wedi'i gyhoeddi, yr oedd yn gallu cymryd cryn dipyn o amser i gael eich gwaith trwy'r system o ddarllenwyr, paneli a blaenoriaethau a oedd yn gallu newid yn ôl gofynion addysgiadol.

A dyna 'Cymraeg Byw' wedyn. Ymgais oedd 'Cymraeg Byw':

> i bontio'r agendor sydd rhwng yr iaith lenyddol a'r iaith lafar, a chynnig i'r ysgolion batrwm o iaith lafar a fydd yn dderbyniol drwy'r wlad ac a fydd yn help i blant o Gymry loywi eu Cymraeg ac i ddysgwyr ddysgu'r iaith.[7]

Cyflawnwyd hyn trwy sefydlu patrymau cyson i gymryd lle yr holl amrywiaethau llafar, ond eto a fyddai'n nes at y ffurfiau a ddefnyddid bob dydd na'r ffurfiau llenyddol, e.e. 'rydw' a 'dydw' yn lle 'wyf', 'rwyf', 'rwy', 'ydwyf', 'ydw' etc. Creu ffurfiau llafar ar gyfer dysgwyr yr iaith oedd y pwyslais cychwynnol ac, yn naturiol ddigon, defnyddiwyd y ffurfiau hyn yn y cyfrolau a gyhoeddwyd gan y Cyd-bwyllgor ar gyfer dysgwyr. Ond bu pwysau cynyddol ar awduron a chyhoeddwyr i dderbyn ffurfiau Cymraeg Byw ar gyfer llyfrau i Gymry Cymraeg, nid yn unig o fewn y Cyd-bwyllgor a'i baneli ond hefyd o fewn y Cyngor Llyfrau Cymraeg.

Un a fu'n brwydro'n galed yn erbyn y duedd hon oedd yr awdur T Llew Jones, a cheir hanes y ffordd y gwrthodwyd ei gyfres ddarllen 'Llyfrau Darllen Newydd' oherwydd nad oedd yn cydymffurfio â gofynion 'Cymraeg Byw' yn y gyfrol *Cyfaredd y Cyfarwydd*.[8] Roedd ar y panel llyfrau ar y pryd arbenigwyr iaith oedd yn rhoi mwy o bwyslais ar lynu wrth batrymau safonol Cymraeg Byw nag ar gynnwys a diwyg cyfrolau.

Daw'r mynegiant croywaf o'r anniddigrwydd hwn mewn adroddiad a baratowyd gan Mairwen Gwynn Jones ar gyfer Pwyllgor Llenyddiaeth Cyngor Celfyddydau Cymru. Yn ei hadroddiad *Llenyddiaeth i Blant yng Nghymru*, dywed yr awdur:

> Gellid dweud, yn fyr, mai'r hwyl llyfrau yw'r elfen sy ar goll o safbwynt darllenwyr Cymraeg ifainc. Un rheswm am hyn ar hyn o bryd yw bod y 'busnes' llyfrau Cymraeg i blant yn ormodol ynghlwm wrth y gyfundrefn addysg . . . [9]

A doedd gan Mairwen Gwynn Jones ddim prinder o syniadau ynglŷn â beth oedd ei angen i ddod â 'hwyl' i mewn i'r byd llyfrau plant. Roedd angen:

—sefydlu gwobrau blynyddol i awdur a darlunydd y llyfr gorau i blant;
—cychwyn clwb llyfrau plant yn Gymraeg;

—darparu arddangosfeydd teithiol;
—dechrau Bwletin Plant;
—adolygu llyfrau plant o ddifrif;
—sefydlu ffederasiwn gweithgarwch/trafod llenyddiaeth plant;
—trefnu ysgol benwythnos tebyg i'r 'Literary Conference';
—perswadio'r cyfryngau i roi mwy o le i lyfrau plant yn eu rhaglenni.[10]

Derbyniwyd yr adroddiad gan y Pwyllgor Llenyddiaeth, ac ym 1976, er mwyn cael dechrau gweithredu rhai o'r argymhellion, sefydlwyd Panel Llenyddiaeth Plant dan gadeiryddiaeth Mairwen Gwynn Jones. Gan fod rhaid gwario cyllid y panel o fewn y flwyddyn ariannol, a chan nad oedd llawer o amser yn weddill o'r flwyddyn gyntaf, penderfynwyd rhoi'r cyllid i gyd tuag at gyhoeddi *Beibl y Plant mewn Lliw*, a thrwy hynny arbedwyd Alun Edwards rhag gorfod gwarantu ei dŷ yn erbyn unrhyw golled yn y fenter.[11]

Un o'r pethau pwysig ynglŷn â'r panel yma oedd fod ganddo'r hawl i wario ei gyllid ar bethau heblaw llyfrau, cyn belled â'u bod yn hyrwyddo'r maes llenyddiaeth plant. O ran llyfrau, y penderfyniad oedd canolbwyntio ar gyfrolau gwreiddiol, lliwgar, drud i'w cynhyrchu a fyddai'n gydnaws ag amcanion llenyddol y Pwyllgor Llenyddiaeth, cyfrolau megis *Beibl y Plant mewn Lliw*, chwedlau Cymru a chwedlau clasurol eraill y byd, blodeugerddi o farddoniaeth a chyfrolau o feirniadaeth lenyddol ar lyfrau plant, cyfrolau na fyddai'n bosibl eu cynhyrchu o fewn un flwyddyn ond a fyddai'n rhan o raglen gyhoeddi tymor-hir, yn cael ei hariannu o gyllid sawl blwyddyn.

O ran gweithgareddau eraill, argymhelliad cyntaf *Llenyddiaeth i Blant yng Nghymru* oedd sefydlu gwobr i awdur llyfr Cymraeg gorau'r flwyddyn. Tua'r un cyfnod yr oedd Frank Keyse yntau wedi paratoi papur i'r Gymdeithas Llyfrgelloedd Ieuenctid Cymru newydd, yn manylu ar yr union destun:

It is suggested that it would be beneficial to Welsh children's literature, and to the Welsh writer for children, if there were such an award [Carnegie, Greenway, Guardian ac ati, sef gwobrau Saesneg i lyfrau plant oedd eisoes yn bod] for original works published in Wales in the Welsh language. Translations into Welsh from other languages would not be eligible. The intention of the award would be to encourage the native writer, to honour a book felt to be outstanding and by these means, raise the standards of children's books in Welsh.[12]

Cynhaliwyd cyfarfod yn y Drenewydd ym 1975 rhwng Cymdeithas Llyfrgelloedd Ieuenctid Cymru, Cymdeithas Llyfrgelloedd Cymru, Pwyllgor Llenyddiaeth Cyngor Celfyddydau Cymru a'r Cyd-bwyllgor Addysg pryd y penderfynwyd sefydlu nid un, ond dwy wobr flynyddol am lyfrau plant, y naill am gyfrol wreiddiol Gymraeg a'r llall am lyfr Saesneg yn ymwneud â Chymru, a derbyniwyd awgrym Meic Stephens y dylid eu henwi'n 'Wobrau Tir na n-Og'. Y Cyd-bwyllgor Addysg fyddai'n ariannu hanner y wobr Gymraeg, a Chyngor y Celfyddydau hanner arall y wobr Gymraeg a'r cyfan o'r wobr Saesneg. Cymdeithas Llyfrgelloedd Ieuenctid Cymru fyddai'n gweinyddu'r cyfan.

Y ddwy elfen y tu ôl i'r cyfan oedd, yn gyntaf, ceisio codi statws yr awdur plant oedd yn ysgrifennu yn Gymraeg, ac yn ail ceisio codi safon llyfrau Cymraeg yn gyffredinol trwy fwrw golwg feirniadol ar gynnyrch y gweisg Cymraeg fesul blwyddyn. Ar ben hyn, barn y panel a ddaeth ynghyd am y tro cyntaf ym 1976 i ddyfarnu ar gynnyrch 1975, oedd ei bod yn rhy uchelgeisiol i ddisgwyl llyfr 'eithriadol' bob blwyddyn (fel yr awgrymodd adroddiad Frank Keyse), ac yn hytrach na gorfod atal y wobr y byddai'n well newid telerau'r wobr a'i chynnig am lyfr 'gorau'r' flwyddyn bob blwyddyn.

O edrych yn ôl, gellir gweld mai anodd, onid annoeth, oedd ceisio dathlu camp a rhagoriaethau awdur yr un pryd â thynnu sylw at wendidau'r diwydiant cyhoeddi yng Nghymru. Gwnaed hynny'n amlwg gan T Llew Jones, yr enillydd cyntaf, yn yr anerchiad cofiadwy a draddododd ar achlysur cyflwyno'r wobr iddo mewn cyfarfod yng Nghaer-dydd. Teimlai fod ei enw da fel awdur wedi cael cam yn y broses gyhoeddus o bwyso a mesur cynnyrch y flwyddyn.

Cafodd sylwadau'r awdur gryn dipyn o gyhoeddus-rwydd, ac ar gyfer y flwyddyn ganlynol, penderfynwyd y byddai Panel Llenyddiaeth Plant newydd Cyngor y Celfyddydau yn trefnu Seremoni Tir na n-Og, a'r llyfrgellwyr yn gyfrifol am ddewis y cyfrolau arobryn. O ganlyniad, cafwyd seremoni llawer mwy uchelgeisiol, a oedd yn uchaf-bwynt diwrnod o weithgareddau ar gyfer plant.

Clustnodwyd 1978 yn 'Flwyddyn Ryngwladol y Plentyn', ac er mwyn dathlu'r achlysur yng Nghymru, pwyswyd ar Bwyllgor Llenyddiaeth Cyngor y Celfyddydau am ragor o arian tuag at brosiect uchelgeisiol, sef sefydlu Canolfan Llenyddiaeth i Blant. Yn dilyn trafodaethau manwl, penderfynwyd derbyn y syniad a chafwyd lle yng Ngholeg Llyfrgellwyr Cymru:

> Gwelir gwaith y Ganolfan fel gwaith â dwy nod, y ddwy yn bwysig ond yn dibynnu y naill ar y llall; i fod yn fan canolog i gadw casgliad helaeth o ddeunydd . . . ac i weithredu fel pren sbringio ar gyfer datblygiad ysgrifennu creadigol a'r gwerthfawrogiad o lenyddiaeth i blant yng Nghymru, trwy bolisi o weithgareddau . . .[13]

Penodwyd Menna Lloyd Williams, y trefnydd cyntaf, ym Mehefin 1979, a dechreuodd ar ran gyntaf y gwaith, sef sefydlu casgliad o'r holl lyfrau Cymraeg i blant.

Y drydedd elfen yn y cynllun i hybu a hyrwyddo llyfrau plant y tu allan i'r ochr gyhoeddi oedd sefydlu cynhadledd flynyddol i drin a thrafod llyfrau plant. Y nod oedd cyfuno profiad ac arbenigedd o'r byd llyfrau plant yng Nghymru ynghyd â gwybodaeth a phrofiad arbenigwyr o'r byd cyhoeddi y tu draw i Glawdd Offa. Cynhaliwyd y gynhad-ledd gyntaf yng Ngregynog ym 1979 pryd y daeth Molly Hunter i sôn am ofynion llym ei chrefft fel llenor plant, a'r ffordd y tynnai ar ei threftadaeth Albanaidd i fwydo'r grefft honno. Oddi ar y gynhadledd gyntaf honno, trefnwyd nifer o gynadleddau amrywiol a chofiadwy; rhai er mwyn cyflwyno gwybodaeth ar feysydd penodol, megis barddoniaeth i blant neu rôl yr artist a'r dylunydd yn y broses o ddarparu deunydd i blant; eraill er mwyn esgor ar weithgarwch, megis y gweithdai ar gyfer darpar-awduron a gynhaliwyd dan ofal Jill Paton Walsh a John Rowe Townsend ac Irma Chilton; eraill i drafod, a cheisio llenwi, bylchau yn y ddarpariaeth, megis llyfrau i'r arddegau, neu i drafod y berthynas rhwng awdur a golygydd. O ganlyniad, gwelsom ein hawduron Cymraeg yn tyfu mewn hyder ac awdurdod, yn dysgu ymateb i ofynion newydd ac yn magu sgiliau a phrofiad i'w trosglwyddo i ysgrifenwyr newydd. Yn y cyswllt hwn, rhaid enwi Irma Chilton a Gwenno Hywyn: y ddwy'n llenorion creadigol crefftus, yn ymwybodol o ofynion eu crefft, a'r ddwy â'r gallu i weithredu fel golygyddion i roi eraill ar ben ffordd.

Ym 1978 lansiodd y Cyngor Llyfrau Cymraeg gylchgrawn lliwgar newydd ar gyfer y plant, yn trafod llyfrau a'r byd llyfrau yn Gymraeg a Saesneg. *Sgwarnog* oedd ei enw, a Mairwen Gwynn Jones oedd y golygydd. Hwn oedd *Llais Llyfrau'r* plant.

Tra bu'r holl weithgarwch hwn yn cyniweirio ar yr ochr llyfrau plant, cyhoeddwyd adroddiad arall, y tro yma ar gais Ysgrifennydd Gwladol Cymru, ar *Cyhoeddi yn yr Iaith Gymraeg*.[14] Paratowyd yr adroddiad gan Gyngor yr Iaith Gymraeg oherwydd yr oedd llyfrau a darllen yn greiddiol i un o brif argymhellion prif adroddiad y Cyngor *Dyfodol i'r Iaith*. Yng ngeiriau'r adroddiad:

Ymhlith y pwysicaf o'r argymhellion hyn, dywedir y dylid datblygu yng Nghymru gyfundrefn addysg hollol ddwyieithog . . . a all alluogi person i ddarllen Cymraeg gyda boddhad yn yr ysgol ac wedi hynny.[15]

Wrth i Gyngor yr Iaith edrych ar y byd cyhoeddi Cymraeg yn y cyd-destun yma, argymhellwyd:

(a) y dylid cynyddu grant y Llywodraeth ar gyfer llyfrau Cymraeg sy'n awr yn gyfyngedig i oedolion ac felly ehangu ei gylch i gynnwys holl faes cyhoeddi Cymraeg, gan gynnwys cyfnodolion a darllen hamdden (y tu allan i gynlluniau Cyd-bwyllgor Addysg Cymru) ar gyfer plant a phobl ifanc;

(b) yn y dyfodol dylai chwarter cyfanswm y grant mwy hyn gael ei neilltuo ar gyfer taliadau dewisol i hybu cynhyrchu defnyddiau darllen mewn cylchoedd lle y mae'r galw mwyaf.[16]

Ymddengys fod neges Mairwen Gwynn Jones wedi teithio ymhellach na'r Pwyllgor Llenyddiaeth, a'r canlyniad oedd i'r llywodraeth gyhoeddi, ym 1979, grant ychwanegol ar gyfer llyfrau plant a chylchgronau.

Yn yr un ffordd ag yr argymhellodd Pwyllgor Ready y dylai eu hargymhellion nhw gael eu gweinyddu gan 'Gronfa Lyfrau Gymraeg' (Welsh Books Foundation) newydd, ond i'r cyfrifoldeb ddisgyn ar ysgwyddau corff canolog oedd eisoes yn bod, yr oedd Cyngor yr Iaith yn argymell fod yr arian yma i fod yn rhan o gyfrifoldebau corff newydd 'yn gyffredinol gyfrifol am yr iaith Gymraeg yng Nghymru', ond y tro yma fe roddwyd y cyfrifoldeb i gorff canolog arall, sef y Cyngor Llyfrau Cymraeg.

Sefydlwyd y Cyngor Llyfrau Cymraeg yn swyddogol ym 1961 gyda'r prif amcan, yn ôl cyfansoddiad cyntaf y Cyngor, o 'sicrhau llenyddiaeth boblogaidd yn Gymraeg ar gyfer darllenwyr mewn oed o bob math ac oedran', ond yn ddiweddarach, trwy sefydlu nifer o adrannau arbenigol i wasanaethu'r diwydiant cyhoeddi—ym meysydd golygu, dylunio, cyhoeddusrwydd a marchnata, ynghyd â Chanolfan Ddosbarthu helaeth, daeth yn bosibl i ehangu cyfrifoldebau'r Cyngor i gwmpasu holl faes cyhoeddi llyfrau yng Nghymru yn y ddwy iaith. Y cam cyntaf oedd dosbarthu'r grant cyhoeddi newydd yma ar gyfer cefnogi llyfrau hamdden i blant.

Galwyd ynghyd Banel Comisiynu Llyfrau Plant newydd gyda'r amcan o nodi a llenwi bylchau yn y ddarpariaeth ar gyfer darllen adloniadol i blant. Doedd dim prinder syniadau, ond unwaith eto roedd rhaid gwario'r arian o fewn y flwyddyn ariannol, felly penderfynwyd ymgymryd â chynlluniau rhwydd eu cyflawni, megis llyfrau bwrdd i'r plant bach lleiaf a chydargraffiadau o rai o'r clasuron ymhlith llyfrau lluniau i blant. Penderfynwyd yn ogystal roi cymorth i gyfres 'Y Llewod', cyfres uchelgeisiol o nofelau plant a lansiwyd heb nawdd gan Wasg y Lolfa gyda'r bwriad o sefydlu rhestr hir o nofelau antur poblogaidd tebyg i gyfresi Enid Blyton, gan fod y gyfres, heb nawdd, mewn perygl o orfod arafu a cholli impetws. Yr un pryd, yr oedd y panel yn dechrau gosod cynlluniau tymor-hir ar y gweill, sef llyfr ABC gwreiddiol, a chyfresi gwreiddiol ar chwaraeon ac enwogion.

Ym 1981, derbyniodd y Cyngor wahoddiad y Llywodraeth i weinyddu'r grant ar gyfer cefnogi llyfrau oedolion yn ogystal â'r grant newydd ar gyfer llyfrau plant a chylchgronau.

Y tro yma sefydlwyd Panel Grantiau newydd i bwyso a mesur ceisiadau gan gyhoeddwr am grantiau, boed y ceisiadau hyn am grant tuag at gyhoeddi llyfr plant neu lyfr oedolion. Fel y Cyd-bwyllgor, nid cyhoeddwr mo'r Cyngor Llyfrau ond corff canolog yn gweithredu trwy gyhoeddwyr traddodiadol ac yn cynnig iddynt wasanaethau proffesiynol yn y meysydd golygu, dylunio a dosbarthu.

Felly, erbyn dechrau'r wythdegau, o ran llyfrau plant yn gyffredinol, roedd cynllun darllen y Cyd-bwyllgor Addysg, a gâi ei gynnal gan ei Banel Llyfrau Darllen, yn darparu deunydd ar gyfer Cymry Cymraeg a dysgwyr, yn sicrhau y byddai'r cyfrolau yn cyrraedd yr ysgolion, ac yn cynnig gwarant o werthiant i gyhoeddwr. Roedd Panel Llenyddiaeth Plant Pwyllgor Llenyddiaeth Cyngor y Celfyddydau yn canolbwyntio ar ychydig o gyfrolau uchelgeisiol, drud i'w cynhyrchu a llenyddol eu naws, ac ar yr un pryd yn datblygu cyfundrefn o weithgarwch yn gysylltiedig â llyfrau plant—yn wobrau, y cylchgrawn *Sgwarnog*, y Ganolfan Llenyddiaeth

Plant, cynhadledd flynyddol, gweithdai i awduron, ac yn brwydro i wneud rhywbeth i gynorthwyo llenyddiaeth Eingl-Gymreig i blant, a oedd, erbyn hyn, mewn sefyllfa lawer mwy truenus na'r ochr llyfrau Cymraeg. Ac yn awr dyma'r Cyngor Llyfrau yn cael y gwaith o lenwi bylchau darllen hamdden plant, ond yn gorfod gwneud hynny â llygaid barcud ar y farchnad oherwydd, grant neu beidio, ni fyddai unrhyw gyhoeddwr yn barod i gyhoeddi deunydd os nad oedd rhywun yn mynd i'w brynu. Yn achos y math o lyfrau yr oedd galw amlwg amdanynt, gallai cyhoeddwr fynd yn syth at y panel grantiau i ofyn am gymorth.

Ochr yn ochr â'r datblygiadau hyn mewn llyfrau cyffredinol, roedd yna dwf cyfatebol yn y maes gwerslyfrau. Bu darparu gwerslyfrau yn rhan bwysig a sylfaenol o gynllun y Cyd-bwyllgor o'r dechrau cyntaf, a chyhoeddwyd yn gynnar gyfrolau yn y meysydd gwybodaeth feiblaidd, hanes, daearyddiaeth, gwaith coed a llaw-fer. Yn naturiol, yr oedd hi'n bwysig fod cyfrol Gymraeg yr un mor safonol ei chynnwys a deniadol ei diwyg â'r cyfrolau Saesneg cyfatebol, ond yn anffodus roedd prinder o athrawon cymwys yn dysgu pynciau technegol trwy gyfrwng y Gymraeg. Yng ngeiriau Ysgrifennydd y Cyd-bwyllgor Addysg ym 1967, 'Bu raid dibynnu ar ddulliau o weithredu sy'n feichus o araf er mwyn gwneud yn hollol sicr fod y gwaith gorffenedig yn cyrraedd safon gymeradwy.'[17] Corff arall oedd i chwarae rhan bwysig yn y maes gwerslyfrau oedd yr hen Gyngor Ysgolion neu ar ei newydd wedd Pwyllgor Cymru o'r Pwyllgor Datblygu Cwrs Addysg Ysgolion. Ar ôl ynysu maes lle'r oedd angen defnyddiau dysgu, byddai'r Cyngor Ysgolion yn penodi tîm arbennig, wedi'i leoli mewn coleg fel arfer, i ddatblygu defnyddiau a'u profi nhw yn y maes, cyn bwrw ymlaen i'w cyhoeddi. Un o'r projectau cynnar a gynhyrchodd ddeunydd arbennig yn ei ddydd oedd 'Gwyddoniaeth a Mathemateg yn yr Ysgolion Cymraeg (5-13)' ac un arall, a welodd gynhyrchu rhai o'r llyfrau darllen llawn lliw gwreiddiol cyntaf yn Gymraeg, oedd y project 'Dysgu Darllen yn Gymraeg (4-8 oed)' sy'n fwy adnabyddus fel *Cyfres y Ddraig*. Meysydd eraill i dderbyn y driniaeth yma oedd 'Cymraeg fel Iaith Gyntaf yn yr Ysgol Uwchradd' trwy'r gyfres *Gorwelion*; 'Addysg Ddwyieithog (5-11 ac ysgolion uwchradd)' a 'Cymraeg fel Iaith Gyntaf yn yr Ysgol Gynradd (7-11 oed)' sef *Cynllun y Porth*.

Un peth oedd yn wahanol ynglŷn â chyhoeddiadau'r Cyngor Ysgolion oedd nad oeddynt (ar y dechrau o leiaf), yn defnyddio na chyhoeddwyr Cymraeg na'r gyfundrefn ddosbarthu oedd ar gael yng Nghymru. Y tebyg yw fod cyhoeddwyr Saesneg yn gallu gwneud rhai pethau'n rhatach, ac yn sicr roedd cysylltiad uniongyrchol y Cyngor ag ysgolion yn sicrhau bod ysgolion yn gwybod am y defnyddiau; ond rhaid dweud, yn y tymor-hir, ar ôl i broject orffen ac i arian y grant ddod i ben, nad oedd gan y cyhoeddwyr hyn ddiddordeb mewn cadw'r deunydd mewn print, a byddai'n rhaid troi wedyn at y Cyngor Llyfrau i ddosbarthu'r deunydd oedd yn weddill. Rhaid dweud hefyd fod y tyndra yma—rhwng cynhyrchu pethau'n rhad a'u dosbarthu'n uniongyrchol i ysgolion gan osgoi'r gyfundrefn gyhoeddi arferol yng Nghymru, neu gefnogi'r gyfundrefn er mwyn sicrhau ei ddyfodol i lyfrau o bob math i bawb—yn destun a oedd i ddod yn fwy amlwg erbyn y nawdegau.

Cynllun tebyg i broject y Cyngor Ysgolion oedd hwnnw a leolwyd yn Adran Addysg Coleg Prifysgol Cymru Aberystwyth. Ym 1978 (blwyddyn cyhoeddi adroddiad Cyngor yr Iaith) cyhoeddwyd gan y Swyddfa Gymreig y sefydlid project yn Aberystwyth i baratoi deunydd hanes, daearyddiaeth ac addysg grefyddol ar gyfer dosbarthiadau 1, 2 a 3 yn yr ysgol uwchradd, ac yn ddiweddarach ychwanegwyd meysydd crefft a bioleg at y rhestr wreiddiol. Yn anffodus, er darparu arian sylweddol ar gyfer paratoi deunydd, ni chlustnodwyd dimai goch ar gyfer cyhoeddi yr hyn a ddarparwyd. Yn yr un flwyddyn, mynegodd y llywodraeth ei bwriad i sefydlu grant penodol i hybu'r Gymraeg mewn addysg. Dosrannwyd y grant yma gyntaf ym 1980-81, pryd y sianelwyd arian i'r Cyd-bwyllgor i gyhoeddi'r deunydd a baratowyd gan broject Aberystwyth.

Rhwng Hydref 1981 a Hydref 1982, cyhoeddwyd dau ar hugain o werslyfrau ym meysydd hanes, daearyddiaeth, addysg grefyddol a bioleg—nid yn unig mwy o werslyfrau nag a gyhoeddwyd mewn un flwyddyn erioed o'r blaen, ond cyfrolau oedd yn gosod safonau newydd, o ran dylunio a diwyg, i lyfrau ffeithiol Cymraeg. Yr oedd effaith y pwyslais newydd yma i'w weld ar lyfrau darllen y Cyd-bwyllgor hefyd, a'r cloriau lliwgar, modern, cyffrous oedd i *Gêm o Guddio* Gweneth Lilly a *Trwy Awyr Wenfflam* J Selwyn Lloyd yn wahanol iawn i'r math o gloriau a feirniadwyd gan Mairwen Gwynn Jones ym 1974.

Un o nodweddion y datblygiadau llyfrau darllen yn ystod yr wythdegau oedd y berthynas a dyfodd rhwng y tri chorff oedd yn darparu deunydd yn y maes. I ddechrau, y bwriad oedd osgoi dyblygu gwaith a gwastraffu adnoddau prin, ond wrth i'r cyrff ddatblygu eu rhaglenni eu hunain, dechreuasant weithio ar brojectau ar y cyd. Un ddolen gyswllt rhwng y tri chorff oedd Adran Ddylunio'r Cyngor Llyfrau, a'r berthynas hapus rhwng y Cyd-bwyllgor a'r Adran hon a arweiniodd at y datblygiadau pwysig yn niwyg gwerslyfrau a chloriau nofelau y soniwyd amdanynt uchod.

Roedd Panel Llenyddiaeth Plant Cyngor y Celfyddydau wedyn yn pwyso'n drwm ar gyngor yr adran yma wrth fentro i'r maes drudfawr o gynhyrchu cyfrolau megis y blodeugerddi *Drws Dychymyg* a *Gardd o Gerddi*, a'r *Mabinogi* a *Culhwch ac Olwen* yn y maes chwedlau. Enghraifft gynnar o gydweithio rhwng y Cyd-bwyllgor a Chyngor y Celfyddydau yw'r gyfrol glasurol *Llyfr Hwiangerddi'r Dref Wen*. Wrth lunio'r cyfrolau hyn sylweddolwyd yn fuan yr angen nid yn unig am arlunydd da ar gyfer y lluniau, ond hefyd am ddylunydd i gynllunio'r berthynas rhwng y geiriau a'r lluniau ac effaith hynny ar faint y print a maint y tudalen.

Yn yr un modd ag y cafwyd datblygiadau cyffrous yn niwyg llyfrau plant, cafwyd hefyd newid yn rôl y golygydd oedd yn gweithio ar y testun. Dros y blynyddoedd ni chafwyd unrhyw gwynion ynglŷn â gwallau iaith mewn llyfrau Cymraeg i blant, ac y mae hynny'n glod i'r golygyddion testun a fu'n gweithio ar y llyfrau hynny. Ond erbyn hyn gwelwyd yr angen am olygyddion creadigol a fyddai'n gallu cynghori awduron ynglŷn â'u hysgrifennu ac yn gallu gweithredu fel pont rhwng yr awdur (o oedolyn) a'i ddarllenydd (o blentyn). Syndod oedd sylweddoli faint o awdurdod oedd gan y golygydd creadigol yma yn nhai cyhoeddi Lloegr, gyda hyd yn oed yr enwocaf o awduron yn parchu ac yn plygu i gyngor y bobl yma, ac yn wir yn symud o un cyhoeddwr at gyhoeddwr arall, pe bai eu golygydd yn digwydd symud. Anaml, os o gwbl, y gwelir enwau'r dylunydd a'r golygydd mewn llyfr, ac eto y mae iddynt le pwysig iawn yn hanes datblygiad llyfrau Cymraeg i blant yn yr wythdegau.

Erbyn 1981, yr oedd y Ganolfan Llenyddiaeth Plant wedi llwyddo i osod sylfeini'r casgliad llyfrau, ac wedi tyfu'n ddigon aeddfed i sefyll ar ei thraed ei hun yn gorff annibynnol a ymsefydlodd yng Nghastell Brychan, cartref newydd y Cyngor Llyfrau. Yn unol â pholisi Cyngor y Celfyddydau, a'i hystyriai ei hun yn gorff a symbylai ac a ysgogai gyrff eraill i ddatblygu syniadau yn hytrach na bod yn weithredydd uniongyrchol ei hun, trosglwyddwyd nifer o weithgareddau a oedd cyn hyn yn cael eu trefnu gan y Panel Llyfrau Plant i ofal y Ganolfan annibynnol. O 1982 ymlaen y Ganolfan fu'n gyfrifol am drefnu Gwobrau Tir na n-Og, ac o 1985 hi fu'n gyfrifol am y gynhadledd flynyddol ar lyfrau plant. Y Ganolfan ei hun a sefydlodd y rhwydwaith o gwisiau cenedlaethol ar lyfrau plant i ysgolion cynradd, ar batrwm cwisiau Alun R Edwards yn yr hen Sir Aberteifi, ac a fu'n cydweithio gyda'r Uned Iaith Genedlaethol a oedd wedi sefydlu cwisiau ail-iaith i ysgolion uwchradd. Y Ganolfan Llenyddiaeth Plant fu'n gyfrifol, ym 1985, am sefydlu Tlws Mary Vaughan Jones, i'w gyflwyno bob tair blynedd i berson a wnaeth gyfraniad arbennig i faes llyfrau plant yng Nghymru dros gyfnod o flynyddoedd. Ym 1983 cyhoeddodd y Ganolfan ddau gylchgrawn newydd, y naill—*Pori*—yn adolygu llyfrau Cymraeg i blant, ac yn cynnwys erthyglau ar gyfer oedolion megis athrawon a llyfrgellwyr neu rieni â diddordeb yn y maes, a'r llall—*Dragon's Tale*—yn gwneud yr un math o waith yn y maes Eingl-Gymreig. Mae'n arwyddocaol nad oedd digon o ddeunydd i gynnal y cylchgrawn Saesneg ond fe aeth *Pori* o nerth i nerth gan sefydlu fforwm i drafod a beirniadu cynnyrch y Wasg Gymraeg i blant. Ac eithrio ymdrechion W J Jones yn yr *Athro* dros y blynyddoedd, ni chafwyd trafodaeth a phwyso a mesur mor eang â hyn o'r blaen.

Roedd cyhoeddi *Pori* a *Dragon's Tale* yn ganlyniad uniongyrchol i ddatblygiad pwysicaf y Cyngor Llyfrau yn y cyfnod yma, sef sefydlu clwb llyfrau i blant 7-11 oed, 'Clwb Sbondonics'. Yn naturiol, byddai'n rhaid paratoi cylchgrawn ar gyfer y plant yn disgrifio'r llyfrau a fyddai ar gael trwy'r clwb. Roedd y cylchgrawn *Sgwarnog* ar gael, wrth gwrs, ond yr oedd hwn yn ymwneud â llyfrau yn Gymraeg a Saesneg ar gyfer plant o bob oedran, ac erbyn hyn wedi datblygu adran i oedolion hefyd o dan y teitl '*Pori*'. Y teimlad oedd ei fod yn ceisio gwasanaethu gormod o gynulleidfaoedd, ac mai gwell fyddai datblygu gwahanol gylchgronau ar gyfer gwahanol ddiddordebau. Lansiwyd Clwb Sbondonics a'r cylchgrawn *Sbondonics* ym 1983. Derbyniai pob aelod fathodyn, llyfryn ymaelodi, cylchgrawn unwaith y tymor, a chynnig o 'fargeinion'. Yn y cylchgrawn ceid posau, gêmau a chystadlaethau gyda gwobrau arbennig, y cyfan ar yr amod fod yr aelod yn prynu un llyfr y tymor. Gyda dyfodiad y Clwb, amlygwyd yr angen am amrywiaeth eang o lyfrau. Lle o'r blaen yr oedd yn ddigon i ynysu a llenwi bylchau, bellach yr oedd rhaid sicrhau cyflenwad o lyfrau:

(a) y byddai plant yn barod i'w prynu, ond, yn fwy pwysig,
(b) y byddent yn barod i barhau i'w prynu ar ôl profi'r un cyntaf.

Am y tro cyntaf, dyma rym y farchnad yn cael ei deimlo o fewn cyfundrefn wedi'i seilio ar grantiau. O lwyddo, gellid cyrraedd marchnad o ddarllenwyr nad oeddynt yn prynu llyfrau Cymraeg. O fethu dewis teitlau addas, gallai'r cyfan fod yn fethiant drud. Cydiodd y syniad o glwb, a chyda grant arbennig gan y Swyddfa Gymreig, prynwyd fan arddangos bwrpasol a deithiai o gwmpas ysgolion yn dangos y llyfrau oedd ar gael, a thyfodd aelodaeth y Clwb i wyth mil ar un adeg. Yn wir y mae cael llyfr wedi'i dderbyn i Glwb Sbondonics llawn cystal i gyhoeddwr â derbyn gwarant gwerthiant y Cyd-bwyllgor. Unwaith eto cafwyd cydweithio rhwng y gwahanol gyrff; er enghraifft, pan oedd y Cyngor Llyfrau am lunio cyfres o nofelau a fyddai'n apelio at ddarllenwyr 7-9 oed Clwb Sbondonics, trefnwyd cwrs i ddarpar awduron gan Banel Plant Cyngor y Celfyddydau, a ganwyd *Cyfres Corryn*. Felly hefyd pan oedd angen cyfres o nofelau hanesyddol, a fyddai'n cydredeg â'r cwrs uchelgeisiol ar hanes Cymru oedd yn cael ei ddatblygu ar y cyd rhwng y Cyd-bwyllgor Addysg a Gwasg Prifysgol Rhydychen, comisiynwyd y nofelau gan Banel Llenyddiaeth Plant Cyngor y Celfyddydau ac fe'u cyhoeddwyd dan nawdd y Cyd-bwyllgor. Sicrhaodd y Panel Llenyddiaeth Plant fod y nofelau ar gael yn Saesneg yn ogystal, rhywbeth na fyddai'r Cyd-bwyllgor ei hun wedi gallu ei wneud. Pan ddechreuodd y Cyngor Llyfrau ei gyfres o nofelau i'r arddegau yr oedd y Cyd-bwyllgor ond yn rhy barod i'w nofelau yntau (ac yr oedd rhai trawiadol iawn wedi dod i law trwy gystadlaethau blynyddol y Cyd-bwyllgor a thrwy ei gystadlaethau yn yr Eisteddfod Genedlaethol) gario'r un symbol ar eu cloriau. Ac yn ddiweddar, cafwyd cydweithio i gynhyrchu cyfrolau megis *Gwyddoniadur Mawr y Plant*, cyfrol a fyddai'n rhy ddrud i'w chynhyrchu gan y naill gorff na'r llall ar ei ben ei hun.

Un peth oedd yn gyffredinol i'r cynlluniau hyn i gyd oedd eu bod yn gweithredu trwy'r gyfundrefn gyhoeddi Gymraeg, ac o'r herwydd yn edrych ar ôl buddiannau awdur ac arlunydd, cyhoeddwr, dosbarthwr a llyfrwerthwr, pob un, yn wir, y mae ei angen i sicrhau ffyniant a pharhad y byd llyfrau Cymraeg. Ond does dim rhaid gweithredu fel hyn; yr ydym eisoes wedi crybwyll sut y gellir defnyddio cyhoeddwyr o Loegr, a chamu heibio i siopau trwy ddosbarthu'n union-

gyrchol i ysgolion. Ffactor allweddol arall oedd y dat-
blygiadau arwyddocaol ym maes cyfrifiadureg, prosesu
geiriau a chyhoeddi 'bwrdd cegin' yn ystod yr wythdegau.
Gyda'r dechnoleg newydd yma, daeth yn bosibl cynhyrchu
nifer fach o gopïau am bris rhesymol, lle cyn hynny ni
fyddai'n economaidd i gynhyrchu llai na 750 o gopïau o lyfr,
heb fod cost y llyfr yn uchel, neu heb dderbyn grant
sylweddol. Dyma felly agor y drws i gynhyrchu gwerslyfrau
arbenigol iawn na fyddai wedi bod yn economaidd bosibl i'w
cyhoeddi cyn hyn. Yr ail beth pwysig oedd y gallai testun
gael ei gysodi bron mor gyflym ag y gallai teipyddes ei
deipio, ac yna ei gywiro'n rhwydd ar ddisg. Bellach nid oedd
angen cysodwr arbenigol y wasg draddodiadol, ac yn aml
gellid hepgor rhai o'r camau cywiro proflenni. Yr oedd
system ar gael oedd yn rhatach ac yn gynt (ar gyfer rhai
mathau o lyfrau) na'r system gyhoeddi arferol.

Ffactor arall sy'n berthnasol yn y cyswllt hwn yw'r
canolfannau adnoddau a ddaeth i fodolaeth yn niwedd y
saithdegau yn sgil y galwadau newydd oedd yn cael eu
gwneud ar lyfrgelloedd ysgolion. Yn y canolfannau hyn ceid:

1. casgliad o ddefnyddiau yn cynnwys nid yn unig llyfrau
   ond unrhyw beth a fyddai'n cynorthwyo'r athro neu'r
   plentyn i ddod o hyd i'r amrywiaeth o wybodaeth yr
   oedd ei hangen ar gyfer y 'projectau' a ddaeth mor
   boblogaidd;
2. y cyfarpar angenrheidiol i ddefnyddio deunydd
   clyweled, megis tapiau sain, stribedi ffilm, rhaglenni
   cyfrifiadur ac ati;
3. y modd i atgynhyrchu deunyddiau neu i greu deunydd
   newydd trwy lungopïo, recordio, ffilmio ac ati.

Yr oedd eisoes un Ganolfan arbenigol yn y maes darparu
deunydd ar gyfer plant, sef yr Uned Iaith Genedlaethol sydd
wedi bod mor gynhyrchiol dros y blynyddoedd yn darparu
deunydd ail-iaith i ddysgwyr. Ym 1982 cymerodd y Cyd-
bwyllgor Addysg gyfrifoldeb uniongyrchol am yr Uned Iaith.

Ym 1979 wedyn, sefydlwyd Canolfan Adnoddau Addysg Grefyddol, ym Mangor, ac ym mis Medi 1982 sefydlwyd Canolfan Adnoddau o fewn Cyfadran Addysg Coleg Prifysgol Cymru Aberystwyth. Tasg gyntaf y Ganolfan newydd hon oedd casglu ynghyd yr holl ddefnyddiau dysgu trwy gyfrwng y Gymraeg, beth bynnag oedd eu ffurf, a'r rhain oedd sail y *Catalog Adnoddau* a gyhoeddwyd gan y Ganolfan. Ymhlith y defnyddiau hyn, roedd nodiadau athrawon ar wahanol destunau. Tybiwyd mai cam rhesymol fyddai atgynhyrchu'r nodiadau hyn ar gyfer athrawon eraill, ac yna dod ag athrawon oedd yn dysgu yn yr un maes at ei gilydd. Gyda'r datblygiadau technolegol newydd, roedd yn llawer haws creu a datblygu defnyddiau. Dywed Cyfarwyddwr y Ganolfan:

> Ym maes Daearyddiaeth Safon Uwch, er enghraifft, fe gydgysylltwyd athrawon o fewn pob sir, gyda phob sir yn ei thro yn cynhyrchu cyfran o'r gwaith. Dyma'r tro cyntaf, hyd y gwyddys, y ceisiwyd creu corff o adnoddau gyda'r siroedd yn gweithredu ar y cyd. Cynhyrchir y modiwlau ar beiriannau'r Ganolfan ar ffurf ffeil i'w dosbarthu i'r ysgolion . . . Gan fod y deunydd crai wedi ei gysodi ar ddisg, gellir addasu'r deunydd yng nghwrs y blynyddoedd.[18]

Fel y tyfodd profiad y Ganolfan yn y gwaith o ddarparu deunydd, ac fel y datblygodd y dechnoleg, daeth yn bosibl llunio defnyddiau mwy uchelgeisiol eu diwyg, a chystadlu â chyhoeddwyr a gweisg traddodiadol. Un o'r llyfrau cyntaf i gael ei gyhoeddi gan y Ganolfan oedd y gwerslyfr *Ystadegaeth Ragarweiniol: Tebygolrwydd a Theori Dosrannu*, cyfrol a ymddangosai'n arbenigol a chyfyng ei hapêl ond eto gwerthwyd yr argraffiad cyfan o fewn dau fis.

Os edrychir yn yr adran 'Gwerslyfrau' yn y *Catalog Llyfrau Plant* a gyhoeddwyd ym 1988, gwelir mai'r Ganolfan Astudiaethau Addysg, fel y'i gelwir, oedd bellach yn cyhoeddi'r gwerslyfrau dan y cynllun a gyhoeddid yn wreiddiol gan gyhoeddwyr traddodiadol ar ran y Cyd-bwyllgor Addysg, ac oni bai eich bod yn craffu'n fanwl ar enw'r cyhoeddwr, nid yw'r gwahaniaeth rhyngddynt yn amlwg.

Erbyn y nawdegau, felly, yr oedd dwy garfan o gyhoeddwyr, y rhai traddodiadol yn darparu ar gyfer siopau, a'r canolfannau megis yr Uned Iaith, Canolfan Astudiaethau Addysg Aberystwyth, Canolfan Astudiaethau Iaith Bangor a'r Ganolfan Genedlaethol Addysg Grefyddol, yn darparu, yn amlach na pheidio, ar gyfer ysgolion yn uniongyrchol, gan anwybyddu'r siopau. Yn sicr mae yna le i'r ddau fath o ddeunydd, ond fel y mae'r ffin rhwng gwerslyfr a llyfr ffeithiol yn teneuo—nid yn unig o ran diwyg, ond hefyd yn y modd y mae testun yn cael ei drafod (e.e. yn achos projectau megis yr un dysgu darllen i blant 4-7 oed, project a gynhyrchodd tua chant o lyfrau lliwgar deniadol)—mae'n bwysig fod yr hen a'r newydd yn gallu cydweithio law yn llaw.

Corff arall a sefydlwyd ym 1987 trwy grant gan y Swyddfa Gymreig, oedd y Pwyllgor Datblygu Addysg Gymraeg. Amcanion y corff newydd hwn oedd:

(a) trafod polisi ynglŷn â datblygiad Addysg Gymraeg;
(b) cydlynu gweithgarwch yn y maes gan sicrhau'r defnydd mwyaf effeithiol ac economaidd o'r adnoddau sydd ar gael;
(c) pennu meysydd penodol ar gyfer projectau ymchwil a datblygiadau newydd.

Sianelwyd mwy a mwy o geisiadau am arian ar gyfer projectau addysgiadol, gan gynnwys projectau creu adnoddau, trwy PDAG yn ei rôl fel cydlynydd, ceisiadau a fyddai, cyn hynny, wedi mynd at y Swyddfa Gymreig; a phenderfynwyd ar y grantiau yn ôl trefn blaenoriaeth a bennwyd gan y strategaeth addysgiadol a luniwyd gan PDAG.

Gyda'r hyblygrwydd newydd mewn dulliau dysgu a ddaeth yn sgil arholiadau TGAU, a'r pwyslais ar bynciau

creiddiol o fewn y Cwricwlwm Cenedlaethol, mae'r Cyd-
bwyllgor wedi bod yn datblygu defnyddiau darllen
cyffredinol i gyd-fynd â meysydd megis gwyddoniaeth, crefft
a thechnoleg a dylunio, yn ogystal â defnyddio'r dechnoleg
newydd i gynhyrchu ei ddeunydd dysgu ei hun sy'n mynd
yn uniongyrchol i ysgolion. Y Cyd-bwyllgor hefyd sy'n
gyfrifol am gynnal projectau uchelgeisiol i gynhyrchu llyfrau
cyfeiriol sylfaenol i blant. Y cyntaf i'w gwblhau, ar ôl
blynyddoedd o waith gan ei olygydd D Gwyn Jones, oedd y
gwyddoniadur Cymraeg gwreiddiol, *Chwilota*. Yr *Atlas
Cymraeg* oedd y cyhoeddiad nesaf ym 1987, ac yna
Gwyddoniadur Mawr y Plant ar gyfer plant iau ym 1991.

O fewn y Cyngor Llyfrau Cymraeg, yn dilyn trafodaethau
manwl rhwng yr holl gyrff oedd â rhan yn y datblygiad,
penderfynwyd ymgorffori'r Ganolfan Llenyddiaeth Plant o
fewn y Cyngor gan greu Adran Llyfrau Plant newydd a
fyddai'n parhau ac yn datblygu ochr weithgareddau'r
Ganolfan ynghyd â datblygu Clwb Llyfrau Sbondonics.
Trosglwyddwyd y cyfrifoldeb am y casgliad hanesyddol o
lyfrau plant i'r Llyfrgell Genedlaethol sydd, ar y cyd gyda'r
Adran Astudiaethau Gwybodaeth a Llyfrgellyddiaeth,
Prifysgol Cymru Aberystwyth (sef Coleg Llyfrgellwyr Cymru
gynt), wrthi'n datblygu rhaglen tymor-hir i greu cronfa ddata
o'r holl lyfrau Cymraeg i blant. Daeth cyfle eto i edrych ar y
cylchgronau *Pori* a *Sbondonics* ac ar sail casgliadau'r
adroddiad ymchwil *Y Fasnach Lyfrau yng Nghymru*,[19] a
ddangosodd fod mwy o ysgolion yn derbyn *Llais Llyfrau* na
Pori, penderfynwyd ehangu *Llais Llyfrau* i gynnwys
adolygiadau ac erthyglau ar lyfrau plant a dirwyn *Pori* i ben.
Yr Adran Llyfrau Plant newydd fyddai'n gyfrifol hefyd am y
Gynhadledd, y Cwisiau, Tlws Mary Vaughan Jones a
Gwobrau Tir na n-Og—dwy wobr am lyfrau Cymraeg erbyn
hyn, y naill am gyfrol ffuglen orau'r flwyddyn a'r llall am
gyfrol orau'r flwyddyn nad yw'n ffuglen, yn ogystal â'r wobr
am lyfr Saesneg.

O ystyried cynnyrch y cyhoeddwyr unigol, mae'n braf
gweld Gwasg Gomer, er enghraifft, wedi dathlu ei chanfed

pen blwydd, yn dal i fod mor ddiwyd, tra bod gweisg ifainc megis Y Lolfa a Charreg Gwalch yn byrlymu o syniadau ac wrthi'n meithrin awduron newydd. Mae'n galonogol fod ambell broject uchelgeisiol, megis *Y Beibl i Blant mewn 365 o Storïau*, Gwasg Efengylaidd Cymru, yn cael ei gyflawni, a bod Gwasg y Dref Wen yn parhau i ffynnu fel cyhoeddwr arbenigol yn y maes llyfrau plant, a Gwasg Prifysgol Cymru hefyd yn cyhoeddi ambell gyfrol uchelgeisiol, ddrud.

Ar ddechrau'r nawdegau, mae'r sefyllfa yn newid eto. Fel yn y gorffennol, mae llawer o'r newidiadau hyn yn deillio o newidiadau yn y byd addysg. Mae gofynion yr arholiad TGAU wedi esgor ar lu o ddefnyddiau newydd, a darpariaethau Addysg Alwedigaethol wedi dwyn y Gymraeg i feysydd na freuddwydiwyd amdanynt cyn hyn. Mae cynnwys y Gymraeg yn destun gorfodol o fewn y Cwricwlwm Cenedlaethol yn mynd i greu galw mawr am ddefnyddiau, yn arbennig ar gyfer dysgwyr. Mae'r drefn newydd, lle y mae pob ysgol yn gyfrifol am ei harian ei hun yn hytrach na bod yr Awdurdod Addysg yn gyfrifol yn ganolog, ag oblygiadau nad ydym yn gwybod beth ydynt eto i gynlluniau'r Cyd-bwyllgor Addysg, ac yn mynd i orfodi'r gweisg a'r Cyngor Llyfrau i ddatblygu dulliau marchnata llyfrau i ysgolion unigol, rhywbeth oedd ei angen dan yr hen drefn.

Mae yna beryglon hefyd. Am y tro cyntaf y mae gwerth Addysg Gymraeg yn cael ei herio trwy lysoedd barn yn Lloegr, ac y mae'r bygythiad i gyfundrefn Arolygiaeth yr Ysgolion yn fygythiad mwy nag sy'n amlwg ar yr olwg gyntaf i'r byd llyfrau, oherwydd y mae'r holl welliannau y soniwyd amdanynt yma bron i gyd wedi bod yn bosibl oherwydd arian ychwanegol o'r llywodraeth. Oni bai am gred ddiysgog ymgynghorwyr arbenigol mewn cyfundrefn addysg Gymraeg, a phwysigrwydd llyfrau a darllen o fewn y gyfundrefn honno, mae'n amheus gennyf a fyddai'r math o arian a welwyd yn ystod y deng mlynedd diwethaf wedi bod ar gael.

Pa feini prawf sydd gennym i bwyso a mesur yr hyn sydd wedi digwydd yn y byd llyfrau plant yn ystod y cyfnod 1950-90?

	1983	1984	1985	1986	1987	1988	1989	Cyfanswm
Plant dan 7	66	42	16	22	41	57	79	323
Nofelau 7-11	43	24	10	18	21	27	31	174
Ffeithiol 7-11	25	40	13	16	11	25	11	141
Nofelau 11+	11	8	2	11	13	12	19	76
Ffeithiol 11+	15	5	3	—	2	—	5	30
Barddoniaeth a Chaneuon	10	7	7	3	4	3	8	42
Eraill	12	11	14	—	4	9	3	53
Gwerslyfrau	25	36	78	70	71	67	82	429
Cyfanswm	207	173	143	140	167	200	238	1,268

1. Mae'r ystadegau moel yn rhestru nifer y teitlau a gyhoeddwyd bob blwyddyn yn tystio'n ddiamwys i'r cynnydd yn y maes, a gellir cymharu'r rhifau a gyhoeddwyd yn ôl y cylchgrawn *Pori* rhwng 1983-9 â'r nifer a gyhoeddwyd rhwng 1955-76 (gweler tudalen 147):

2. Mae cymharu'r Catalogau Llyfrau Plant a gyhoeddwyd ym 1975, 1979, 1988, 1991, 1993 a 1995 yn tystio nid yn unig i'r nifer cynyddol o lyfrau plant ond hefyd i'r cynnydd yn y dewis a'r amrywiaeth o lyfrau sydd ar gael erbyn hyn.

3. Mae'r ffaith fod y nifer o gopïau o deitl mewn cyfres megis cyfres yr Arddegau neu gyfres Corryn wedi cynyddu o argraffiad o 1,500 o gopïau i argraffiad o 3,000 o gopïau yn tystio i'r derbyniad y mae'r llyfrau hyn yn eu derbyn, ffaith sy'n cael ei chadarnhau mewn ystadegau benthyca llyfrau o lyfrgelloedd cyhoeddus yng Ngwynedd a Dyfed, lle y mae benthyciadau llyfrau Cymraeg i blant yn cynyddu a hynny'n groes i'r duedd gyffredinol.

4. O ran safon y deunydd y mae adroddiadau paneli dewis gwobrau Tir na n-Og yn dangos bod safonau wedi codi,

ac y byddai'n bosibl erbyn hyn dyfarnu gwobr i gyfrol 'eithriadol' yn flynyddol. Braf nodi fod dwy gyfrol a enillodd Wobrau Tir na n-Og, sef *Jabas* gan Penri Jones a *'Tydi Bywyd yn Boen* gan Gwenno Hywyn, wedi cael eu haddasu ar gyfer y teledu a phrofi'n hynod o boblogaidd nid yn unig yng Nghymru ond, ar ôl cael eu trawsleisio, mewn ieithoedd lleiafrifol eraill yn ogystal.

5. O ran ysgolion, gellir eto nodi yn ystadegol y twf yn nifer y plant sy'n astudio pynciau ac yn sefyll arholiadau trwy gyfrwng y Gymraeg.[20]

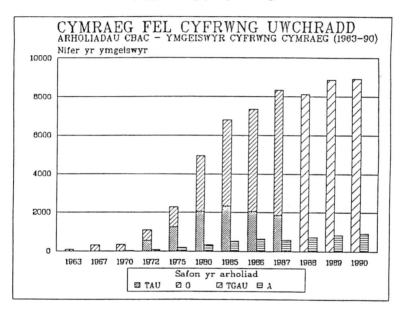

A beth am y gwersi at y dyfodol? Awgrymaf yn betrus:

1. Gyda'r holl alw am ddatblygu deunydd newydd, llenwi bylchau, ennill siaradwyr a darllenwyr newydd ac am gyflenwi anghenion newydd athrawon ac addysgwyr, y mae yna berygl i ni golli golwg ar y plentyn ei hun.

2. Mae llyfrau yn bethau mor gyffredin fel ei bod hi'n hawdd eu cymryd yn ganiataol a dibrisio camp yr

arbenigwyr proffesiynol sydd eu hangen i'w creu, nid yn unig y rhai amlwg megis yr awdur a'r arlunydd, ond y rhai llai amlwg ond llawn mor bwysig, y golygydd a'r dylunydd.

3. Er mwyn i'r byd llyfrau ffynnu y mae arnom angen pob elfen yn y gadwyn gyhoeddi, a gwylied rhag torri allan rhai o'r camau mewn ymgais i arbed arian yn y tymor-byr, dim ond i ddarganfod pan fydd eu hangen arnom nad ydynt yn bod bellach.

4. Ond y newyddion da yw bod gennym yng Nghymru gyfoeth dipyn mwy nag y byddai'n deg inni ddisgwyl o ran ein nifer fel siaradwyr Cymraeg, sef awduron ymroddedig, proffesiynol eu hagwedd a hyblyg o greadigol, sy'n gallu wynebu unrhyw her am ddeunydd a defnyddiau newydd.

Rhaid parchu a gwarchod y rhain oherwydd dyma'r adnodd unigol mwyaf gwerthfawr sydd gennym yn y byd llyfrau. Rhaid sicrhau cydbwysedd rhwng gwaith gwreiddiol ein hawduron a'r addasiadau sydd hefyd yn bwysig (ond nid mor bwysig). Dylem hefyd fod yn ceisio sicrhau tâl priodol i awduron llwyddiannus er mwyn iddynt fedru byw ar eu hysgrifennu. Gan fod nifer y copïau o lyfr Cymraeg a gyhoeddir cymaint llai ar gyfartaledd na llyfr plant Saesneg, a chan fod llyfrau Cymraeg i blant ar y cyfan yn sylweddol ratach na llyfrau Saesneg, fydd hi byth yn bosibl i awdur dderbyn tâl digonol o werthiant llyfrau yn unig, ac y mae gofyn ystyried dulliau eraill, gan adeiladu ar y system grant awdur a delir yn barod.

O ystyried hyn i gyd, rwy'n credu y byddai'n deg inni ddod i'r casgliad fod y maes cyhoeddi llyfrau Cymraeg i blant yn un o lwyddiannau mawr yr ugain mlynedd diwethaf, a bod gennym ddigon o brofiad a hyder bellach i sicrhau bod cynnyrch yr ugain mlynedd nesaf yr un mor llwyddiannus.

Nodiadau

[1]Alun R Edwards, *Yr Hedyn Mwstard: Atgofion Alun R Edwards.* Gwasg Gomer, 1980, t.51.

[2]*Report of the Committee on Welsh Language Publishing: Adroddiad y Pwyllgor Cyhoeddi Llyfrau Cymraeg.* London, HMSO (Cmd. 8661), 1952, par.15.

[3]ibid., t.21, par.25.

[4]ibid., t.21, par. 27.

[5]Rhiannon Jones, *Llyfrau Cymraeg i Blant: Rhestr gyflawn o'r llyfrau sydd mewn print, gyda nodiadau disgrifiadol.* Aberystwyth, Cyngor Llyfrau Cymraeg, 1975.

[6]Roger Boore, *Llyfrau Plant mewn Ieithoedd Lleiafrifol.* Caerdydd, Gwasg y Dref Wen, 1978, t.7.

[7]Cyd-bwyllgor Addysg Cymru, *Cymraeg Byw, Rhifyn 3.* Y Bontfaen, Brown a'i feibion, 1970, t.1.

[8]Siân Teifi, *Cyfaredd y Cyfarwydd: Astudiaeth o fywyd a gwaith y Prifardd T Llew Jones.* Aberystwyth, Gwasg Cambria, 1982, t.13.

[9]Mairwen Gwynn Jones, *Llenyddiaeth i blant yng Nghymru.* Caerdydd, Cyngor Celfyddydau Cymru, 1974, t.2.

[10]ibid., t.20.

[11]Mairwen Gwynn Jones, 'Yn ôl at y Twmpath Eithin', yn *Llais Llyfrau* Hydref 1986, tt.6-7 (gweler tudalennau 24-29 o'r gyfrol hon).

[12]D Geraint Lewis, 'Tir na n-Og Awards for Children's Books' yn *Llais Llyfrau/Book News*, Gaeaf 1988, tt.4-7.

[13]D Geraint Lewis, 'O Goleg i Gastell: Canolfan Llenyddiaeth Plant Cymru 1979-1990' yn *Llais Llyfrau*, Haf 1990, tt.9-10.

[14]Cyngor yr Iaith Gymraeg, *Cyhoeddi yn yr Iaith Gymraeg.* Llundain, HMSO, 1978.

[15]ibid., t.28, par.82.

[16]ibid., t.28, par.83.

[17]D Andrew Davies, 'Cynlluniau'r Cyd-Bwyllgor' yn *Llais Llyfrau*, Gaeaf 1967, tt.6-9.

[18]Glyn Saunders Jones, 'At Eich Gwasanaeth. Canolfan Adnoddau Aberystwyth: Y Ddolen Gyswllt' yn *Yr Athro*, Medi 1986, tt.18-20.

[19]Gweithgor yr Ymchwil Farchnad, *Y Fasnach Lyfrau yng Nghymru: Ymchwil Farchnad ac Arolwg Cyffredinol*, Aberystwyth, Coleg Llyfrgellwyr Cymru, 1988, tt.220 a 233.

[20]*Y Gymraeg yn Ysgolion Cymru—ystadegau.* Pwyllgor Datblygu Addysg Gymraeg, 1991.

CANMLYNEDD O GYHOEDDI: GWASG GOMER 1892-1992

Dyfed Elis-Gruffydd

Yn ôl ei gyfaddefiad ef ei hun pennaf diléit John David Lewis, a aned ar 22 Ionawr 1859 yn fab i David Lewis a'i wraig Hannah, oedd darllen a chasglu llyfrau a baledi lleol. 'O hyn allan,' meddai'r llanc ifanc ugain oed mewn nodyn yn ei ddyddiadur dyddiedig 12 Gorffennaf 1879, 'yr ydwyf am wneyd arferiad i godi am 5 o'r gloch. Yna bydd amser hyd agor y shop am 6.30 gennyf i ddarllen a diwyllio fy meddwl, a diameu y bydd fy iechyd yn well.' Ac yn ddiweddarach cofnododd y sylw a ganlyn:

> Fy hobby er ys blynyddoedd rai yw casglu llyfrau a baledau lleol, ac yn ddiameu gennyf mai fy nghasgliad o lyfrau gan awdwyr perthynol i Landysul [yw] y cyflawnaf sydd mewn bod.[1]

Hawdd credu y byddai J D Lewis wedi rhestru ei gopi bregus o *Dwysfawr Rym Buchedd Grefyddol* a gyhoeddwyd ym 1722 ymhlith y pennaf o'i drysorau.[2] Cyfrol ydoedd a gyfieithwyd o'r Saesneg i'r Gymraeg gan Alban Thomas, curad Blaen-porth a Thre-main rhwng 1722 a 1740. Paratowyd y cyfieithiad ar gais Stephen Parry, yr Aelod Seneddol dros dref Aberteifi a ymgartrefai yn Neuadd Drefawr, a Walter Llwyd, Coedmor, uchel-siryf Ceredigion. Argraffydd y 'llyfr bychan', chwedl y cyfieithydd, oedd Isaac Carter o Genarth, y gŵr a biau'r clod am sefydlu'r argraffwasg barhaol gyntaf ar dir Cymru yn Nhrerhedyn, neu Adpar, ym mhlwyf Llandyfrïog ym 1718. Ac yn y flwyddyn honno yr ymddangosodd y ddau gyhoeddiad cynharaf o'r pum gwaith a argraffwyd yn Nhrerhedyn, cyn y trosglwyddwyd y wasg i dref Caerfyrddin tua 1725. Dwy faled a gyhoeddwyd, sef y gerdd ddychanol *Can o Senn iw hen Feistr Tobacco*, un arall o weithiau Alban Thomas, a *Can ar Fesur Triban ynghylch Cydwybod a Chynheddfau*—baledi y byddai'n ddiddorol gwybod a gawsant eu cynnwys ymhlith y 729 o ganeuon a gyflwynodd J D Lewis i'r gystadleuaeth 'Casgliad gorau o Faledi Cymraeg' yn Eisteddfod Genedlaethol Caerfyrddin 1911. O'r naw cystadleuydd, dyfarnodd y beirniad, W Lewis Jones, athro iaith a llenyddiaeth Saesneg yng Ngholeg y Brifysgol, Bangor, J D Lewis yn gwbl deilwng o'r wobr gyntaf.

Gŵr o gyffelyb ddyheadau i Isaac Carter oedd J D Lewis. Ugain mlynedd wedi iddo ymadael ag ysgol adnabyddus Gwilym Marles er mwyn iddo'n gyntaf gynorthwyo'i dad yn siop Market Stores, Llandysul, ac yna cydio yn awenau busnes y teulu yn dilyn marwolaeth David Lewis ar 27 Medi 1889, troes difyrrwch y gŵr busnes 33 oed yn drech na'i orchwyl beunyddiol.[3] Er na wyddai J D Lewis y nesaf peth i ddim am y grefft a fyddai'n alwedigaeth iddo cyn pen fawr o dro, roedd ei fryd ar brynu peiriant argraffu, ac ym Mehefin 1892 tcithiodd i Aberhonddu lle y prynodd wasg ail-law. Y cam nesaf oedd cyflogi gŵr wrth grefft a chanddo'r gallu a'r nerth ym môn ei fraich i drin y peiriant llaw. Penodwyd William John Jones, llanc ifanc pedair ar bymtheg oed a oedd wedi bwrw ei brentisiaeth fel argraffydd dan ofal John Jones, rheolwr argraffdy Jane ac Elisabeth Jones, Llannerch-y-medd, Ynys Môn, gwasg a gyhoeddai'n bennaf lyfrau crefyddol a hefyd gatalog sylweddol o gerddoriaeth.

Wedi siwrnai flinedig, cyrhaeddodd y gŵr ifanc Landysul ar 13 Medi 1892 ac yn y pentref hwnnw, a oedd yn ganolfan nid yn unig i'r gymdeithas amaethyddol ond hefyd i'r diwydiant gwlân, a oedd yn prysur ddatblygu yn nyffryn Teifi yn ystod degawd olaf y ganrif ddiwethaf, y treuliodd Jones y printer, fel y'i hadwaenid, weddill ei oes. Ond ni chafodd Jones y printer (a wasanaethodd y wasg hyd ei farwolaeth ym 1955) fawr o gyfle i fwrw ei flinder. Roedd gwaith yn ei aros, ac un o'i orchwylion cyntaf, hyd y gellir barnu, oedd cysodi ac argraffu poster dyddiedig 16 Medi

1892 a hysbysebai arwerthiant fferm Fron-goch, Llanfihangel-ar-arth, a gynhaliwyd ddydd Mercher, 28 Medi 1892.[4]

Gymaint oedd ei hoffter o lyfrau a'i awydd i ddatblygu busnes argraffu fel y penderfynodd J D Lewis ym 1894 gau'r siop groser ffyniannus a sefydlwyd gan ei dad ym 1866 a chodi adeilad newydd, aml-bwrpas ar fin y ffordd fawr yng nghanol y pentref. Roedd yr adeilad newydd nid yn unig yn gartref i'w deulu—ei wraig Hannah a'u meibion Dafydd ac Edward a aned ym 1890 a 1891, ac yn ddiweddarach Rhys (g. 1895) ac Emrys (g. 1900)—ond hefyd yn siop lyfrau ac yn argraffdy a enwyd yn Wasg Gomer—Gomerian Press— '. . . oherwydd y parch mawr diffuant oedd gan J D Lewis [y Bedyddiwr selog] at y Parchedig Joseph Harries ('Gomer'), 1773-1825,'[5] gweinidog bedyddiedig a pherchennog siop lyfrau yn Abertawe. Yn amlach na pheidio, y geiriau 'J D Lewis, Gomerian Press, Llandysul' a argreffid ar gynnyrch yr argraffdy. Bryd arall, fodd bynnag, pwysleisid agweddau eraill ar ddiddordebau masnachol y perchennog, a thynnid sylw hefyd at gymeriad y wasg, ac at ei rhagoriaethau a'i harbenigedd. Fe geir, felly, yr amrywiaethau diddorol a ganlyn: 'J D Lewis, Argraffydd, Llyfrwerthydd'; 'J D Lewis, Printer, Stationer'; 'J D Lewis, Ager Argraffydd, Gwasg Gomer'; 'J D Lewis, Typo[grapher], Gomerian Press'; 'J D Lewis, Master Printer, Llandysul', a'r disgrifiad mwyaf gogleisiol, 'J D Lewis, Stud Card Printer, Llandysul'.[6]

Yn y flwyddyn yr agorodd J D Lewis y siop a'r argraffdy newydd cynhaliwyd yn Llandysul Eisteddfod Fawr yr esgorodd un o'i chystadlaethau ar y gyfrol sylweddol gyntaf i'w hargraffu gan Wasg Gomer. Testun cystadleuaeth y Prif Draethawd, a awgrymwyd yn briodol ddigon gan neb llai na David John Lewis, oedd 'Hanes Plwyf Llandysul', ac ym marn y beirniad J Gwenogfryn Evans, gweinidog Undodaidd a fu hefyd yn ddisgybl yn ysgol Gwilym Marles, roedd cyfansoddiad y Parchedig William Jenkin Davies, yntau'n weinidog Undodaidd yng Nghapel y Graig, Llandysul bryd hynny, yn llawn haeddu'r wobr gyntaf. Yn unol ag arferiad y cyfnod, yr awdur ei hunan, gyda chymorth tanysgrifwyr, a gyhoeddodd 1,500 copi o *Hanes Plwyf Llandyssul* wedi iddo yntau roi sêl ei fendith ar y telerau a nodwyd yn llythyr J D Lewis, dyddiedig 3 Mawrth 1896:

> My price for printing and packing ready for binders, 1,500 copies of *Hanes Plwyf Llandyssul* will be £53. I shall, in addition, distribute Subscribers' copies, if necessary. Postage in distributing to be paid by you.[7]

O'r chwe chyfrol a argraffwyd gan Wasg Gomer rhwng 1896 a diwedd degawd cyntaf y ganrif newydd roedd tair ohonynt yn hanes plwyfi, a'r tair hefyd yn gyfrolau arobryn. Dilynwyd *Hanes Plwyf Llandyssul* W J Davies gan *Hanes Plwyfi Llangeler a Phenboyr* Daniel E Jones, cyfrol a gyhoeddwyd ym 1899 ond a oedd yn gynnyrch un o gystadlaethau'r 'eisteddfod lewyrchus' honno a gynhaliwyd yn Dre-fach ganol Awst 1897. Nid Daniel E Jones, bid sicr, oedd y Cymro cyntaf na'r olaf i ddioddef cam mewn eisteddfod, ond ym marn adolygydd anhysbys y *Carmarthen Journal* 27 Ionawr 1899, o leiaf cawsai'r awdur gam dybryd pan ddyfarnwyd iddo £10 yn unig o'r £20 o wobr a gynigid '. . . am y traethawd goreu ar hanes plwyfi Llangeler a Phenboyr.' 'Os oedd traethawd Mr D E Jones yn 'easy first',' meddai'r adolygydd, gan ddyfynnu ymadrodd y beirniad, J Gwenogfryn Evans, 'efe ar bob cyfrif ddylsai gael y wobr yn gyflawn.' Ond nid beirniad y gystadleuaeth yn unig a ddaeth dan lach yr adolygydd. Haeddai pwyllgor yr eisteddfod hefyd gerydd am eu diffyg 'asgwrn cefn' am ganiatáu '. . . yn ddibrotest i'r beirniad gael ei ffordd . . .'! Fodd bynnag, nid ofer fu'r ymgecru oherwydd wedi i'r awdur 'chwanegu' at ei draethawd a chyflawni'r 'amryw welliantau eraill' y cyfeiriodd yr adolygydd atynt, cafwyd gan Daniel E Jones ragorach cyfrol nag eiddo W J Davies a gipiodd y wobr gyntaf yn Eisteddfod Llandysul, dan feirniadaeth yr un beirniad dair blynedd ynghynt. Rhagorai hefyd ar *Hanes Plwyf Llangunllo* gan Evan Cunllo Davies, cyfrol a gyhoeddwyd ym 1905 ond a ddyfarnwyd yn fuddugol yn Eisteddfod Coed-y-bryn ym 1901.

Yn dechnolegol roedd argraffu'r drydedd o'r drindod eisteddfodol yn waith tipyn ysgafnach. Â llaw y cysodwyd *Hanes Plwyf Llangunllo*—y dull a ddefnyddid i gysodi pob cyfrol, llyfryn, poster, taflen a cherdyn a argraffwyd gan Wasg Gomer hyd 1926 pryd y prynwyd y peiriannau cysodi-castio cyntaf—ond oddi ar ddiwedd 1901 câi'r peiriannau argraffu eu troi gyda chymorth injan olew. Fe'i prynwyd gan J D Lewis wedi iddo yntau, yng nghwmni ei fab Dafydd, crwt un ar ddeg oed, ymweld â'r Sioe Amaethyddol Frenhinol yng Nghaerdydd ym mis Mehefin 1901 er mwyn bwrw golwg dros yr injans olew a arddangosid yno. Roedd prynu'r injan yn fuddsoddiad o bwys, ac yn ôl pob tebyg yn benderfyniad pellgyrhaeddol ei ddylanwad ar ddiwydianwyr eraill y fro, oblegid yn fuan wedi i sylfaenydd blaengar Gwasg Gomer osod ei injan olew newydd yntau mewn sièd y tu allan i'r tŷ a'i chysylltu â'r wasg argraffu maint Dwbwl Coron a gawsai ei gosod yn y gegin, o bobman, sylweddolodd perchenogion ffatrïoedd gwlân mwyaf Dre-fach Felindre, Pentre-cwrt a Llandysul y gellid defnyddio'r un dechnoleg i ddatrys problem a oedd wedi'u blino ers rhai blynyddoedd.

Roedd angen injans dibynadwy nid yn unig i ddatrys problem prinder dŵr ar wahanol adegau o'r flwyddyn ond hefyd i gynhyrchu digon o bŵer i droi'r peiriannau cribo a nyddu, ac yn bwysicach fyth i yrru gwyddion pŵer a oedd ar droad y ganrif yn araf ddisodli'r hen wyddion llaw. Ym mis Mehefin 1903, dwy flynedd wedi i J D Lewis ymweld â'r sioe amaethyddol yng Nghaerdydd, dyma ohebydd lleol *Baner ac Amserau Cymru* yn cyfeirio am y tro cyntaf at ddefnyddioldeb 'ager-beiriannau ac olew beiriannau' yn ffatrïoedd gwlân dyffryn Teifi:

> Y mae pob nant ac afon wedi eu troi at wasanaeth y peiriannau a'r melinau hyn; ac etto, y mae y melinau a'r peiriannau wedi cynnyddu cymmaint fel y mae nerth dyfroedd y nentydd a'r afonydd yn rhy fychan i'w

gweithio; a defnyddir ager-beiriannau ac olew beiriannau i weithio amryw o honynt.

Ffynnai diwydiant gwlân dyffryn Teifi yn ystod blynyddoedd cynnar y ganrif bresennol a thrwy gydol blynyddoedd dreng y Rhyfel Byd cyntaf pryd y gwnâi perchenogion nifer o'r ffatrïoedd bach a mawr arian fel y mwg wrth gynhyrchu crysau a sanau rif y gwlith i ddilladu'r milwyr a frwydrai ac a drengai ar feysydd cad cyfandir Ewrop. Ond blynyddoedd anodd fu'r rhain yn hanes Gwasg Gomer. Ymhen mis i'r rhyfel dorri allan siglwyd sylfeini cadarn y wasg gan farwolaeth annhymig ei sylfaenydd ar 30 Medi 1914. Yna, ymunodd Edward, 25 oed, a Rhys, 19 oed, â'r lluoedd arfog. Felly, hyd ddiwedd y rhyfel, cyfrifoldeb y mab hynaf, Dafydd Lewis, a'i fam oedd cynnal y busnes o ddydd i ddydd, tra ysgwyddai W J Jones y baich o oruchwylio'r gwaith yn yr argraffdy.

'A dirwasgiad yn taro bron bob rhan o'r economi, does ryfedd fod y dauddegau'n gyfnod a ystyrir yn un trallodus yn hanes Cymru,' medd John Davies yn ei gyfrol *Hanes Cymru*. O gofio hyn, ernes ryfeddol o'u ffydd yn nyfodol y cwmni oedd penderfyniad y ddau frawd Dafydd a Rhys ym 1926, blwyddyn y Streic Gyffredinol, i fuddsoddi eu harian a phrynu peiriannau newydd a fyddai'n galluogi Gwasg Gomer i argraffu mwy o lyfrau ar ran cyhoeddwyr eraill yn ogystal â diwallu amryfal ofynion y gymdeithas wledig yr oedd y teulu a'u staff yn rhan annatod ohoni. Yr un mor rhyfeddol, onid rhyfeddach ac ystyried enbydrwydd y dirwasgiad, oedd menter Edward Prosser Rhys a sefydlodd Gwasg Aberystwyth ym 1928,[8] cwmni y mae ei hynt ynghlwm annatod wrth hanes Gwasg Gomer a'u datblygiad fel cyhoeddwyr a ddeuai ymhen blynyddoedd i ymfalchïo yn eu rhestr gynhwysfawr o gyhoeddiadau amrywiol a safonol.

Megis J D Lewis, gŵr athrylithgar a chanddo weledigaeth glir a phendant oedd Edward Prosser Rhys a aned ym Methel, y Mynydd Bach, Ceredigion ym 1901. Ym 1924, gwta flwyddyn wedi iddo gael ei benodi'n olygydd *Baner ac Amserau Cymru*, enillodd Goron Eisteddfod Genedlaethol Pont-y-pŵl am ei bryddest 'Atgof', ond roedd bryd y gŵr ifanc hwn ar fod yn gyhoeddwr llyfrau Cymraeg a rhoes fynegiant i'w fwriad i sefydlu Gwasg Aberystwyth yn ei golofn wythnosol yn *Y Faner* ar 30 Hydref 1928, er na ddatgelodd mai ef ei hun oedd y tu cefn i'r fenter newydd. Cyhoeddodd y byddai 'best seller' cyntaf y wasg 'allan ymhen rhai wythnosau', gan ychwanegu 'bod Gwasg Aberystwyth yn mynd i gael cefnogaeth holl lenorion pwysicaf Cymru bron'.

Fel y pwysleisiodd Rhisiart Hincks, cofiannydd Prosser Rhys:

> Profodd dewis *Y Mynach a'r Sant* [gan Gwenallt] yn llyfr cyntaf Gwasg Aberystwyth yn dra ffodus oherwydd iddo ddechrau cyfathrach agos rhwng Gwasg Aberystwyth a Gwasg Gomer . . .[9]

Yn wir, Gwenallt oedd y ddolen gyswllt rhwng y cyhoeddwr a'i argraffwyr:

> Trwy Gwenallt [meddai Prosser Rhys] y deuthum i gymryd diddordeb yng Ngwasg Gomer . . . Yr oedd Gwenallt wedi rhyw led-fwriadu cyhoeddi'r ddwy awdl ei hun a buasai mewn gohebiaeth â Gwasg Gomer. A phan gymerodd Gwasg Aberystwyth y llyfr drosodd, aeth i gyswllt â Gwasg Gomer parthed ei argraffu, gan fod y pris yn gwbl foddhaol. Gwasg Gomer felly a argraffodd lyfr cyntaf Gwasg Aberystwyth a'r ail a'r trydydd, a'r pryd hwnnw ar ddiwedd 1928 . . .

Rhwng 1928 a 1945 cyhoeddodd Gwasg Aberystwyth nifer fawr o gyfrolau. Prosser Rhys, yn anad neb, a ymatebodd yn gadarnhaol i argymhellion *Y Gymraeg mewn Addysg a Bywyd* (1927), adroddiad y Bwrdd Addysg a bwysleisiai'r '. . . angen am fwy o lyfrau ysgol Cymraeg yn ymdrin ag amrywiaeth o bynciau.' Ond:

. . . nid am lyfrau ysgol yn unig y dylid talu teyrnged i
Wasg Aberystwyth [a'r Clwb Llyfrau Cymreig a sefydlwyd
gan Prosser Rhys yn Hydref 1937] ond am gyflenwad
toreithiog o lyfrau poblogaidd o bob math yn ogystal â
nifer o weithiau llenyddol pwysig[10]

yn farddoniaeth ac yn rhyddiaith, fel y dengys y detholiad a
ganlyn o deitlau, gwaith awduron o fri: *Monica* (1930),
Saunders Lewis; *Traed Mewn Cyffion* (1936), Kate Roberts;
Cerddi (1931), *Olion* (1935), *Synfyfyrion* (1937), T H Parry-
Williams, heb anghofio ei *Hen Benillion* (1940), *Lloffion* (1942)
ac *O'r Pedwar Gwynt* (1944) (tair o'r tair ar hugain o gyfrolau
a gyhoeddwyd gan y Clwb Llyfrau Cymreig yn ystod bywyd
Prosser Rhys,[11] clwb a allai frolio dros dair mil o aelodau
erbyn Mehefin 1938); *Hen Wynebau* (1934), *Storïau'r Tir Glas*
(1936) a *Storïau'r Tir Coch* (1941), D J Williams; *Plasau'r Brenin*
(1934) a *Cnoi Cil* (1942), Gwenallt; ac *O Law i Law* (1943) a
William Jones (1944), T Rowland Hughes. Mae'n rhestr gwbl
syfrdanol.

Pe na bai Prosser Rhys yn 'ddyn busnes diwyd a medrus,'
fel y dywed Rhisiart Hincks, go brin y byddai Gwasg
Aberystwyth, nac ychwaith y Clwb Llyfrau Cymreig, wedi
bod mor llwyddiannus ag y buont. Eto i gyd, roedd yn barod
iawn i gydnabod ei ddyled i eraill, a hael oedd ei deyrnged i
Dafydd Lewis, pennaeth Gwasg Gomer, a fu farw ar 26 Awst
1943:

Yn bersonol [meddai yn *Y Faner* ym mis Medi 1943], bydd
gwagle mawr yn fy mywyd hebddo—bu'n gydymaith i mi
am bymtheg mlynedd, ac yn gydymaith cywir, parod i'm
helpu mewn pob anhawster, ac i gyfnewid syniadau ar lu
o faterion.

Marwolaeth ei frawd hynaf a sbardunodd Edward Lewis i
gefnu ar ei swydd fel Goruchwyliwr y Gyfnewidfa Lafur yn
Llandysul ac ymuno â busnes y teulu. Bellach, ei gyfrifoldeb
yntau, gyda chymorth ei frawd Rhys, fyddai llywio dyfodol

'J D Lewis a'i Feibion, Gwasg Gomer'. Menter nid bychan, a dweud y lleiaf, oedd penderfyniad Edward Lewis i brynu Gwasg Aberystwyth yn dilyn marwolaeth Edward Prosser Rhys ar 6 Chwefror 1945 ac yntau'n ddim ond 44 oed. Gan gofio'r 'gyfathrach agos' a fu rhwng Gwasg Aberystwyth a Gwasg Gomer, efallai nad oedd yn benderfyniad cwbl annisgwyl. Ond mae'n bwysig cofio hefyd nad oedd Gwasg Gomer yn mentro i fyd cwbl ddieithr.

Ym 1929 penderfynodd Gwasg Gomer ledu ei gorwelion daearyddol a masnachnol drwy brynu Gwasg Caxton Hall, Llanbedr Pont Steffan. Drwy gyfrwng y wasg hon, yn ôl un adroddiad papur newydd a gyhoeddwyd ar achlysur dathlu hanner canmlwyddiant y cwmni ym 1942,[12] y daeth Gwasg Gomer i gysylltiad â'r dramodydd a'r digrifwr Idwal Jones (1895-1937), a rhwng 1934 a 1944 cyhoeddwyd pedair cyfrol o'i eiddo sef *Cerddi Digri* (1934), *Cerddi Digri Newydd* (1937), *Sh! Dim Sŵn* (Comedi Un Act; d.d.) ac *Ystorïau a Pharodïau* (1944), casgliad o gyfansoddiadau Idwal Jones a gasglwyd ynghyd saith mlynedd wedi'i farwolaeth gan ei gyfaill, Gwenallt.

Cyhoeddwyd gweithiau—llyfrynnau clawr caled gan mwyaf—awduron lleol eraill hefyd. Er enghraifft, ymddang-osodd *Pennill a Thonc* W R Evans, 'Cyflwynedig i goffa "Idwal",' ym 1940 ac yna *Hwyl a Sbri* gan yr un awdur ym 1942. Gwelodd yr argraffiad cyntaf o *Noson Lawen* Jack H Davies a D Jacob Davies, llyfryn a gyflwynwyd 'er cof am Ddafydd Lewis, Gomerian', olau dydd yn 1944, a'r ail argraffiad yn Chwefror 1945, y mis y bu farw Prosser Rhys. O ganlyniad i'r ffrae rhwng Gwenallt a Prosser Rhys, Gwenallt ei hun, gyda chymorth a chydweithrediad Gwasg Gomer, ac nid Gwasg Aberystwyth, a gyhoeddodd *Ysgubau'r Awen* ym 1939.

Fel hyn y bu. Wedi i Prosser Rhys wrthod *Ysgubau'r Awen*, yn bennaf oherwydd nad oedd o'r farn y byddai'r gyfrol 'glasurol' hon yn debyg o 'dalu'r ffordd', troes Gwenallt ei olygon tua'r de o Aberystwyth. Fe wyddai Gwenallt fod:

. . . yna wasg yn Llandysul, ond yn y cyfnod hwnnw [meddai, wrth hel atgofion am y digwyddiad ym 1968] gwasg leol oedd hi, yn argraffu adroddiadau capeli a rhaglenni cymanfa ganu a phethau o'r fath . . . Wel, 'rown i'n adnabod Mr Dafydd Lewis, ac 'roedd rhaid i mi feddwl am ryw gynllun i gyhoeddi'r gyfrol yma . . . A dyma'r cynllun—gofyn i Mr Dafydd Lewis agor cyfrif mewn banc yn Llandysul. Fi oedd yn cyhoeddi'r llyfr, fe oedd yn argraffu, rhwymo a dosbarthu ac yn rhoi'r elw i mewn. Felly 'roedd y taliadau ym manc Llandysul yn fy enw i a'r dyledion yn fy erbyn. Ychydig iawn a werthwyd yn y flwyddyn gyntaf. 'Rown i'n ei gweld hi'n dywyll iawn. Gwerthwyd mwy yn yr ail flwyddyn. Erbyn diwedd y drydedd flwyddyn 'roedd y cwbl wedi eu gwerthu, tua 1,000 o gopïau ac fe ges i ychydig bunnoedd.

Fe ofynnodd Mr Prosser Rhys i mi a gâi e gyhoeddi'r ail-argraffiad, ac fe ddywedais i wrtho fo am fynd i dd---l ag e.[13]

Ond ymhen amser cyfannwyd y rhwyg oblegid dan argraff-nod Gwasg Aberystwyth y cyhoeddwyd *Cnoi Cil* Gwenallt ym 1942, er mai ar 12 Tachwedd 1943 y paratowyd y cytun-deb a lofnodwyd gan D Gwenallt Jones ym mhresenoldeb J E Jones, Swyddfa'r Blaid, Caernarfon, a chan E Prosser Rhys yng ngŵydd T I Ellis, 4 Laura Place, Aberystwyth.[14]

Fel y pwysleisiodd Rheinallt Llwyd a Gwilym Huws, cyd-awduron 'Rhaglen deyrnged i Wasg Gomer (1892-1992)' a lwyfannwyd ym Mhabell Lên Eisteddfod Genedlaethol Aberystwyth-Ceredigion, 1992:

. . . roedd penderfyniad Gwasg Gomer i brynu Gwasg Aberystwyth yn un craff a dewr. Yn graff oherwydd yr enw da a oedd eisoes i'r wasgnod ac yn ddewr oherwydd ymhél ag argraffu a wnaeth cwmni J D Lewis a'i Feibion yn bennaf hyd at ddiwedd yr Ail Ryfel Byd. Dros nos bron fe newidiodd y cwmni o fod yn argraffwyr i fod yn un o brif gyhoeddwyr llyfrau Cymraeg.

Roedd y penderfyniad yn un dewr am reswm arall hefyd, sef am iddo gael ei wneud ar drothwy'r cyfnod mwyaf argyfyngus yn hanes cyhoeddi yn y Gymraeg.

Erbyn tua 1950 roedd nifer y llyfrau newydd a gyhoeddid wedi disgyn i tua hanner cant y flwyddyn. Adlewyrchiad o'r nychdod a ddisgynnodd ar gyhoeddi Cymraeg wedi'r Ail Ryfel Byd hefyd oedd tranc y Clwb Llyfrau Cymreig, er gwaethaf ymdrechion 'Gwasg Gomer a sêl G J Williams a Gwenallt a'i cariodd ymlaen'[15] wedi marwolaeth ei sylfaenydd ym 1945. Dros gyfnod o saith mlynedd cyhoeddwyd pedwar ar bymtheg o deitlau, ond yna, yn Ebrill 1952, bu'n rhaid i G J Williams a Gwenallt, golygyddion y Clwb, hysbysu'r aelodau o'u penderfyniad i ddirwyn y cynllun i ben oherwydd diffyg cefnogaeth.

Er gwaethaf cyflwr gwantan y fasnach lyfrau Gymraeg gydol y pumdegau cyhoeddodd J D Lewis a'i Feibion dan wasgnodau Gwasg Aberystwyth a Gwasg Gomer oddeutu un o bob pump o'r cyfrolau Cymraeg a ymddangosodd rhwng 1952 a 1960, cyfnod nad oedd, mewn gwirionedd, yn gwbl amddifad o arwyddion gobeithiol. Ym 1951 daeth y llenor ifanc Islwyn Ffowc Elis i amlygrwydd pan ddyfarnwyd ei gyfrol o ysgrifau, *Cyn Oeri'r Gwaed*, yn deilwng o Fedal Rhyddiaith Eisteddfod Genedlaethol Llanrwst. Ar faes y brifwyl daeth yr awdur wyneb yn wyneb ag Edward Lewis, ac yn ôl Islwyn Ffowc Elis:

Mi ofynnodd yn wylaidd iawn . . . geith Gwasg Gomer gyhoeddi eich ysgrifau . . . ac mi wnaethon . . . ac mi gadwodd Edward Lewis mewn cysylltiad â mi ar hyd y ffordd . . . roedd yn un da am annog a swcro awduron ifanc . . . Ac ar ôl cyhoeddi'r ysgrifau . . . ychydig fisoedd wedyn dyma lythyr byr oddi wrth Edward Lewis. 'Y mae'r beirniaid yn dweud mai nofel ddylasem gael gennych nesaf, beth amdani?' . . . Wir, roedd gen i nofel wedi ei dechrau . . . [16]

Cysgod y Cryman oedd y nofel, a thros gyfnod o fisoedd fe'i hanfonwyd bob yn bentwr o ddalennau at Wasg Gomer. Fe'i cyhoeddwyd dan argraffnod Gwasg Aberystwyth ym mis Rhagfyr 1953, a chyn ymddangosiad y dilyniant, *Yn ôl i Leifior*, ym mis Rhagfyr 1956, roedd *Cysgod y Cryman* yn ei phumed argraffiad.

Ym marn R M Jones roedd cyhoeddi *Cysgod y Cryman* yn '. . . un o ddigwyddiadau llenyddol pwysicaf y ganrif.'[17] Yn sicr ddigon, Islwyn Ffowc Elis yn anad neb a sbardunodd yr adfywiad yn hanes y nofel Gymraeg, adfywiad y byddai Gwasg Gomer yn elwa ohono gyda threiglad y blynyddoedd. Islwyn Ffowc Elis '. . . agorodd y drws. A thrwy'r drws hwnnw chwap fe ddihangodd lleisiau eraill . . .' Clywyd ambell lais, megis Eigra Lewis [Roberts], cyn diwedd y pumdegau, ond perthyn i'r chwedegau a'r saithdegau y mae lleisiau Jane Edwards, Marion Eames ac Alun Jones, i enwi dim ond rhai o brif nofelwyr Gomer.

Ond cyn y gellid manteisio ar y deffroad llenyddol y cyfeiriodd R M Jones ac eraill ato, byddai'n rhaid adfywio'r diwydiant llyfrau Cymraeg, a buan y sylweddolwyd na ellid gwneud hynny heb gymorth cyfundrefn nawdd o rhyw fath. Roedd yn rhaid wrth gronfa i gynorthwyo cyhoeddwyr i gyhoeddi cyfrolau nad oeddynt yn debyg o dalu ar eu hôl. Dyna'r feddyginiaeth a awgrymwyd gan Prosser Rhys ym 1936, ond sicrwydd gwerthiant oedd ateb Edward Lewis i'r broblem, yn ôl y dystiolaeth a geir yn *Yr Hedyn Mwstard*, hunangofiant Alun R Edwards, cyn-lyfrgellydd blaengar a bywiog Ceredigion.

Ar achlysur agor cangen o lyfrgell y sir yn Aberteifi ym 1950 soniodd rhywun am yr angen am fwy o lyfrau Cymraeg. Ni fedrai Alun R Edwards gofio pwy a ddywedodd hynny:

Ond cofiaf i mi gytuno [meddai], a dweud mai mater i'r cyhoeddwyr oedd hyn. Ac yr oedd un ohonynt, sef Edward Lewis, Llandysul, yn aelod o'r pwyllgor. 'Rwy'n tybio iddo ateb trwy sôn am ddiffyg cylchrediad a phryn-wyr, ac o gael sicrwydd gwerthiant y gellid cynyddu'r nifer o lyfrau.[18]

Ar dir da a ffrwythlon y syrthiodd yr hedyn hwnnw. Ymhen byr o dro awgrymodd Llyfrgellydd Ceredigion y dylid '. . . creu corff annibynnol i hybu cyhoeddi llyfrau Cymraeg . . .', corff y dylai pob '. . . Cyngor Sir gyfrannu £1,000 tuag ato'.[19] Ond gwyddai'r gŵr ymroddgar hwn, a oedd wedi rhag-weld yr angen am Gyngor Llyfrau Cymraeg ddeng mlynedd cyn y cafodd y corff hwnnw ei sefydlu, fod ffydd heb weithredoedd yn farw, a mor gynnar â Gorffennaf 1951 ef fu'n bennaf cyfrifol am ddarbwyllo Pwyllgor Addysg Sir Aberteifi i:

> . . . sefydlu Pwyllgor Llyfrau Cymraeg yn y sir, gyda gallu-oedd llawn i wario £2,000 yn y flwyddyn ariannol honno i hyrwyddo ysgrifennu, darlunio a chyhoeddi llyfrau Cymraeg i blant [a bod] . . . y Pwyllgor Addysg yn prynu dau gopi i bob ysgol o bob llyfr Cymraeg addas i blant a thrwy hynny yn sicrhau marchnad o 220 o gopïau.[20]

Bu'r ymateb i'r cynllun arloesol hwn yn gadarnhaol. O fewn byr o dro gwelwyd sefydlu Cynllun y Tair Sir, yna Cynllun y Pum Sir a chyn diwedd 1964 '. . . yr oedd siroedd Fflint [sic] a Maldwyn wedi ymuno hefyd a dyna i ni'r Saith Sir.'[21] Yn ddiweddarach aeth y 'Saith' yn 'Naw', ac ym 1968 mabwys-iadwyd y cynllun gan Gyd-bwyllgor Addysg Cymru.[22]

Roedd darnau pwysig eraill o'r gyfundrefn nawdd hefyd yn graddol ddisgyn i'w lle. Ym 1956, bedair blynedd ar ôl i Bwyllgor Ready, a benodwyd gan y Swyddfa Gartref, argymell sefydlu Cronfa Lyfrau Gymraeg, rhoes y llyw-odraeth fil o bunnau o gymhorthdal tuag at gyhoeddi llyfrau Cymraeg i oedolion, grant a gynyddodd gyda threiglad y blynyddoedd. Ym 1961, trwy gydweithrediad Undeb y Cymdeithasau Llyfrau Cymraeg a nifer o awdurdodau lleol, sefydlwyd y Cyngor Llyfrau Cymraeg '. . . er hybu cynhyrchu a marchnata deunydd darllen yn Gymraeg ar gyfer oedolion.' Ac ym 1967 gwelwyd sefydlu Cyngor Celfyddydau Cymru, corff a gynigiai gymhorthdal i lenorion a chyhoeddwyr fel ei gilydd.

Bu'n rhaid aros ychydig flynyddoedd am y cynhaeaf a ddaeth yn sgil y grantiau, ond dengys yr ystadegau a'r dystiolaeth a grynhowyd gan Rheinallt Llwyd a Gwilym Huws am yr ugain mlynedd rhwng 1970 a 1989 mai Gwasg Gomer '. . . a ymatebodd yn fwy na neb arall i'r her a grëwyd gan yr adnoddau a'r amgylchiadau newydd . . .' Dan arweiniad John H Lewis a J Huw Lewis yn bennaf—y ddau gefnder a ddaeth yn ôl i gorlan busnes y teulu yn ystod y pumdegau a chydio'n dynn yn awenau'r cwmni yn dilyn marwolaeth Rhys Lewis ym mis Mai 1961 ac Edward Lewis ym mis Ebrill 1965—y gwelwyd twf yn nifer y teitlau a gyhoeddwyd gan y wasg yn ogystal â gwelliant yn eu diwyg.

Enghraifft wiw o fenter y wasg dan yr oruchwyliaeth newydd oedd eu penderfyniad i lansio Llyfrau Poced Gomer, cyfrolau bach hylaw a phoblogaidd a fu'n gymaint nodwedd o gynnyrch y wasg drwy gydol y saithdegau. Ym 1970 y cyhoeddwyd *Y Tri Bob* Robin Williams, *Y Corff ar y Traeth* T Llew Jones, *Yr Hen Dafarn* J Ellis Williams a *Y Gromlech yn yr Haidd* Islwyn Ffowc Elis, pedwar teitl eang eu hapêl gan bedwar awdur adnabyddus. Gwerthwyd 5,000 o gopïau o bob un o'r pedair cyfrol a argraffwyd ar ffurf llyfrau clawr papur rhad go-iawn yn Utrecht, Yr Iseldiroedd.

Ond mwy anturus fyth oedd parodrwydd y wasg i fentro cyhoeddi mwy o ddeunydd poblogaidd i blant. Cyn 1979, y flwyddyn y cafodd y Cyngor Llyfrau Cymraeg gyfrifoldeb dros rannu grant y Llywodraeth ar gyfer cyhoeddiadau yn yr iaith Gymraeg, nid oedd grantiau ar gael tuag at gynhyrchu llyfrau plant, heblaw'r cynllun gwarant a weinyddid gan Gyd-bwyllgor Addysg Cymru. Eto i gyd, ymhell cyn diwedd y saithdegau gwelwyd cyhoeddi gan y wasg y mwyafrif o ddigon o lyfrau amrywiol T Llew Jones sy'n dal i apelio at gynifer o blant o bob oed. Nid gormodiaith ar ran Alun R Edwards oedd '. . . mentro honni mai'r pysgodyn mwyaf a ddaliwyd gan y Cilgwyn oedd T Llew Jones,'[23] a byddai Gwasg Gomer gyda'r cyntaf i gydnabod ei dyled i awdur *Yr Hedyn Mwstard* am ddarbwyllo Pwyllgor Llyfrau Cymraeg Sir Aberteifi i gynnal y gynhadledd honno ar gyfer 'would-be teachers/authors' ym Mhlas y Cilgwyn, Castellnewydd Emlyn ym mis Medi 1951.

Ar drothwy Nadolig 1974, bum mlynedd cyn ymestyn y gyfundrefn nawdd i gynnwys llyfrau plant, agorwyd cwys newydd arall yn hanes y wasg. Dyma pryd y gofynnodd J Huw Lewis i Aneurin Jenkins-Jones baratoi addasiadau Cymraeg o wyth a deugain o lyfrynnau plant Ffrangeg eu hiaith, cyfrolau a oedd yn nhyb yr awdur gyda'r '. . . mwyaf lliwgar a deniadol, a phob un ohonyn nhw, o ran lliw a llun, yn ddigon o ryfeddod.'[24] Er 1975 y mae Gomer wedi cyhoeddi degau lawer o gyfrolau cyffelyb, a go brin y gwelir newid cyfeiriad yn ystod y blynyddoedd i ddod er gwaetha'r ffaith i addasiadau o lyfrau a gynhyrchir ar y cyd â chyhoeddwyr eraill ddod dan lach Gwasg y Lolfa ac ambell feirniad arall ym 1989. Ni waeth beth a ddywed y purwyr, y mae'r llyfrau hyn yn gwbl angenrheidiol am y rhesymau a amlinellwyd gan Elgan Davies, Pennaeth Adran Ddylunio'r Cyngor Llyfrau Cymraeg, yn *Llais Llyfrau*, Gaeaf 1978:

Oherwydd problemau marchnad leiafrifol, y mae'n amhosibl i ni yng Nghymru gystadlu â'r llyfrau plant godidog a gynhyrchir yn y gwledydd mawr. Yn un peth, mae'r arlunwyr gorau'n gostus. Mae argraffu lluniau llawn-liw yn fwy costus byth! Y canlyniad a'r trueni yw bod llyfrau Cymraeg gwreiddiol i blant yn aml yn cymharu'n anffafriol â'r hyn a gynhyrchir mewn gwledydd eraill a bod raid dibynnu ar gyfieithiadau ac argraffiadau cyd-wladol i sicrhau llyfrau o'r safon uchaf.

Wrth gwrs, gellid sicrhau llyfrau gwreiddiol, lliwgar o safon uchel iawn pe neilltuid mwy o arian ar gyfer pob teitl, ond pe mabwysiedid polisi o'r fath gan y Cyngor Llyfrau Cymraeg y canlyniad anochel fyddai cyhoeddi llai o lawer o lyfrau ac amddifadu'n plant a'n pobl ifanc o'r cyfle i ddewis. Nid llai o lyfrau sydd eu hangen ar ein darllenwyr ifanc, ond mwy ohonynt ac mae Gwasg Gomer wedi gwneud popeth o fewn ei gallu i sicrhau nad ydynt yn gorfod bodloni ar sbectrwm culach nag sydd raid. Ond afraid yw dweud, gobeithio, fod y wasg sydd, yn ôl Rheinallt Llwyd a Gwilym

Huws, '. . . wedi llwyddo i ddenu rhai o brif awduron llyfrau plant y cyfnod diweddar . . .', ynghyd â chyhoeddi gwaith sgrifenwyr ifanc, addawol, hefyd yn gwybod na all yr un diwylliant iach fforddio gormod o addasiadau. Kate Roberts a ddywedodd:

> Rhaid cael yr un faint yn union o lyfrau i genedl fach ac i genedl fawr. Gall cant o bobl ddarllen yr un faint o lyfrau â chan mil yn union yn yr un faint o amser.[25]

Pa mor anghyraeddadwy bynnag y bo'r nod hwnnw, er 1979 y mae Gwasg Gomer wedi anelu '. . . at gynhyrchu'n gyson gyflenwad cynrychioliadol a chytbwys o lyfrau newydd at ddant darllenwyr o wahanol oedran a diddordebau,' gan gydnabod yn arbennig yr angen am ddarpariaeth ddigonol o lyfrau plant a llyfrau i ddysgwyr o bob oed, ynghyd â chyfrolau ysgolheigaidd safonol, mwy cyfyng eu hapêl.[26]

Mater i eraill yw penderfynu pa mor llwyddiannus neu aflwyddiannus y bu'r wasg wrth geisio ymgyrraedd at y nod hwnnw, ond dyma farn Rheinallt Llwyd a Gwilym Huws:

> Yn ystod y blynyddoedd diwethaf mae'r wasg wedi rhoi gwasanaeth anrhydeddus i bob agwedd o fywyd Cymru trwy ei chyfrolau. Er enghraifft, ym maes llyfrau oedolion mae'r genedl yn ddyledus iddi am gyflwyno ffrwd o nofelau safonol gan awduron megis Islwyn Ffowc Elis, Eigra Lewis Roberts, Marion Eames, Jane Edwards ac Alun Jones. Gwnaeth gyfraniad tebyg ym maes barddoniaeth trwy gyhoeddi cyfrolau o gerddi Siôn Eirian, Menna Elfyn, Nesta Wyn Jones, Dic Jones a Donald Evans, i enwi dim ond rhai. Ychwanegwch at hyn gyfraniad gwerthfawr Gomer i fyd ysgolheictod trwy gyhoeddi gweithiau swmpus gan ysgolheigion megis Hywel Teifi Edwards, Geraint H Jenkins, Geraint Bowen, John Rowlands, Glanmor Williams, E G Millward a Derec Llwyd Morgan, ac fe welir mor amrywiol yw natur eu cynnyrch. Ni ddylid anghofio chwaith am wasanaeth y wasg i'r Cymry

di-Gymraeg oherwydd yn y blynyddoedd diwethaf hyn mae ei rhaglen gyhoeddi ar eu cyfer hwy wedi cynnwys hunangofiannau, llyfrau hanes, a chyfrolau o farddoniaeth Eingl-Gymreig.

Er y tridegau y mae Gwasg Gomer wedi cyhoeddi oddeutu 2,000 o deitlau, gwaith tua phedwar cant a hanner i bum cant o awduron. A bwrw ei bod wedi llwyddo i werthu ar gyfartaledd gwta 2,500 o gopïau o bob teitl, dyna gyfanswm o bum miliwn o lyfrau. Ar hyn o bryd cyhoeddir oddeutu 85 o deitlau newydd bob blwyddyn, y mwyafrif o ddigon yn llyfrau darllen Cymraeg i blant, pobl ifainc ac oedolion; cyfrolau i ddysgwyr, ynghyd â gwerslyfrau, a gyhoeddir mewn cydweithrediad â Chyd-bwyllgor Addysg Cymru, i ddisgyblion ein hysgolion cynradd ac uwchradd. Hyd yn gymharol ddiweddar dim ond llyfrau Saesneg i oedolion a gyhoeddwyd, ond ym 1991 lansiwyd y cyfrolau cyntaf ac arnynt argraffnod Pont Books. Nofelau ydynt yn bennaf ac iddynt gefndir Cymreig ac fe'u bwriadwyd ar gyfer plant di-Gymraeg.

Mae'n ymddangos, felly, fod llewyrch ar ein llwybrau. Ac fe ymddengys fod yr ystadegau yn profi bod y '. . . twf yng nghynnyrch y wasg Gymraeg wedi mynd o nerth i nerth bron yn ddi-dor gydol y saith a'r wythdegau'. Fodd bynnag, rhaid gochel rhag cael ein twyllo gan y 'llewyrch arwynebol', chwedl John Rowlands.[27] Ym 1931, ychydig flynyddoedd cyn i Wasg Gomer fentro i'r byd cyhoeddi, cyhoeddwyd 109 o lyfrau Cymraeg ac ychydig dros 10,000 o lyfrau Saesneg yng ngwledydd Prydain. Erbyn heddiw (1992) y mae'r 109 wedi cynyddu i oddeutu 500 a'r 10,000 i 68,000. Hynny yw, fel canran o'r llyfrau Saesneg a wêl olau dydd, cyhoeddwyd llai o lyfrau Cymraeg ym 1992 (0.7 y cant) nag ym 1931 (1.1 y cant). Pe na bai'r Cymry yn ddwyieithog gellid diystyru'r fath ystadegau ond nid felly y mae, ac mae'r dewis o lyfrau Saesneg a osodir ger ein bron yn graddol achub y blaen ar yr arlwy Gymraeg.

Mwy sobreiddiol byth yw'r hyn a ddywed y cyfrifiadau wrthym. Er enghraifft:

In 1981 the greater part of Ceredigion and northern Carmarthen returned literary percentages of over 85 [hynny yw, y gallai 85 y cant o'r Cymry Cymraeg *ddarllen ac ysgrifennu Cymraeg*]. By 1991 such areas had contrac-t-ed to just three fragmented blocks.[28]

Adlais yw'r newid hwn o'r gostyngiad yng nghanran y siaradwyr Cymraeg rhwng 1981 a 1991 oblegid po leiaf yw canran y Cymry Cymraeg mewn unrhyw ardal, lleiaf i gyd ohonynt sy'n gallu darllen ac ysgrifennu'r Gymraeg.[29] 'Lack of literacy,' meddai Prys Morgan a David Thomas, 'may have a number of causes, but the consistent regional distribution firmly suggests that in Wales it is principally a feature of language decline.'[30] Afraid yw dweud bod anallu cynyddol y Cymry Cymraeg i ddarllen ac ysgrifennu eu mamiaith yn gallu bod yn fêl ar fysedd unigolion nad ydynt yn malio botwm corn ynglŷn â dyfodol yr iaith, oherwydd fel y dywedodd y diweddar Alwyn D Rees ar drothwy Cyfrifiad 1971, gellir cyflwyno'r ystadegau '. . . fel dadl dros roi llai, yn hytrach na mwy o amlygrwydd i'r iaith . . .'[31]

Gan dderbyn mai'r angen am 'fwy o amlygrwydd' yw'r her sydd yn ein hwynebu ni, calondid nid bychan i'r wasg a oedd ar fin dathlu ei phen blwydd yn gant oed ym mis Medi 1992, ac a edrychai ymlaen at yr ail ganrif yn ei hanes, oedd cael ar ddeall, yn ôl rhifyn o'r *Bookseller* yng Nghorffennaf 1992, y byddai Waterstones nid yn unig yn agor siop lyfrau newydd yn Yr Ais, Caerdydd, ar 10 Hydref 1992, ond ynddi câi silffoedd eu neilltuo ar gyfer:

> . . . a comprehensive range of Welsh language titles, with particular emphasis on National Curriculum, children's and Welsh language teaching titles.

—llyfrau i ddiwallu anghenion 'The advance in numbers of young and literate Welsh-speakers in many eastern and southern regions of Wales . . .'[32]

Nodiadau

[1]Ceir y dyfyniadau o ddyddiaduron J D Lewis yn erthygl J Tysul Jones, 'John David Lewis a hanes Gwasg Gomer' yn *Ceredigion* viii, rhifyn 1, 1976, tt. 26-49. Gwnaed defnydd helaeth o'r ysgrif werthfawr hon ac o erthygl arall J Tysul Jones, 'Gwasg Gomer: hanes y wasg' yn *Llais Llyfrau* Hydref 1977, tt. 9-11, wrth baratoi'r ysgrif hon.

[2]Carwn ddiolch yn arbennig i John H Lewis a J Huw Lewis, cyfarwyddwyr Gwasg Gomer, am ddwyn y gyfrol hon a dogfennau a phapurau eraill yn ymwneud â hanes y wasg i'm sylw. O hyn ymlaen cyfeirir at y ffynonellau hyn fel Casgliad Gwasg Gomer.

[3]David Jenkins, 'Braslun o hanes argraffu yn Sir Aberteifi' yn *Journal of the Welsh Bibliographical Society* vii, 1950-3, tt.174-91.

[4]Casgliad Gwasg Gomer.

[5]J Tysul Jones, 'John David Lewis a hanes Gwasg Gomer', t.38.

[6]Casgliad Gwasg Gomer.

[7]J Tysul Jones, 'John David Lewis a hanes Gwasg Gomer', t.38.

[8]Rhisiart Hincks, *E Prosser Rhys*. Llandysul, Gwasg Gomer, 1980, tt.143-53.

[9]*ibid.*, t.147.

[10]*ibid.*, t.146.

[11]Ceir rhcstr gyflawn o'r 42 cyfrol a gyhoeddwyd gan y Clwb Llyfrau Cymreig rhwng 1937 a 1952 yn 'D Myrddin Lloyd yn trafod y Clwb Llyfrau Cymreig' yn *Llais Llyfrau* Haf 1981, tt.15-16.

[12]Casgliad Gwasg Gomer. Gwaetha'r modd, ni wyddys ym mha bapur newydd y cyhoeddwyd yr erthygl.

[13]Gweler Alun R Edwards, *Yr Hedyn Mwstard*. Llandysul, Gwasg Gomer, 1980, tt.189-90.

[14]Casgliad Gwasg Gomer.

[15]'D Myrddin Lloyd yn trafod y Clwb Llyfrau Cymreig', t.15.

[16]Trawsgript o'r darn ffilm a ddangoswyd fel rhan o'r Rhaglen Deyrnged i Wasg Gomer (1892-1992) a lwyfannwyd yn y Babell Lên yn Eisteddfod Genedlaethol Cymru Ceredigion—Aberystwyth, 4 Awst 1992.

[17]R M Jones, *Llenyddiaeth Gymraeg 1936-1972*. Llandybïe, Christopher Davies, t.256.

[18]*Yr Hedyn Mwstard*, t.48.

[19]*ibid.*, t.49.

[20]*ibid.*, tt.53 a 54.

[21]*ibid.*, tt.153-4.

[22]*ibid.*, t.156.

[23]*ibid.*, t.60.

[24]Aneurin Jenkins-Jones, 'Dwywaith yn blentyn' yn *Llais Llyfrau* Haf 1975, tt.15-16.

[25]Kate Roberts, 'Prinder llyfrau Cymraeg' yn *Y Faner,* 23 Gorffennaf 1952, gweler David Jenkins, gol., *Erthyglau ac Ysgrifau Llenyddol Kate Roberts.* Abertawe, Christopher Davies, 1978, t.259.

[26]Dyfed Elis-Gruffydd, 'Dewis llyfr i'w gyhoeddi: y cyhoeddwr' yn *Llais Llyfrau* Gaeaf 1978, tt.4-5.

[27]John Rowlands, 'Llenyddiaeth yn Gymraeg' yn Meic Stephens, gol., *Y celfyddydau yng Nghymru 1950-75.* Caerdydd, Cyngor Celfyddydau Cymru, 1979, tt.179-80.

[28]Harold Carter a John Aitchison, *A Geography of the Welsh Langauge 1961-1991.* Cardiff, University of Wales Press, 1994, t.102; cymharer hefyd y mapiau ar dudalennau 100 a 101.

[29]Ym 1981 gallai 63.2 y cant o drigolion Ceredigion siarad Cymraeg. Ym 1991 y ffigur oedd 59.1 y cant. Gweler hefyd Harold a Mari Carter, 'Cyfrifiad yr iaith Gymraeg 1971' yn *Barn* 141, Gorffennaf 1974, tt. 398-402, ac yn arbennig t.399.

[30]Prys Morgan a David Thomas, *Wales: The Shaping of a Nation.* London, David and Charles, 1984, t.57.

[31]Alwyn D Rees, 'Cyfri'r bobl' yn *Barn* 102, Ebrill 1971 a hefyd yn *Ym marn Alwyn D Rees.* Abertawe, Christopher Davies, t.365.

[32]Harold Carter a John Aitchison, t.102.

O BARCH I AMBROSE BEBB

Emyr Humphreys

Y Steddfod aeth yn Ysgol
Sabothol fwy na heb;
A da yw myned iddi
O barch i Ambrose Bebb.

R Williams Parry (1943)

Ym myd diwylliant ac adloniant fel ei gilydd, rhodd enbyd a pheryglus yw bod yn ddwyieithog. Yn hanes Ewrop yn gyffredinol cyfyngwyd y cyflwr hwn yn weddol gaeth i fyd y bendefigaeth a'r deallusion hyd at ddechrau'r ganrif hon. Anffawd y Cymry yn hytrach na bendith oedd cyrraedd yr argyfwng ieithyddol yn gynt na'r mwyafrif o werinoedd Ewrop. Efallai mai'r ffaith amlycaf a'r dristaf yn hanes ein cenedl ar ôl cyfnod Glyndŵr yw parodrwydd y naill genhedlaeth a dosbarth ar ôl y llall i droi cefn ar yr iaith yn eu hymdrech i gyrraedd bywyd esmwythach a thawelach. Nid oes angen mynd yn ôl ymhellach nag Emrys ap Iwan i wynebu'r gwir cignoeth. 'Tra bod ambell genedl yn addoli'r pell—yr haul er enghraifft—y mae'r Cymry yn addoli'n agos. Y genedl agosaf atom yw eu duw hwy . . . Cydnabyddaf fod miloedd o Saeson yn bobl y gellir eu parchu. Dadleu yr wyf nad yw corff y genedl Seisnig ddim yn gyfryw bobl y dylem ni'r Cymry eu haddoli a'u dynwared . . . Da chwi, byddwch yn Gymreigaidd: cedwch nodweddion mwyaf rhagorol eich cenedl: cedwch eich iaith uwchlaw bob dim. Trwy wneuthur hyn, chwi a godwch ragfur a atalia lawer drwg rhag dyfod ar eich gwarthaf o Loegr. Y mae'r ysbryd gwasaidd a'r duedd ddynwaredol sydd ynoch yn eich gwneud yn wiail ystwyth yn llaw'r diafol.'

Yn briodol iawn, pregethwr Methodist sy'n llefaru yn ogystal â llenor praff ac eangfrydig. Erbyn 1877 dim ond parchedig ofn crefyddol yn ymylu ar ofergoeliaeth oedd yn cadw'r werin yn lled ffyddlon i'r iaith: yr ofn hwn yn hytrach na balchder neu hunan-barch neu unrhyw gariad at etifeddiaeth yr oesoedd. Y capeli oedd cadarnleoedd olaf yr iaith a'r pulpudau oedd troedleoedd gwylwyr y glannau a oedd yn ceisio eu gorau, at ei gilydd, i godi rhagfur yn erbyn y llanw Seisnig didostur a oedd yn 'merwinaw' clustiau Cymry cariadus yn ogystal â'u tir ac yn fythol rwystro'r gwir yn eu mysg rhag 'ymgyweiriaw'. Nid anachroniaeth yw dyfynnu Emrys a Gruffudd ab yr Ynad Coch yn yr un gwynt, ond prawf o angerdd oesol ein sefyllfa fel cenedl. Yn ei gyflwyniad i'r argraffiad cyntaf o Homilïau Emrys ap Iwan, ysgrifenna Ezra Roberts: 'Dywedai yn fynych nad oedd yn fardd; ond os yw nod angen bardd i fedru cipio y drychfeddwl ar ei hediad, a'i wisgo mewn tlysni neu arddunedd, yna yr oedd Emrys ap Iwan yn fardd. Ond nid fel bardd y mynnai efe ragori. Yn anad dim, dysgawdwr ydoedd.' Haws i ninnau ymhen canrif weld mor briodol y cyfuno o swydd y proffwyd ymneilltuol a safle'r bardd teulu yn galw cenedl gyfan unwaith eto i'r gad.

Nid bod Emrys yn galw ar neb i farw dros ei wlad. Er gwaethaf geiriau eithafol ein hanthem genedlaethol, ni ofynnodd am golli gwaed. Gofynnai yn unig am fesur cyson o ymroddiad a ffyddlondeb. Ymddangosai hyn yn hynod o feddal a chymedrol mewn oes mor ffyrnig o filwrol. Ysywaeth, fel mae hanes ac ystadegau yn dangos yn boenus o eglur, yr oedd y bardd-broffwyd yn gofyn gormod. Pam, tybed? Os oedd y gwladgarwch newydd hwn yn rhoi heibio'r hen arfer annymunol o farw dros eich gwlad a'ch cenedl, yr oedd hefyd yn gofyn am fath o ffyddlondeb a brofodd yn y pen draw yn anos i'w ymarfer nag Aberth Gwaed y Gwyddelod. Efallai fod llusgo byw yn anos wedi'r cyfan na marw. Yn sicr, hanes Cymreictod o 1877 hyd heddiw yw baglu o'r naill argyfwng i'r llall a'r gweddill ffyddlon yn cael eu tynghedu i dreulio oes yn ymbalfalu yn y gwyll i gyfeiriad ryw unfed awr ar ddeg diddarfod.

A dyfynnu Ezra Roberts unwaith yn rhagor, 'Gofalai am lusern dlos yn llawn golau a pharai iddi lewyrchu i'r conglau tywyllaf; ond bob amser er mwyn goleuo. Llusern i draed, a llewyrch i lwybr ei wrandawyr oedd ei oleuni ef. Gallai ymddisgleirio; ond er mwyn dangos ac nid ymddangos y gwnelai hynny.' Llenor a llenor mawr oedd Emrys yn ei hanfod ac ar yr wyneb o leiaf nid cyflwr anghydnaws i lenor yw ymbalfalu yn y tywyllwch na disgwyl mewn ofn a dychryn am yr unfed awr ar ddeg. Argyfwng yw hanfod cymaint o'r ffurfiau llenyddol, yn arbennig y ddrama a'r nofel, ac wrth gwrs, argyfwng yw nodwedd amlycaf hanes yr ugeinfed ganrif. Er cymaint y baich ychwanegol a'r boen o fod yn gyfrifol am dynged yr iaith y mae ansawdd rhagorol llenyddiaeth Gymraeg o ddyddiau Emrys ap Iwan a Daniel Owen hyd at farw Kate Roberts a Saunders Lewis yn tueddu i ategu'r ddamcaniaeth hon. Ym 1947, ar ganol un o'i ddadleuon cyson gyda W J Gruffydd, soniai Lewis am lenyddiaeth Gymraeg yn mwynhau 'un o oriau ei disgleirdeb', gan fynd yn ei flaen yn ei ffordd gadarn digymar 'ac yn ei hargyfwng hi y mae i ni brofi i'r byw y wefr o ymladd drosti'.

Gorchest hyd at wyrth yw ansawdd llenyddiaeth Gymraeg y cyfnod. Mae'r gwrthgyferbyniad yn syfrdanol. Tra oedd y gynulleidfa yn lleihau gyda chyflymder arswydus, yr oedd y beirdd yn dal i ganu fel eosiaid, fel pe na bai gwahaniaeth rhwng gwyll a gwawr. Cysur i bawb ohonom yw olrhain yr olyniaeth apostolaidd o ddyddiau Gwynn Jones hyd y dwthwn hwn. Ond mewn cymdeithas wâr, nid swydd bardd yw codi rhagfuriau amddiffynnol ar gyfer cenedl gyfan. Ei briod waith ef yw canu a chodi calonnau y milwyr ar y twr a'r gweithwyr yn y maes. I wahaniaethu am funud rhwng barddas a rhyddiaith, dengys profiad yr ugeinfed ganrif mai diwylliant beddargraff fyddai llenyddiaeth a ddibynnai ar farddoni a dim arall. Nid oes neb yn fwy effro i hyn yng Nghymru na'r beirdd eu hunain ac y mae llafur enfawr Gwynn Jones yn cofiannu ac yn cyfieithu ac yn newyddiadura a nofela yn batrwm wedi ei ddilyn yn ffyddlon ar hyd y ganrif hyd ddyddiau Bobi Jones, Gwyn Thomas ac Alan Llwyd.

Fel 'meistr llenyddol' cyfrifol bu Gwynn Jones yn camu y llwybr cul rhwng crefydd a gwleidyddiaeth o gyfnod Emrys ap Iwan, pan oedd yr un wynebau yn addurno'r Sêt Fawr a'r llwyfannau gwleidyddol, hyd at y 'Dadrithiad Mawr' a ddaeth yn sgil y Rhyfel Byd cyntaf. Oherwydd y daeargryn cyfandirol hwn bu'n rhaid i'r holl seiri geiriau Cymraeg—y bardd yn ei weithdy, y pregethwr yn ei bulpud, a'r gwleidydd ar ei lwyfan neu focs sebon—wynebu canlyniadau dau chwyldro mawr y ganrif, sef brwydr y werin am rym gwleidyddol a'r ffrwydrad cyfathrebu; ac o ganlyniad wynebu hefyd y modd y bu i gyfalafiaeth a gwleidyddiaeth grym—Realpolitik—ddefnyddio'r ail i ddofi'r cyntaf. Ar unwaith mewn diwylliant gwerinol a oedd wedi arfer meddwi ar eiriau daeth yr ymdrech i fynegi'r gwir yn bennaf ddyletswydd. Pwy well i gael bellach i ddangos 'y pryf yn y pren, y crac yn y cread' ond y bardd? Ac eto, ni allai hwnnw gynnal yr orchest heb ymchwil manwl a gwyddonol y llenor rhyddiaith.

Dros wyneb daear lawr yr oedd y chwyldroadau uchod yn agor bwlch rhwng yr artist ymroddedig a'i gymdeithas, ac yn y cyd-destun Cymraeg, rhwng y llenor a'i gynulleidfa. Er gwyched cynnwys cylchgrawn W J Gruffydd, bach iawn iawn oedd ei gylchrediad o'i gymharu â'r llifogydd o gylchgronau Seisnig a orlethai gartrefi bach Cymru, y bu O M Edwards yn eu moli hyd at eu molicodlio ychydig flynyddoedd ynghynt. Ambrose Bebb, yn alltud yn y Sorbonne, oedd y cyntaf o'r genhedlaeth newydd i sylweddoli maint yr argyfwng ac ef oedd y cyntaf i ganu utgorn gwir Gymreictod ar dudalennau brau y *Breiz Atao*. Tra oedd y Cymry uchelgeisiol mewn ysgol a choleg yn dal i gael eu swyn-gyfarwyddo gan gyfathrebu nerthol Llundain, yr oedd ymdrechion mab Camer Fawr, Tregaron dros y môr, yn fwy ymylol na llef ddistaw fain.

Ym Mharis, fel prifddinas ddiwylliannol y byd, ymddangosai fod sôn am chwyldro proletaraidd yn ddigon i gyffroi'r byd *bourgeois* i ffrwydrad o weithgarwch creadigol. Dyma oedd ochr gadarnhaol cylchgronau a mudiadau fel *Action Française*: ymdrech i ailddarganfod y gwerthoedd arhosol mewn byd o chwyldro a thrawsnewid parhaus. Yr ysbryd Ffrengig a ysgogodd Bebb i fwrw ymaith lyffetheiriau defodau marw rhyddfrydiaeth Gymraeg yr hen ganrif. Rhoddai lais i amheuon ei gyfnod. Os mai wrth eu ffrwythau yr oedd adnabod gwerth mudiad, beth yn union oedd ffrwyth Cymru Fydd a blynyddoedd o ymgyrchu Ymneilltuaeth ryddfrydol yng Nghymru? Lloyd George yn canu emynau Cymraeg yn 10 Downing St tra oedd cymylau dirwasgiad arswydus yn crynhoi uwchben hen wlad ei dadau.

Nid bod Ambrose Bebb yn troi ei gefn ar etifeddiaeth y Tadau Methodistaidd a'r cryfder athronyddol a fu'n sylfaen gadarn i lwyddiant ymneilltuaeth Gymraeg y bedwaredd ganrif ar bymtheg. Llenor brwd mewn llyffethair ysgolhaig fu Bebb ar hyd ei oes, yn ddwys-ymwybodol o ysbrydion y gorffennol yn cyniwair ei oes argyfyngol ei hun. Fel hanesydd ni fu mor wrthrychol gain, nac mor nawddogol gysurus chwaith, ag R T Jenkins, gŵr yr oedd yn well ganddo astudio'r byd drwy sbienddrych Rhydychenaidd er cymaint oedd ei wybodaeth o ddiwylliant Ffrainc. Fel athro mewn Coleg Hyfforddi Athrawon, gwyddai Bebb mor drylwyr y gofalai'r system addysg am gywirdeb Saesneg to ar ôl to o Gymry ieuanc a chymaint ymffrost eu rhieni ym mherffeithrwydd parabl Seisnig eu plant. Gorfodaeth gryfach na gorfodaeth filwrol oedd meithrin dinasyddiaeth a theyrngarwch trwyadl Seisnig-Brydeinig, ond mater o ddewis oedd medru Cymraeg neu beidio. Yn ystod cyfnod o seciwlareiddio a gwanio grym cymdeithasol yr enwadau a'r capeli, aeth ffyniant yr iaith i ddibynnu fwyfwy ar ddawn llond dwrn o feirdd a llenorion a'u gallu i gynnwys yn eu llenydda y dasg enfawr o greu athroniaeth gymdeithasol a gwleidyddol newydd i Gymru.

Dengys arolwg brysiog mai plant yr hen Ysgolion Sul oedd y cwbl o ffigurau amlwg y cyfnod tyngedfennol ar ôl y Rhyfel

Byd cyntaf, gan gynnwys arweinwyr yr Undebau Llafur, y Sosialwyr a'r Comiwnyddion yn ogystal â'r beirdd a'r llenorion. Anodd mesur dynamig argyhoeddiad, ond ystrydeb seiciatrig erbyn heddiw yw pwysleisio dylanwad meithrin dyddiau mebyd ar feddwl oedolion. Os mai math o ddiwygiad bychan oedd dadeni llenyddol y dauddegau yng Nghymru, hawdd gweld Bebb yn cyflawni rôl 'Lutheraidd' yn y broses ar sail ei deimladau brwd a'i huodledd eirias, a Saunders Lewis yntau, mab Ysgol Sul Galfinaidd arall, yn rhoi peiriant ymenyddol grymus ar waith i osod sylfeini 'Institutio' y gymdeithaseg newydd. Ni lwyddasant i argyhoeddi eu cyd-wladwyr ond gwneud camp mwy na hynny, un o ryfeddodau'r cyfnod, cipio serchiadau y mwyafrif llethol o'r beirdd a'r llenorion gorau. Ac eithrio efallai T E Nicholas, cyn-bregethwr o Gomiwnydd, a'i ddawn yn nes o lawer at felyslais Elfed na cherddi miniog Berthold Brecht, ni ddaeth bardd o bwys o rengoedd yr holl Sosialwyr a oedd yn rheoli cymaint ar feddylfryd y werin Gymraeg ar hyd y blynyddoedd rhwng y ddau ryfel ac am ddegawd neu ddau wedi hynny.

Os mai darllen tudalennau llachar yr *Action Française* oedd ysbrydoliaeth y Bebb ifanc, gofal arbennig ei fywyd ar ôl 1939 hyd at ei farw ym 1955 oedd iechyd y ffydd Gristionogol yng Nghymru ac yn enwedig swyddogaeth y capel a'r Ysgol Sul. Yn wahanol i Charles Maurras, yr oedd yn meddu ar y gostyngeiddrwydd i fynychu ysgol ddyddiol Hanes a chlustfeinio'n astud ar ei gwersi yn hytrach nag ar adlais ei huodledd ef ei hun. 'Argyfwng,' ysgrifenna Bebb, 'hen air annifyr . . . efallai hefyd mai dynion braidd yn annifyr sydd yn hoff ohono. Ac nid oes amheuaeth nad ydynt yn ceisio creu rhyw ias anhyfryd ynoch pan ddefnyddiant ef . . . Ysywaeth, dyna yw'r sefyllfa . . . Y mae ar wefus un o bob deg o'r bobl a gwrddwch chi heddiw ar y ffordd ac yn y ffair . . . Ystyr hynny ydyw bod y cyflwr hwn a elwir "Argyfwng" yn gyflwr sy'n gyffredin i'r hil ddynol ar bum cyfandir. Fe ŵyr pob cenedl o bobl heddiw am ryw agwedd arno, neu am ryw gyfran ohono . . . Amrywio o fan i fan, o wlad i wlad, o ran ei faint ac o ran ei ansawdd . . . Teg ydyw i ninnau ymddiddori yn argyfwng ein gilydd . . . Yr un pryd, Cymru ydyw ein cyfran ni o'r argyfwng dynol. Hi ydyw ein baich arbennig ni—nid am ei bod hi'n well na ryw gongl arall o'r byd. Nac am ei bod hi'n waeth. Nac am fod ei hargyfwng hi yn fwy arswydus nag eiddo'r cenhedloedd eraill. Nage; ond am y rheswm symlach na syml, mai yma yr ydym ni yn byw. Yma mae ein cyfrifoldeb arbennig ni yn debycaf o bwyso'n ddiriaethol arnom o ddydd i ddydd . . . Yma yn unig y gallwn ni gyfrannu'n uniongyrchol at wella'r clwy.' Nid ffanaticiaid oedd meistri rhyddiaith Gymraeg canol y ganrif hon, dynion megis Bebb, Lewis a Gruffydd, er eu bod yn byw yng nghyfnod y lleisiau eithafol o'r Chwith ac o'r Dde, ond llenorion didwyll yn ceisio gweithio allan iechydwriaeth cenedl wrth ymbalfalu drwy erchyllderau Oes ofn a dychryn.

Nid cri o'r galon yn unig oedd y gyfrol fach *Yr Argyfwng*, na'r gyfrol fwy ar Hanes Capel Tŵr-gwyn a gyhoeddwyd flwyddyn cyn ei farw. Maent yn ddogfennau pwysig yn hanes tynged yr iaith ac yn gofgolofnau syber i ffordd o fyw yr oedd y llenor a'r hanesydd hydeiml yn gweld yn prysur ddarfod o'r tir. Er gwacthaf dylanwad 'gwladgarwch cyfleus' O M Edwards ar y gyfundrefn addysg yng Nghymru, o'i ddyddiau ef hyd at farw Bebb arhosai'r prif gyfrifoldeb am les a budd yr iaith ac am addysg Gymraeg ar ysgwyddau a chefnau'r capeli a'r Ysgolion Sul. Yr oedd mudiad Ifan ab Owen Edwards wedi arwain carfan helaeth o blant Cymru i mewn i ddulliau a breintiau lliwgar cenedlgarwch y byd modern heb drethu gormod ar eu hymennydd ond ni ddechreuwyd symud y cyfrifoldeb am addysg Gymraeg o'r Ysgolion Sul uniaith i'r Ysgolion Cymraeg seciwlar newydd tan ganol y pumdegau. O'r cychwyn enillodd yr ysgolion newydd hyn yr hawl i fyw y tu mewn i'r gyfundrefn addysg gwladol ar yr amod eu bod yn ysgolion dwyieithog. Cyn belled â bod eu Saesneg yn cyrraedd y safon, waeth pa mor fratiog Cymraeg y disgyblion o safbwynt y wladwriaeth.

Prin y byddai Emrys ap Iwan yn galw hyn yn fuddug-oliaeth fawr na ffordd ddiogel o sicrhau gallu cenhedlaeth newydd i gynnwys y byd y tu mewn i derfynau estynedig yr iaith. 'Â llygaid Cymro Cymreig yr ydwyf i yn dewis edrych ar y byd', meddai Emrys. 'Â llygaid Cymro dwyieithog,' meddai rhieni'r pumdegau a'r mwyafrif llethol ohonom ni. Dengys llyfrau a dyddiaduron Bebb ogoniant arbennig addysg uniaith yr Ysgol Sul a maint ein colled. Er mwyn pâr o lygaid croes yr ydym wedi colli cyfoeth iaith, cysuron athroniaeth gadarn, a ffordd sicr o fyw.

Dyma'r union awr wan y daeth llygaid arall i rythu arnom o gongl yr ystafell. Nid damwain chwaith mai diwrnod coroni'r frenhines bresennol oedd dydd lledu grym y cyfrwng newydd dros wyneb ei theyrnas achlân. O'r cychwyn cyntaf, fel yn achos y radio, cyfrwng brenhinol yn darlledu Prydeindod yn ôl diffiniad J R Jones fu teledu, a phwysig iawn oedd dealltwriaeth berffaith o deithi'r iaith Saesneg er mwyn synhwyro oblygiadau ac ensyniadau mawr a mân y cyfathrebu newydd.

Yn y ganrif o'r blaen gallai ymneilltuwyr ddiwinydda uwchben y geiniog a rhannu eu teyrngarwch yn weddol dwt rhwng y byd a'r eglwys gyda'r Saesneg ar gyfcr y byd a'r wladwriaeth ymerodraethol, a'r Gymraeg ar gyfer y deyrnas uwch. Ffordd arbennig o gyfleus o gael y gorau o'r ddau fyd yn enwedig mewn cyfnod pan nad oedd yr hen haul ei hun byth yn machlud ar diriogaethau ffyniannus yr ymerodraeth fwyaf a welodd y byd erioed. Erbyn pumdegau'r ganrif hon yr oedd cymaint o golli wedi digwydd, gan gynnwys y golled fwyaf o golli ffydd, fel nad oedd ond awdurdod y goron a'i llywodraeth yn Llundain yn aros ar ôl i gadw rhyw lun o drefn ar ein ffordd sigledig o fyw. Swydd bwysicaf y cyfryngau torfol oedd dysgu'r torfeydd sut i ymddwyn fel deiliaid ffyddlon o'r unig deyrnas oedd yn dal yn weithredol. Pa syndod felly fod cyn lleied o le i 'iaith y nefoedd' ar y rhwydwaith cyfathrebu newydd? Ym myd *vox populi* amhriodol iawn fyddai sôn am 'golledig' ac 'etholedig'. Yr unig awdurdodol lais ar ôl yw lleisiau croch y mwyafrif, a'r unig offeiriadaeth effeithiol yn perthyn i lywiawdwyr cyfrwysaf eu mympwyon.

Tua'r un adeg hefyd, os nad cynt, fe gychwynnodd yr arfer newyddiadurol o gyfeirio at reolwyr y cyfryngau yng Nghymru fel 'meibion y Mans'. Tebyg fod digon o wirionedd yn y 'cyhuddiad' i ni feddwl am y gwyrda hyn fel cynnyrch diweddar yr Ysgol Sul, a hyd yn oed uniaethu â'u problem o gynganeddu teyrngarwch gweision sifil effeithiol tuag at y gyfundrefn Brydeinig a pharhad iaith eu tadau ordeiniedig. Peth anghysurus a llawn o dyndra yw byw trwy gyfnod o drawsnewid cyflym. Mewn cyflwr tebyg, iddynt hwy fel i ninnau, y mae bod yn ddwyieithog yn gymorth nid bychan i ddatrys cyfresi o argyfyngau moesol mawr a mân, ond ysywaeth nid yw'n cyfrannu un iot at ymestyn awdurdod y Gymraeg nac ychwanegu dim at ei gallu i feddiannu pob agwedd ar fyw yn y byd sydd ohoni.

Pa swyddogaeth, felly, sydd ar ôl i'r Gymraeg mewn gwlad drwyadl ddwyieithog? Mae'n gwestiwn cas y mae'n rhaid ceisio ei ateb, nid yn unig er mwyn yr iaith ond er mwyn iechyd meddyliol y rhai sydd yn dal i'w harddel hi. Yr ateb anghysurus o amlwg yw'r cyfle y mae hi'n ei roi i ni barhau i edrych ar y byd trwy lygaid Cymro yn ôl dewis Emrys ap Iwan ac nid sbectol fenthyg y diwylliant Eingl-Americanaidd sy'n cael ei chynnig inni beunydd gan yr holl gyfryngau torfol. Golyga hyn wrth reswm Gymraeg y traddodiad llenyddol ac nid cyfieithiadau Cymraeg amrwd o bethau sydd wedi cael eu dweud yn well eisoes yn y Saesneg. Soniwyd ar y dechrau am y llwybr cul yr oedd y llenor yn gorfod ei gerdded rhwng crefydd cyfundrefnol a gwleidyddiaeth plaid er mwyn dilyn ei weledigaeth a chyfoethogi'r traddodiad. Nid anodd olrhain ar hyd y llwybr cul o'r cyfnod hwnnw hyd heddiw bob dim sydd wedi cadarnhau a chryfhau ein bodolaeth fel cenedl. Ar bob awr o argyfwng bu llenor neu fardd wrth law i gynnig ffordd ymwared i'r gweddill ffyddlon oedd yn disgwyl yng ngwyll rhyw unfed awr ar ddeg arall.

Yn y Gymraeg, ac yn y Gymraeg yn unig, y bu'r galw cyntaf am ranbarth Cymru o'r Gorfforaeth Ddarlledu Brydeinig. Disgyblion disgleiriaf Emrys ap Iwan a gododd y pwnc i sylw cyhoedd digon swrth. Gyda chymorth cewri mwy ymosodol gegog fel W J Gruffydd, a gwleidyddion profiadol fel D Lloyd George a'i frawd, fe gymerodd eu hymchwil a'u hymgyrchu boneddigaidd bron gymaint o amser i ddod â'r tipyn maen i'r wal ag ymgyrch hir y Gymdeithas dros Sianel Deledu Gymraeg yn ein hamser ni. Bychan ac araf oedd cefnogaeth Sosialwyr a'r Blaid Lafur i'r ymgyrch a'u dylanwad bob amser ar ochr glastwreiddio'r sefydliad er mwyn buddiannau'r pleidiau Prydeinig.

Yn y Gymraeg ac yn y Gymraeg lenyddol ar ei gorau y bu sôn am y tro cyntaf yn yr ynysoedd hyn am greu Ewrop ffederal gyda chynrychiolaeth Gymraeg yn rhan o'r drefn newydd. Bu crechwen yr imperialwyr a'r sosialwyr ar y pryd yn fyddarol ond erbyn heddiw dyna'r union realiti y mae Cymru yn gorfod ei wynebu. Camp chwithig Sosialaeth ar ôl oes yr Ysgol Sul oedd meddiannu rhagluniaeth fawr y nef a'i throsglwyddo yn ei chrynswth i ddwylo llywodraethwyr a Senedd Llundain. Erbyn diwedd oes y capeli, pobl yn chwilio am gardod y wladwriaeth yn hytrach nag iechydwriaeth ac achubiaeth fu'r mwyafrif o Gymry. O un pen y wlad i'r llall, yr oedd areithwyr gwleidyddol huawdl yn eu hannog i ddiosg carpiau eu nodweddion cenedlaethol er mwyn derbyn holl ragorfreintiau y Baradwys Broletaraidd oedd ar gyrraedd drwy garedigrwydd Sosialaeth Seisnig.

Dengys hanes ein llenyddiaeth orau ar hyd y ganrif hon fod arnom angen cyfundrefn meddwl uniaith ar gyfer gweithio allan ein hiechydwriaeth genedlaethol ac efallai yn sgil hynny ein hiechydwriaeth bersonol hefyd. Yr oedd diwylliant yr Ysgol Sul yn anhepgorol i ogoneddau llenyddol Bebb a'i gyfoeswyr. Cofleidiasant y ddyletswydd o feddiannu trysorau'r gorffennol a meistroli'r hen eiriau i'w troi yn arfau disglair i drin a thrafod y presennol yn ei holl gymhlethdod a gosod sylfeini sicr am ddyfodol gwell i'r wlad a'r bobl a'r iaith. Nid oedd arnynt fyth ofn meddwl nac athronyddu gan iddynt wybod mai yr ymarfer hwn oedd yr unig ddull o ennill meddwl annibynnol.

Ond nid digon doniau llenyddol, waeth pa mor ddigymar,

heb yr elfen o aberth a'r parodrwydd i osod o'r neilltu uchelgais bersonol. Hyn hefyd sy'n rhoi sêl cwbl unigryw ar gynnyrch llenyddol y ganrif o'i gymharu â chymaint o lenyddiaethau cyfoes eraill. Heb yr ysbryd anhunanol hwn, prin y byddai sôn amdanom fel cymdeithas a chenedl arbennig erbyn heddiw. Yn sicr ni fyddai sôn am ysgolion Cymraeg na Sianel Deledu na mudiadau fel Cymdeithas yr Iaith nac arweiniad dynion a merched yn barod i aberthu er mwyn melysu blas dyfroedd chwerwon Mara a gynigid i ni'n gyson gan arweinwyr gwleidyddol yn lle'r dyfroedd byw.

Nid byd dwyieithog biau'r dyfodol ond byd amlieithog a bydysawd anferth o anesboniadwy. Y ffordd orau o ddigon o wynebu a goroesi'r peryglon a'r ffeithiau arswydus yw creu ymwybyddiaeth gryfach o'n hunaniaeth hanfodol y tu mewn i ragfuriau cadarn Cymreictod di-sigl. Er enghraifft, cymwynas gyhoeddus i'n cadw fel gwerin-bobl o fewn terfynau iawn bwyll yw gwybod fod gennym o leiaf un sianel o'r cyfryngau torfol wedi ei chyfyngu'n llwyr i'r iaith hon. Peth difyr a braf yw arwain dawns y dysgwyr, ond y mursendod terfynol fyddai cyfyngu pob egni creadigol i bwnc achub neu golli'r iaith. Nid oes gwerth i iaith heb gynnwys mwy nag ystyr i lun heb eiriau. Peth cwbl arwynebol, er enghraifft, yw llun ar sgrin nes bod geiriau yn cynnig ystyr iddo. Y gair sydd y tu ôl i'r geiriau yn ei holl amrywiaeth creadigol sy'n gallu treiddio i ddyfnder enaid ac yn gallu trawsnewid hanes.

Prif swydd iaith a llenyddiaeth fel ei gilydd yw creu athroniaeth o fyw, a'r dasg anos o'n blaen yw creu cosmos credadwy y tu mewn i'r iaith ar gyfer cenedlaethau'r dyfodol mewn ffordd nid annhebyg i'r modd y bu ein hen-deidiau yn creu hunanlywodraeth feddyliol y tu mewn i iaith y capel a'r Ysgol Sul. 'Terfynau fy iaith,' meddai Ludwig Wittgenstein, athronydd disgleiriaf y ganrif hon, 'yw terfynau fy myd.' Miniogi'r iaith ar gyfer hunanamddiffyniad wrth eistedd yng nghynteddau gorffwyll Twˆr Babel y cyfryngau torfol yw'r gobaith gorau am ein cadw yn fodau rhesymol. Gesyd hyn gyfrifoldeb anferth ar ysgwyddau'r addysgwyr a'r cyfathrebwyr yng Nghymru: cyfrifoldeb byw llawn-amser ac nid rhan-amser y tu mewn i'r terfynau yn lle llusgo byw yn blwyfol esgymun ar gyrion y comin cyfathrebol.

'*Plus ça change, plus la même chose . . .*' Nid oes gymaint â hynny o newid yn sefyllfa'r Cymry ar hyd y canrifoedd. Os ydym o ddifrif ynglŷn â'n gwladgarwch a'n cenedlaetholdeb, nid oes gennym gymaint â hynny o ddewis. 'Wrth ddysgu arferion da i'ch plant,' meddai Emrys ap Iwan, dros ganrif yn ôl, 'dysgwch iaith dda iddynt; ie, cofiwch fod dysgu iaith dda yn un o'r arferion da hynny. Onid oes gennych na gallu na hamdden i ddysgu'ch plant yn athrawiaeth iaith, dysgwch chi iddynt yn yr amarferiad ohoni . . . Priod iaith ydyw prif nod cenedl, a'r etifeddiaeth werthfawrocaf a ymddiriedwyd iddi gan y tadau. Y mae dysgu'n dda ein hiaith ein hunain yn ddyletswydd foesol—ie, yn ddyletswydd grefyddol nad ydyw hi yn ail i un ddyletswydd arall . . . Os bydd i chi am unwaith gymryd plaid y bobl annibynnol, a phenderfynu y caiff y Gymraeg fyw, byw a fydd. Y mae tynged yr iaith Gymraeg yn dibynnu ar ewyllys a phenderfyniad y Cymry eu hunain.' Beth fedrwn ni ei ychwanegu at hyn erbyn heddiw ond dweud bod hunan-barch bob amser yn ddewisach na hunanladdiad.

HER Y DIWYDIANT GWYBODAETH I IAITH LEIAFRIFOL

D Hywel E Roberts

Gogoniant pob diwylliant yw ei fod yn unigryw, boed yn ddiwylliant lleiafrifol neu'n fwyafrifol ac o'r herwydd peth cwbl gyfeiliornus fu ceisio bathu diffiniad cyfleus a chynhwysfawr o'r hyn a olygwn wrth iaith neu ddiwylliant lleiafrifol. Ond fe fu cymdeithasegwyr yn ymdrafferthu â'r broblem hon ers degawdau bellach, a nifer o gyrff a sefydliadau hwythau yn ceisio cynnig canllawiau a diffiniadau, yn arbennig y rhai hynny fu'n rhannu arian ac adnoddau i hybu'r diwylliannau a'r ieithoedd lleiafrifol hynny. Hyd y gwyddys, ni ddaethpwyd i gytundeb ar ddiffiniad sy'n cwmpasu pob amrywiad a phob amgylchiad arbennig. Mwy buddiol yn sicr yw'r duedd newydd honno sy'n canolbwyntio ar y gwaith o geisio chwilio am y nodweddion sy'n gysefin i ddiwylliannau lleiafrifol ac i'r amgylchiadau hynny a roes fod iddynt. Mae'n wir, yn ddiamau, fod y Gymraeg a'r diwylliant Cymraeg yn debyg mewn llawer dull a modd i nifer o ieithoedd bychain Ewrop, neu i'r ieithoedd llai eu defnydd, ac i'r ieithoedd hynny a siaredir gan genhedloedd nad ydynt yn wladwriaethau. Maent yn rhannu'r un gwreiddyn, neu'n wynebu'r un trafferthion ac yn destun yr un math o ymdrechion i liniaru'r problemau hynny sydd ynghlwm wrthynt. Ond mae yna lawer iawn o bethau yn wahanol rhyngddynt yn ogystal. Mwy, efallai.

Os bu i'r cymdeithasegwyr fethu cytuno ar ddiffiniad o iaith neu ddiwylliant lleiafrifol, ni fu'r ymdrechion i ddiffinio technoleg gwybodaeth fawr iawn yn fwy llwyddiannus. Am resymau sy'n anodd eu dirnad, fe wisgwyd technoleg gwybodaeth yn gynnar iawn â iaith na ellid mo'i deall na'i dehongli ond gan yr arbenigwyr, ac fe lesteiriwyd ein deall o'r dechnoleg a'n gwerthfawrogiad o'i gallu aruthrol hyd y dydd heddiw o'r herwydd. Ac eto mae dylanwad y dechnoleg i'w weld bellach ar bob agwedd bron ar ein bywyd, waeth pa iaith yr ydym yn ei siarad. Nid yw technoleg gwybodaeth fawr iawn mwy na harneisiad celfydd o gyfrifiadur a thelathrebu, gair y technolegydd am y gallu i gysylltu â'n gilydd ar hyd gwifren, a hynny yn rhoi inni y gallu i hel, didol ac ailwampio ar amrantiad gronfeydd enfawr o ddogfennau, cyfeiriadau at wybodaeth brintiedig a phob math o ffynhonnell, trwy gyfrwng y cyfrifiadur, a'r gallu i daenu'r wybodaeth honno yn ebrwydd i'r sawl sy'n dymuno ei chael mewn dewis eang o gyfryngau. Ni allwn fynd i siop na swyddfa bellach, na chyfleu neges neu gais heb fod y dechnoleg yn cael ei defnyddio mewn rhyw ffordd. Gall y sawl sy'n trin eich cerbyd leoli ac atgeisio dernyn i'w drwsio trwy gyfrwng y sgrin; gall y sawl sy'n gweini wrth borth Tesco ddangos eich dewis o nwyddau i lygad electronig a chynhyrchu bil twt o eitemau ichi mewn ychydig eiliadau a gyrru neges i'r gweision i ail-lanw'r silffoedd ar yr un pryd, ac fe aeth sgwrs breifat â'r meddyg bellach yn fwy na deialog gan fod ambell feddyg yn cael gwybodaeth o ymysgaroedd y cyfrifiadur anffaeledig ar ei ddesg yn fwy diddorol a deniadol na'ch ymysgaroedd dynol, ffaeledig chi. Mae dysglau teledu lloeren i'w gweld ar dalcenni'r tai mwyaf distadl, ac mae'r cyfrifiadur wedi cyrraedd hyd yn oed nifer helaeth o ffermydd cefn gwlad Cymru. Cyfuniad o'r teclyn hwnnw a'r teledu sydd wedi gweddnewid bywyd y bugail a'r hwsmon yn ystod y degawd diwethaf. Mae'n plant, wrth gwrs, wedi'u magu ar y pethau hyn; ni allant ddychmygu ysgol heb gyfrifiadur a chyfarpar aml-gyfrwng. A beth fyddai oriau hamdden iddynt heb Nintendo a Sega, lled-realiti a chryno-ddisg?

Ond tybed na ddylid ceisio rhestru rhai o'r pethau hynny sy'n nodweddu'r Gymraeg ac sy'n ei rhoi ymhlith yr ieithoedd lleiafrifol? Arwynebol iawn fyddai ceisio ei gosod o ran ystadegau moel yn y dosbarth hwnnw am mai cymharol ychydig ohonom sy'n ei siarad. Mae'n fater llawer iawn mwy cymhleth na hynny. Fe'i siaredir yn fwyaf cyffredin mewn ardaloedd gwledig, tenau eu poblogaeth, ardaloedd sydd hefyd yn gallu bod yn brin eu hadnoddau economaidd naturiol, ac sy'n fregus o ran eu heconomi, yn dioddef diboblogi, sy'n denu mewnfudwyr o fath arbennig, ac sydd, yn nhyb rhai, rywsut ar gyrion pethau. Mewn rhai achosion cyplysir y pethau hyn â thlodi, arafwch, ceidwadaeth a nodweddion anffodus cyffelyb. O ran y Gymraeg rhaid cofio fod iddi encilfeydd cryfion dinesig yn ogystal, yn seiliedig yn rhannol ar weithgarwch yn y cyfryngau torfol sydd ar flaen y gad o safbwynt harneisio technoleg i ddibenion cyfathrebu. Efallai mai un o nodweddion amlycaf y diwylliant Cymraeg heddiw, felly, yw bod y Cymry yn disgwyl, ac yn mynnu, cael byw bywyd llawn a chyfoethog drwy gyfrwng yr iaith honno. Ac mae hynny mwyfwy yn cynnwys mwynhau a manteisio ar y dechnoleg fodern.

Mae amrywiaeth barn mawr hefyd ynglŷn â'r gweithgaredd sy'n angenrheidiol i amddiffyn a sicrhau ffyniant y diwylliannau lleiafrifol a'u hiaith. Mae rhai yn dadlau o blaid addysg ddwyieithog gyda'r pwyslais pennaf ar yr iaith leiafrifol a chyfle i bob plentyn ac oedolyn hyd yn oed i ddysgu'r iaith honno. O edrych ar ystadegau Cyfrifiad 1991 yng Nghymru a'r twf yn y nifer o blant oedran ysgol sy'n gallu'r Gymraeg, ni ellir gwadu dilysrwydd y dadleuon hyn. A fydd y plant hynny'n cael aros yn eu cymunedau, ac yn dymuno gwneud hynny ac yn parhau i'w siarad, sy'n gwestiwn. Mae eraill yn dadlau o blaid ymyrraeth economaidd a chymdeithasol bositif o du llywodraeth ganol a llywodraeth leol, ac mae'r ddadl honno yn ei phen draw yn sicr o esgor ar y galw a'r angen am adnoddau sylweddol ac am ddeddfwriaeth. Barn eraill yw mai'r angen mwyaf yw creu cymdeithas sy'n economaidd ffyniannus a sefydlog, gyda'i phoblogaeth ar gynnydd, a'i safon byw yn cael ei gynnal neu ar gynnydd. Dros y blynyddoedd mae'r flaenoriaeth sy'n cael ei rhoi i bob un o'r rhain wedi newid yn ei thro, pob un yn dod i'r brig, a phob un yn manteisio o gael adnoddau sylweddol i'w hybu.

Gellid dadlau fod i'r dechnoleg newydd le amlwg yn y gwaith o sicrhau cynnydd ym mhob un o'r meysydd hyn. Yn ddiweddar cynhaliwyd sawl achlysur pwysig i ddwyn i olwg y cyhoedd y gwaith arloesol a wneir mewn rhai rhannau o'r wlad i sefydlu gweithgaredd economaidd a chymdeithasol yn seiliedig ar dechnoleg. Mae'r gweithgaredd hwnnw yn amrywio o sefydlu gweithdai i ddiwydiannau bychain glân, a thechnoleg yn graidd iddynt, i ddarparu rhwydweithiau electronig fel rhan o strwythur sylfaenol pob cymuned. Mae Iwerddon yn enghraifft nodedig o'r math yma o ddatblygiad. Mae rhai o gwmnïau yswiriant mwyaf yr Unol Daleithiau bellach yn cyflogi Gwyddelod yn eu cymunedau i drin a thrafod yr wybodaeth sy'n creu'r cronfeydd data angenrheidiol heb i'r Gwyddelod daro troed fyth ar dir mawr America. Mae rhai cynlluniau cyffelyb yn galluogi nifer dda o gymunedau yng Nghymru i sefydlu gweithgaredd yn seiliedig ar delefythynnod yn ogystal—pobl yn gweithio o'u cartrefi, waeth pa mor ddiarffordd y maent, gan gyfrannu yn y dull hwnnw at ffyniant economi'r fro ac ar yr un pryd gyfrannu at yr economi ehangach. Daeth llawer iawn o'r datblygiadau hyn yn sgil cynllun telematig *Leader* y Gymuned Ewropeaidd, ac er ei bod yn fuan eto i gynnig barn am lwyddiant y fath weithgarwch, mae'r ffaith mai ardaloedd Cymreiciaf Cymru sy'n elwa ohono yn beth calonogol iawn. Arwyddocâd pennaf hyn, wrth gwrs, ac eithrio'r cyfraniad tuag at y dasg o sefydlu gwaith, a hwnnw'n gallu bod yn waith sy'n denu adnoddau sylweddol, yw'r modd y mae technoleg yn medru goresgyn pellter a diystyru hen ddadleuon a rhagfarnau ynglŷn ag ardaloedd gwledig diarffordd a'r anawsterau wrth geisio denu gwaith a swyddi i'r ardaloedd hynny. Ac mae pobl yn cael y dewis o aros yn eu gwlad a'u cymuned—cryn dro ar fyd.

Dros y blynyddoedd bu llawer o gwyno oherwydd diffyg adnoddau dysgu addas i gynnal rhaglen addysg Gymraeg gyflawn a Chymry Cymraeg da yn gwrthod addysg Gymraeg i'w plant ar sail y gŵyn honno. Nodweddwyd y cynnydd aruthrol fu yn y gwaith o oresgyn y broblem honno gan weithgarwch brwd dan nawdd awdurdodau addysg lleol, canolfannau athrawon ledled Cymru, canolfannau cynhyrchu deunydd addysgol ym Mangor ac Aberystwyth, a'r Ganolfan Iaith Genedlaethol, i enwi ond ychydig. Fel rhan o'r gwaith sefydlwyd systemau technoleg i sicrhau fod yr holl adnoddau hyn ar glawr, a chyfeiriadau at y cynnyrch a disgrifiadau manwl ohono ar gael i athrawon yn yr ysgolion. A mwy na hynny—cymaint yw gallu'r dechnoleg i storio gwybodaeth fel bod modd storio dogfennau dysgu cyfain yn y cronfeydd data hyn, a'u danfon hyd y gwifrau a'u hadfer yn yr ysgolion ac yn yr ystafell ddosbarth yn ôl y gofyn. Bu datblygiadau pellach i fwydo mwy a mwy o wybodaeth i gronfeydd o'r math yma, a hynny oherwydd technegau sganio newydd. Nid oes raid mynd drwy'r broses lafurus o fwydo dogfennau i gronfa drwy gyfrwng y teipiadur neu'r allweddellfwrdd, dim ond dangos y testun neu ddogfen i declyn sy'n medru eu darllen yn electronig a'u trosglwyddo i gof a chadw'r gronfa honno. Mewn llawer maes, felly, tasg yr athro bellach yw dewis a dethol o gyfoeth o adnoddau, nid gresynu at brinder adnoddau, ac mae'r dechnoleg yn cynnig yr un manteision i bob testun yn ddiwahân, o wyddoniaeth i hanes, ac fel mae'r dechnoleg yn prysur ddatblygu ei grym a'i gallu i drafod deunydd ar ffurf llun, i destunau yn cynnwys celfyddyd a chrefft yn ogystal. I ategu'r holl waith hwnnw, bu cryn ddatblygiadau ym maes ein llyfrgelloedd. Sefydlwyd rhwydweithiau pwerus rhwng ein prif lyfrgelloedd a'r llyfrgelloedd llai, amcangyfrifir y bydd y rhwydweithiau hyn yn cynnig gwasanaeth gweledol ymhen cyfnod byr iawn, ac fe fydd hynny yn caniatáu i rywun ddarllen llyfr neu gylchgrawn mewn llyfrgell gannoedd o filltiroedd i ffwrdd, ac am nad yw technoleg yn parchu ffiniau gwledydd, mae'n bosibl darllen dogfennau perthnasol drwy gyfrwng rhwydwaith a fydd erbyn diwedd y ganrif hon yn un gydwladol. Hyd yn oed heddiw mae'r gallu i drosglwyddo gair a llun a ffaith ar y Rhyngrwyd yn anhygoel ac mor gyflym nes bod llawer o bobl eisoes yn cyfathrebu yn y dull hwn, ac mae hynny'n dwyn manteision enfawr yn ei sgil.

Mae'n lled hysbys hefyd fod rhai dogfennau yn cael eu cyhoeddi drwy'r dull electronig yn unig. Yn y chwedegau bu llawer o bobl yn darogan diwedd y llyfr ac yn rhag-weld mai cymdeithas ddibapur fyddai'n cymdeithas ni. Byddai hynny'n beth lled ddieithr i'r diwylliant Cymraeg, diwylliant a ddatblygodd o fod yn un llafar i fod yn un y bu'r gair ysgrifenedig a phrintiedig yn gymaint rhan ohono. Bellach fe brofwyd mai gau-broffwydi oedd proffwydi tranc y llyfr, fe gynhyrchir mwy a mwy o ddogfennau papur nag a wnaethpwyd erioed, er mawr boen i'n Llyfrgell Genedlaethol sy'n gorfod ychwanegu storfa newydd yn gyson bob degawd i gadw ffrwyth ein diwylliannau ar gyfer ein hyfory. Ond mae'r cylchgrawn electronig wedi hen ddatblygu. Mae arbenigwyr mewn meysydd cyfyng eu hapêl a manwl iawn eu harbenigedd yn medru cyhoeddi eu gwaith a ffrwyth eu hymchwil a lledaenu'r gwaith hwnnw ar y gwifrau i'r sawl sy'n ymddiddori yn yr un maes. Go brin fod y diwylliant Cymraeg mor gyfyng ei apêl â hynny, ond gan fod arbenigwyr yn gweithio yn y Gymraeg mewn llawn cymaint o feysydd â'u cyfoeswyr mewn gwledydd ac ieithoedd eraill, nid oes bellach ddim i'w rhwystro rhag rhannu ffrwyth eu llafur yn y dull hwn. Mae technoleg felly yn cynnig cyfrwng taenu gwybodaeth a chyfathrebu hyd yn oed i'r mwyaf cul a chyfyng ei faes.

Mae'n lled hysbys fod technoleg gwybodaeth eisoes ar waith yn y rhan fwyaf o'n gweisg argraffu, a bod y rhan fwyaf o gyhoeddwyr llyfrau a chylchgronau Cymru yn manteisio ar fendithion y dechnoleg honno. Nid yw'n beth anarferol bellach gweld nod ac enw argraffwyr yn y Dwyrain pell neu gyfandir Ewrop ar ein llyfrau, a manteision prisiau rhatach y gweisg hynny a'r cynlluniau cyd-argraffu eisoes yn golygu ein bod yn medru cyhoeddi mwy o lyfrau Cymraeg, yn arbennig yn y maes drutaf, sef llyfrau plant. Fe ddaw bendithion eraill hefyd i iaith leiafrifol megis y Gymraeg o harneisio technoleg yn y maes hwn. Un o ryfeddodau'r maes

yw'r meddalwedd sy'n caniatáu i unrhyw un droi'n gysodwr
a chyhoeddwr bwrdd cegin, ac yn ddyluniwr nid anghelfydd
mewn ychydig amser. Nid oes yr un esgus bellach dros
gysylltu   iaith   leiafrifol   â   chynnyrch   llenyddol   a
newyddiadurol trist a salw ei wedd. Peth braf fyddai medru
darogan y bydd yn bosibl gweld cyhoeddi papurau dyddiol
a phapur Sul Cymraeg, ac er bod y dechnoleg eisoes ar gael
fyddai'n caniatáu hynny, ni all technoleg, er cymaint ei
rinweddau, ddatrys rhai o'r problemau fu'n llesteirio
cynlluniau o'r fath ers degawdau, megis dosbarthu a
gwerthu—y ddolen gyswllt olaf yn y gadwyn. Byddai ambell
broffwyd efallai yn dymuno gweld yr iaith yn cymryd naid
anferthol ac yn hepgor y cyfrwng papur traddodiadol gan
gynnig papur dyddiol neu Sul drwy gyfrwng y sgrin deledu,
ond mae'r maes hwnnw yn prysur ddatblygu ei gynlluniau ei
hunan, ac yn ystyried y geiniog uwchlaw pob dim arall, ac
mae'n amheus a ellir disgwyl cydweithredu o'r fath. Does
ond gobeithio fod y fath besimistiaeth yn gwbl gyfeiliornus.
Mae rhai arwyddion calonogol hyd yn oed yng Nghymru—
nid peth dieithr ar aelwydydd Cymraeg yw teledestun—
Ceefax, Oracle a Prestel a gwasanaeth teledestun S4C. Yn
Ffrainc fe geir terfynnell gyfrifiadurol yn lle cyfeiriadur
teleffon yn aml iawn. Cam bychan iawn yn dechnolegol
fyddai cyhoeddi cyfnodolyn neu bapur newydd amgenach.
Â phan ddaw fe fyddwn yn ei dderbyn fel rhywbeth cwbl
naturiol, nid fel gwyrth electronig i'w hofni, i ryfeddu drosti,
ac yna ei gwrthod fel ffenomenon arallfydol.

Diddorol iawn yw darllen o bryd i'w gilydd am brofiad
cymunedau tebyg iawn i rai Cymru mewn gwledydd eraill,
a'r 'datblygedig' yn eu plith. Yn yr Unol Daleithiau ystyrir
fod problemau dybryd i'w canfod yn yr ardaloedd mwyaf
anghysbell a gwledig. Tybed ai yn y wlad honno y
cychwynnwyd y broses o ddadansoddi cymunedau o'r fath a
rhestru eu problemau? Tybed ai yno y bathwyd y term 'rural
deprivation'? Bellach gwnaed astudiaethau cyffelyb o'r rhan
fwyaf o ardaloedd gwledig Ewrop, gan ddod i'r un casgliad
bron iawn, sef bod bywyd y cymunedau hynny rywsut yn

dlawd a diffygiol. Cynigir sawl canllaw mesur a dangosydd—pethau megis amlder trafnidiaeth gyhoeddus, mynediad hwylus i wasanaethau siop a swyddfa, i'r gwasanaethau iechyd a chymdeithasol, i adnoddau diwylliannol a hamdden megis sinema, theatr, llyfrgell a champfa. Weithiau, ac weithiau'n unig, fe gydnabyddir fod yna fantais neu ddwy o fyw yn y wlad, a bod harddwch a glendid yr amgylchedd a phrinder trais a thorcyfraith yn gwrthbwyso rhai o anfanteision byw mewn ardal wledig. Peth cymharol hawdd yw darogan y bydd technoleg, rhwydwaith cyswllt, y sgrin deledu, cyfuniad o deleffon a therfynnell cyfrifiadur a dysgl lloeren, yn medru cynnig gwaredigaeth, os gwaredigaeth hefyd, o'r 'aflwydd' hwn a grëwyd ac a ddiffiniwyd gan frodorion trefol. Mae'r egin ddatblygiadau i'w gweld eisoes ym maes meddygaeth a gwasanaethau cymdeithasol a lles trwy gyfrwng cronfeydd data sy'n cynnig i feddygon a gweinyddesau, waeth beth fo'u meysydd gwaith, fynediad i ddata sy'n eu galluogi i gynnig y driniaeth a'r cyngor gorau a thrwy gyfrwng y wifren ffibr optig, bu arbrofion ym myd deiagnosis o bell yn llwyddiant mawr. Gallai'r datblygiadau hyn yn eu llawn dwf ategu gwerthoedd cynhenid bywyd pob cymuned leiafrifol a'r iaith y mynegir y diwylliant hwnnw drwyddi. Yn Sgandinafia bu peth arloesi gyda'r syniad o neuadd bentref electronig, a thrwy hynny ategu'r ymdeimlad o berthyn i fro a chymuned. Bydd gwella safon byw a'r gwerthoedd gorau yn sicr o hybu'r broses o sefydlogi'r cymunedau ac yn ffrwythloni tir y diwylliannau lleiafrifol.

Ni ellir gwadu nad oes gan lywodraeth, boed yn llywodraeth ganol neu'n llywodraeth leol, ran bwysig i'w chwarae a chyfrifoldebau arbennig iawn yn y maes hwn. Weithiau mae'r cyfrifoldebau hynny yn cael eu trosglwyddo i fyrddau a chyrff penodol, boed yn awdurdod gwledig neu'n awdurdod datblygu neu'n fwrdd hybu rhanbarthol neu daleithiol. Nhw wedi'r cyfan sy'n bennaf gyfrifol am ddosrannu'r adnoddau angenrheidiol, ac yn bwysicach, efallai, yn gyfrifol am y prosesau cynllunio. Mewn llawer gwlad ac ar lawer achlysur fe brofwyd cymaint yw gwerth gwybodaeth fanwl, gywir a chyfoes i hybu'r broses honno. Bellach, craidd pob proses gynllunio yw dadansoddi gwybodaeth am sefyllfa fel ag y mae a cheisio gwybodaeth am brofiad a gweithgaredd cyrff cynllunio mewn amgylchiadau cyffelyb. Prif declyn y broses yw cronfa ddata o wybodaeth berthnasol a dadansoddol, gwybodaeth y gellid ei harchwilio, ei gwerthuso a'i phrofi mewn arbrofion, rhai'n gyfyng, rhai'n eang ac uchelgeisiol. O gydnabod gwerth prosesau felly, pwy all ddadlau na fydd yr adnoddau a werir ar ieithoedd a chymunedau lleiafrifol yn y dyfodol yn cael eu gwario yn fwy effeithiol ac i well pwrpas?

Wrth gwrs, mae'r cyfan hyn yn gwbl ddibynnol ar y modd y bydd brodorion y cymunedau, a'r ieithoedd a'r diwylliannau lleiafrifol, yn ymdopi â'r dechnoleg, ac yn ei chroesawu—y gair Saesneg mynychaf ei ddefnydd yn y cyswllt hwn yw 'embrace'—nid oes gennym air Cymraeg sy'n cyfleu yr un brwdfrydedd rywsut. Ond mae gweld rhes o bobl wrth beiriant arian wrth fur banc, neu wrth derfynnell electronig cronfa wybodaeth mewn canolfan waith neu uned wybodaeth a hysbysrwydd twristiaeth yn fodd i'n darbwyllo fod y dyn cyffredin bellach wedi mabwysiadu'r cyfrwng ochr yn ochr â chyfryngau gwybodaeth mwy traddodiadol a chonfensiynol, a'i fod yn ymdopi'n ebrwydd ag ef. Bu'n ffasiwn i gredu mai rhywbeth a berthynai i ddiwylliannau mawr a chydwladol oedd technoleg, ac i'r diwylliannau ariangar cyfoethog yn arbennig. Mae'n wir fod yr adnoddau a werir ar ddatblygu'r dechnoleg y tu hwnt i ddirnadaeth diwylliannau bach sy'n aml yn gorfod byw ar arian cynhaliaeth sy'n ddim ond arian cydwybod diwylliannau mwy yn aml iawn. Ond mae'r gwaith datblygu yn cael ei wneud beth bynnag, a pham na ddylai diwylliannau bychain ddangos yr un hyblygrwydd a'r un brwdfrydedd wrth weld potensial aruthrol technoleg i'w hanghenion a'u dibenion hwy? Ond mae yna ddadleuon a barnau cryf yn cael eu mynegi gan y sawl sy'n amheus iawn o ddylanwad technoleg ar ieithoedd a diwylliannau bychain. Sail rhai o'r dadleuon hynny yw'r gred fod gormod o'r hyn a elwir yn dechnoleg gwybodaeth yn nwylo nifer rhy fychan o gorfforaethau cydwladol, corfforaethau y mae eu helw yn dibynnu ar safoni, ac unioni a chyffredinoli anghenion pawb. Gwêl eraill ffaeleddau amlwg y teclynau; wedi'r cyfan mae rhai o nodweddion unigryw'r Gymraeg—ei thoeon bach a'i gwyddor—yn ddirgelwch llwyr i'r systemau mwyaf soffistigedig a chyffredin. Mae ysbryd Gandhi, heb sôn am ddamcaniaethau Pol Pot, yn brigo i'r wyneb yn rhai o'r dadleuon hyn!

Ni ellir gwadu nad yw'r cyfraniad a wnaed gan dechnoleg gwybodaeth wedi esgor ar amgylchiadau eironig iawn. Dyma'r dechnoleg sy'n prysur greu'r 'pentre bydol' ac sy'n hybu unffurfiaeth diwylliant y Big Mac a'r Coca Cola. Onid dyma'r dechnoleg allai hefyd roi'r cyfle i leiafrifoedd bychain fynegi eu hunain ar gyfryngau torfol, ac i'r diwylliedig hybu'r diwylliannau hynny, eu hamddiffyn ac addysgu'r byd amdanynt?

Un o nodweddion arloeswyr a phrif ladmeryddion ein diwylliannau a'n hieithoedd lleiafrifol yw eu gallu i wcld cyfle yn codi o ddatblygiadau sydd eisoes ar y gweill ac i rag-weld datblygiadau nad oeddynt ond megis ar y gorwel. Dyna oedd un o brif nodweddion Alun R Edwards. Fe fyddai wedi gweld pob math o bosibiliadau yn codi o'r dechnoleg newydd i Gymru fel ag y gwelodd bosibiliadau yn codi yn y byd llyfrau ac yn y byd teledu. Dyna pam yr ymdaflodd i'r meysydd hynny gyda chymaint o egni. Ni fyddai pall ar ei egni heddiw, chwaith, wrth weld cyfle ar ôl cyfle ym maes technoleg y diwydiant gwybodaeth.

MWY NA PHAPUR NEWYDD

Gwilym Huws

Ym mis Ebrill 1993 roedd *Y Dinesydd* yn dathlu ei benblwydd yn ugain mlwydd oed ac oddi ar hynny y mae nifer o bapurau bro eraill wedi cyrraedd yr un garreg filltir arwyddocaol yn eu hanes. Mae'n briodol felly i holi'r cwestiwn 'Pa bapur bro oedd y cyntaf i'w gyhoeddi a phryd?' Ar un olwg mae'r cwestiwn yn ymddangos yn un cymharol hawdd, ond mewn gwirionedd mae'r dasg o ddyfalu tarddiad y syniad o gyhoeddi papur newydd Cymraeg anfasnachol i wasanaethu trigolion cymdogaeth fach glòs yn un cymhleth iawn ac yn mynd yn ôl ymhell cyn saithdegau'r ganrif hon.

Er enghraifft, i nifer o drigolion plwyf Llangynfelyn yng ngogledd Ceredigion doedd darllen rhifyn cyntaf *Papur Pawb* ym mis Hydref 1974 ddim yn brofiad mor newydd â hynny gan fod llawer iawn ohonynt yn cofio'n dda derbyn copïau o *Lloffion Llangynfelyn* dros ddeunaw mlynedd ynghynt. Er nad oedd y *Lloffion*, o ran ei ddiwyg, yn debyg i bapur newydd, nid oedd ei gynnwys yn wahanol iawn i'r hyn a ddisgwyliwn mewn papur bro heddiw—newyddion lleol, hynt a helynt trigolion y fro, ysgrifau nodwedd ac iddynt flas lleol, ac erthyglau ar hanes y cylch. Er mai un rhifyn ar ddeg yn unig a gynhyrchwyd, roedd y croeso gwresog a dderbyniodd ym mhlwyf Llangynfelyn yn awgrymu bod y sylfaenydd, Huw J Evans, Prifathro Ysgol Llangynfelyn ar y pryd, wedi taro ar syniad campus y byddai'n talu i bobl mewn ardaloedd eraill ei ddynwared. Ond nid felly y bu.[1]

Gan fy mod bellach yn byw o fewn llai na hanner milltir i ffin ddeheuol plwyf Llangynfelyn ni fyddai dim yn rhoi mwy o bleser i mi na chyhoeddi yma mai *Lloffion Llangynfelyn* oedd y papur bro cyntaf. Ond mae'n rhaid mynd yn ôl dros gan mlynedd, ac i Lanuwchllyn, i olrhain cyhoeddiad sy'n ymgeisydd llawer cryfach am y teitl 'papur bro cyntaf

Cymru'. Yno ym 1895 y cyhoeddwyd rhifyn cyntaf *Seren y Mynydd* i wasanaethu trigolion y plwyf. Unwaith yn rhagor, o ran ei ddiwyg o leiaf, roedd hwn yn wahanol iawn i'n syniad ni heddiw o bapur newydd. I ddechrau doedd ond yn mesur pedair modfedd wrth dair, ond wedi dweud hynny byddai llawer iawn o'r cynnwys yn gorwedd yn ddigon cartrefol ar dudalennau *Pethe Penllyn* ein dyddiau ni. Y prif symbyliad dros ei gychwyn oedd i dynnu sylw'r trigolion at weithgarwch y cyngor plwyf a sefydlwyd yn dilyn deddfwriaeth newydd ar lywodraeth leol. Go brin fod angen ychwanegu mai Cadeirydd cyntaf y Cyngor Plwyf, Owen M Edwards, oedd sylfaenydd a golygydd y *Seren* hefyd. O gofio ei fod ar y pryd hefyd yn olygydd y misolion dylanwadol *Cymru* a *Cymru'r Plant* ac yn Gymrawd yng Ngholeg Lincoln, Rhydychen, does fawr o ryfedd mai dau rifyn yn unig a welodd olau dydd.[2]

Gan mai'r bedwaredd ganrif ar bymtheg oedd oes aur papurau newydd Cymraeg, tybed nad oes modd olrhain hanes papurau bro ymhellach yn ôl na'r *Seren*? Mewn darlith a ddarlledwyd ar Radio Cymru ar 23 Tachwedd 1980, darlith a gyhoeddwyd yn ddiweddarach fel llyfryn yn dwyn y teitl *Gysfenu i'r Wasg Gynt*, awgrymodd D Tecwyn Lloyd fod natur papurau newydd Cymraeg eu hiaith o'u dechreuad yn hanner cyntaf y bedwaredd ganrif ar bymtheg yn gwbl wahanol eu natur i bapurau Saesneg a gyhoeddwyd yng Nghymru. Tra oedd y papurau Saesneg yn ymwneud yn bennaf â newyddion lleol roedd gogwydd ehangach i'r papurau Cymraeg, nodwedd y gellir ei holrhain yn ôl i'r papur Cymraeg cyntaf, sef *Seren Gomer*, a welodd olau dydd am y tro cyntaf ar ddydd Calan 1814.

Perchennog a golygydd *Seren Gomer* oedd Joseph Harris. Iddo ef, 'peth i'r Cymry i gyd oedd papur newydd Cymraeg, cyfle iddynt wybod beth oedd yn digwydd yn Ewrop yn ogystal â Lloegr a chyfle i wyntyllu pob math o bynciau mewn llythyrau meithion at y Golygydd'.[3] Er mai cwta dwy flynedd fu oes yr wythnosolyn cyntaf hwn, honna Tecwyn Lloyd iddo osod cynsail o ran cynnwys ac agwedd i'r papurau newydd Cymraeg a'i dilynodd. Hynny yw, roedd eu pwyslais yn bennaf ar faterion cenedlaethol (Cymreig a Phrydeinig) a rhyngwladol yn hytrach na materion lleol. Yn fyr, nid ymhlith y papurau hyn y mae dod o hyd i darddiad papurau bro. Ond ni ddylai hyn ein synnu, o gofio mai Cymry uniaith oedd trwch eu darllenwyr hyd at saithdegau'r ganrif ddiwethaf, ac felly doedd dim ffynhonnell arall y medrent droi ati'n hawdd i gael gwybodaeth am faterion y dydd.

Erbyn degawdau olaf y bedwaredd ganrif ar bymtheg roedd papurau Cymraeg ar batrwm y papurau lleol Saesneg wedi eu sefydlu mewn rhai ardaloedd, megis *Y Rhedegydd* yn Ffestiniog (1879), *Udgorn Rhyddid* ym Mhwllheli (1888) a'r *Cloriannydd* ym Môn (1892). Ond papurau masnachol oedd pob un o'r rhain ac yn hynny o beth roeddynt yn wahanol iawn o ran eu rheolaeth a'u trefniadau staffio a chyllidol i bapurau bro ein dyddiau ni, er bod llawer yn gyffredin rhyngddynt o ran cynnwys.

Mae'n bur debyg y gall ardaloedd eraill, ac eithrio Llangynfelyn a Llanuwchllyn, ymffrostio iddynt gynhyrchu cyhoeddiad ar batrwm 'papur bro' cyn y cyfnod diweddar. Dangoswyd yr enghreifftiau hyn yn bennaf er mwyn profi nad syniad newydd a wawriodd am y tro cyntaf ugain mlynedd yn ôl oedd hwn, ond ffenomen y gellir ei holrhain yn ôl i ddiwedd y ganrif ddiwethaf o leiaf. Yr hyn sy'n nodweddu pob un o'r papurau cynnar yw bod iddynt hanes byrhoedlog a hyd y medrwn gasglu ni sbardunwyd ardaloedd eraill i ddilyn eu hesiampl. O'r 1970au ymlaen mae'r papurau bro wedi datblygu'n bur wahanol i hanes eu rhagflaenwyr o ran byrhoedledd a'u dylanwad cenhadol ar ardaloedd eraill.

Mae'r hanes am lwyddiant ysgubol y 'papurau bro' hynny a ddechreuodd dyfu fel madarch ar hyd a lled Cymru yn nechrau'r saithdegau yn ddigon cyfarwydd, dybiwn i. Ond wedi dweud hynny mae'n werth ailadrodd rhai o'r ffeithiau moel unwaith yn rhagor. Rhwng 1973 a diwedd 1978 yn unig fe sefydlwyd 38 o bapurau—does ryfedd felly fod un pennawd papur newydd wedi disgrifio'r ffenomen fel 'gwyrth y ganrif' mor fuan â 1978.[4] Ni ddylid synnu at hyn oherwydd ar un ystyr fe gyrhaeddwyd penllanw o gwmpas yr adeg yma gyda theitl newydd yn ymddangos ar gyfartaledd bob rhyw chwe i saith wythnos. Nid yw'n syndod o gwbl nad oedd modd parhau gyda'r fath fomentwm yn hir iawn oherwydd erbyn canol yr wythdegau ychydig o ardaloedd oedd heb fod o fewn dalgylch rhyw bapur bro neu'i gilydd. Nid bod pob papur heb ei drafferthion, ychwaith, fel y tystia'r graff isod sydd yn dangos bod nifer wedi dod i ben hefyd rhwng 1976 a 1990:

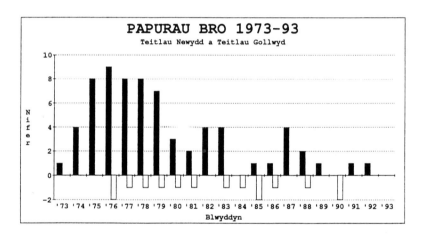

Ar un olwg byddai rhywun yn disgwyl y byddai'r graff o'r papurau a gaewyd i lawr yn ddigon i sobri eu cefnogwyr mwyaf brwdfrydig, ond nid felly y bu. Un rheswm yn ddiau am hynny yw bod nifer o'r papurau a ddaeth i ben wedi eu disodli gan deitlau eraill, a bod dau neu dri o'r papurau a gaewyd wedi eu hailsefydlu dan yr un teitl.

Mae'r graff nesaf yn nodi'r twf yn nifer y papurau bro rhwng 1973 a 1993. Mae hefyd yn dangos, ar waethaf nifer y papurau sydd wedi dod i ben, fod y papurau wedi dal eu tir yn eithriadol o dda trwy'r wythdegau. Mae'r graff hefyd yn dangos bod nifer y papurau oedd mewn bodolaeth yn 1993, sef 54, cyfuwch ag unrhyw adeg ers eu dechreuad:

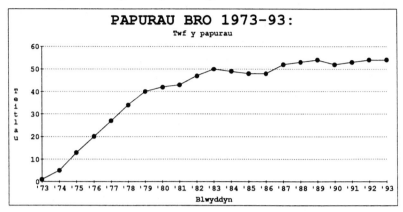

PAPURAU BRO 1973-93:
Twf y papurau

Er na ddylid byth ddibrisio'r ymdrech a geir wrth sefydlu papur bro, yr hyn sy'n wirioneddol 'wyrthiol' amdanynt yw'r ffaith fod 83 y cant o'r holl bapurau a sefydlwyd yn ystod y ddwy flynedd ar hugain diwethaf wedi goroesi cyhyd. Yn wir, mae cyfartaledd oed y papurau bro sy'n cylchredeg ar hyn o bryd dros un mlynedd ar bymtheg. Fel y crybwyllwyd, mae nifer ohonynt eisoes wedi dathlu eu pen blwydd yn ugain oed—tipyn o gamp i bapur newydd mewn unrhyw iaith, heb sôn am gyhoeddiadau sy'n dibynnu'n bennaf ar ymdrechion gwirfoddolwyr.

Dim ond un wedd o lwyddiant y papurau bro yw eu nifer a hirhoedledd y mwyafrif ohonynt. Mae cylchrediad y papurau yn brawf pellach o'u llwyddiant digamsyniol. Dangosodd arolwg a wnaed ym 1989 gan Emyr Williams fod cyfanswm gwerthiant y papurau bro dros 70,000 copi y mis a thrwy hynny gellid amcangyfrif bod nifer y darllenwyr i bapurau bro Cymraeg oddeutu 280,000.[5] Mae'r ffigurau hyn yn rhyfeddol o gofio nad oes unrhyw gylchgrawn na phapur newydd cenedlaethol Cymraeg heddiw yn medru honni bod iddo werthiant o dros 15,000. Mae sail felly i hawlio bod presenoldeb 'papurau bro' wedi lluosogi yn sylweddol nifer y rhai sy'n darllen Cymraeg yn rheolaidd.

Mae'r rhesymau dros y gwrthgyferbyniad trawiadol rhwng 'methiant' cymharol y 'papurau bro' hynny a sefydlwyd cyn saithdegau'r ganrif hon a 'llwyddiant' papurau bro'r cyfnod diweddar yn hawlio ei wyntyllu. Ond cyn troi ein sylw at hyn mae'n werth oedi am ychydig i weld beth oedd cymhellion sylfaenwyr rhai o'r papurau bro.

Dyma sylwadau golygydd *Lleu* wrth gyfarch trigolion Dyffryn Nantlle am y tro cyntaf:

> Yn yr oes sydd ohoni, credaf ei bod yn holl bwysig fod cymdeithas fel yr un sydd yn y Dyffryn hwn yn parhau i fod yn un glòs, ac yn wir Gymreig. Prif bwrpas y papur hwn yw gwarchod y ddeupeth yma . . .[6]

Mae neges golygydd cyntaf *Llais Ogwan* yr un mor ddiamwys:

> . . . os oes pwrpas i'r papur hwn, yna'n bendant, hynny ydyw symbylu a hybu gweithgarwch lleol . . .[7]

Yr un byrdwn a glywir yn rhifyn cyntaf *Pethe Penllyn* a *Clebran* ddau fis yn ddiweddarach:

> . . . dyna yw nod y papur hwn, adlewyrchu gweithgareddau, bywyd a diwylliant yr ardal, lleisio dyheadau a phryderon y cylch a chynrychioli agweddau a safbwyntiau ei phobl . . .[8]

> . . . Byddwn fel Bwrdd Golygyddol yn gobeithio cynnwys yn ei golofnau bytiau a fydd yn adlewyrchu gwahanol agweddau ar fywyd cymdeithasol a diwylliannol yr ardal. Anelwyd at fod o wasanaeth i'r ardal gyfan . . .[9]

Mae'r geiriau allweddol yn y datganiadau uchod, megis 'adlewyrchu', 'gwasanaethu', 'gwarchod' a 'hybu', yn crynhoi prif gymhelliad sylfaenwyr y papurau hyn, sef croniclo bywyd cymdeithasol a diwylliannol Cymraeg eu hardaloedd er mwyn ei ddiogelu a'i hyrwyddo. Rhaid darllen rhwng y llinellau, fodd bynnag, i ddeall mai'r holl sôn yn niwedd y chwedegau a dechrau'r saithdegau am y bygythiad newydd i'r Gymraeg—sef y mewnfudiad i gadarnleoedd yr iaith—oedd y gwir sbardun dros sefydlu llawer iawn o'r papurau bro cynnar. Mae'n ddiddorol nodi mai'r dirywiad ieithyddol yn Abertawe ar ddechrau'r bedwaredd ganrif ar bymtheg oedd un o brif gymhellion Joseph Harris yntau dros sefydlu'r papur Cymraeg cyntaf, *Seren Gomer*:

> Yr ydym yn trigo mewn ardal lle mae cymysgiaeth y Saeson yn goresgyn tiriogaeth yr hen iaith gysefin Gymraeg fwy fwy. Teimlasem ddolur meddwl, pan ddaroganent farwolaeth un o'r ieithoedd byw hynaf yn y byd . . . Llawn fwriadasom i weini meddyginiaeth mwyaf tebygol yn ein barn ni i fod yn effeithiol i adfywio'r hen bendefiges . . . sef cyhoeddi newyddiadur a gynhwysai hanesion pethau yn gyffredin, yn wladol ac yn grefyddol, yr hwn, ar gyfrif llawer o bethau difyr a wasanaethai i dueddu'r anghyfarwydd i ddarllen iaith ei wlad gyda rhwyddineb.[10]

Ond er mor ddiddorol yw dangos bod hanes y papurau bro Cymraeg yn perthyn i'r un traddodiad â hanes papurau Cymraeg eraill rwy'n credu ei bod yn llawer mwy arwyddocaol i ddangos eu bod yn rhannu'r un cymhelliad gwaelodol â mudiadau iaith eraill eu cyfnod megis Adfer, Merched y Wawr a'r Mudiad Ysgolion Meithrin. O wybod am y cysylltiad yma fe fydd hi'n haws deall pam i'w sylfaenwyr ddewis y gair printiedig i warchod a hybu'r iaith yn eu broydd. Wedi'r cyfan, go brin eu bod o'r farn y gallai'r gair printiedig gyflawni'r gamp o achub yr iaith am yr ail waith yn ei hanes ar ei liwt ei hun pan oedd cyfryngau mwy grymus o lawer yn cyrraedd ein haelwydydd ers tro bellach. Ond cyn dyfodiad S4C, a chyn ehangu gwasanaeth Radio Cymru a sefydlu radio bro mewn mannau megis Bae Ceredigion, estron a Saesneg eu hiaith yn bennaf oedd y cyfryngau pwerus hyn. Roedd eu grym a'u llwyddiant yn dibynnu'n llwyr ar gyrraedd cynulleidfa dorfol. Am resymau deddfwriaethol ac economaidd roedd y cyfryngau hyn allan o gyrraedd Cymry Cymraeg ac eithrio ambell raglen radio a theledu hwnt ac yma.

Defnyddio'r gair printiedig oedd gweledigaeth Alun R Edwards yntau i achub yr iaith a'r diwylliant Cymraeg yng nghanol y pumdegau a hynny trwy anelu i gyhoeddi cant o nofelau poblogaidd Cymraeg newydd yn flynyddol. Hyn a'i hysgogodd ef, gydag eraill, i sefydlu'r Cyngor Llyfrau Cymraeg ym 1961. Ond er gwaetha'r ymdrechion diflino hyn doedd cyhoeddwyr Cymru ddim wedi medru symud fawr tuag at y nod a osodwyd gan Lyfrgellydd Sir Aberteifi erbyn y saithdegau, fel y tystia Norman Williams wrth fwrw golwg dros gyfraniad papurau bro mewn ysgrif ym 1978:

. . . Credai rhai nad oedd digon o amrywiaeth o gyhoeddiadau'n cael eu cyhoeddi a bod diddordebau y Cymro cyffredin i raddau helaeth yn cael eu hanwybyddu gan gyhoeddwyr a chan noddwyr yn ogystal. Roedd yna duedd bendant i anelu ein deunydd printiedig Cymraeg tuag at y dosbarth canol diwylliedig gan anwybyddu anghenion y mwyafrif llethol yn ein plith oedd am ddarllen llyfrau a chylchgronau mwy poblogaidd ac ysgafn . . .[11]

Un a wnaeth lawer iawn i fraenaru'r tir ar gyfer dyfodiad papurau bro Cymraeg ledled Cymru oedd D Tecwyn Lloyd. Yn nechrau'r saithdegau gwnaeth arolwg o le'r Gymraeg mewn papurau newydd a gyhoeddwyd yng Nghymru ac mewn darlithoedd ac ysgrifau tynnodd sylw ei gyd-Gymry at absenoldeb papurau lleol Cymraeg mewn rhannau helaeth o Gymru. Roedd hyn yn wir hyd yn oed yn yr ardaloedd hynny lle'r oedd cyfartaledd uchel o'r trigolion yn medru'r iaith a lle'r oedd y Gymraeg yn parhau'n brif iaith y cymunedau hynny. Fel rhan o'i astudiaeth gwnaeth ddadansoddiad manwl o gynnwys rhai o'r papurau lleol oedd yn cylchredeg mewn ardaloedd Cymraeg yn ne-orllewin Cymru. Dangosodd mai rhyw 2.5 y cant o'r deunydd oedd wedi ei ysgrifennu yn Gymraeg er bod canran llawer iawn uwch o'r gweithgareddau a'r cyfarfodydd a ddisgrifiwyd yng ngholofnau'r papur wedi eu cynnal yn yr iaith.[12]

Ateb D Tecwyn Lloyd i'r sefyllfa oedd annog unigolion oedd wedi astudio'r Gymraeg ar gyfer lefel A neu mewn coleg i neilltuo awr neu ddwy bob wythnos i lunio adroddiadau Cymraeg i'w papur lleol. Un gŵr sy'n cydnabod iddo dderbyn yr her yw'r Parchedig W J Edwards a ddechreuodd gyfrannu colofn wythnosol i'r *Cyfnod* (papur lleol dwyieithog yng nghylch y Bala) yn gynnar ym 1973. Does dim dwywaith, fodd bynnag, mai prif ddylanwad ysgrifau D Tecwyn Lloyd oedd plannu'r syniad fod rhywbeth mawr o'i le ar y rhwydwaith o bapurau lleol yng Nghymru o ran eu methiant i bortreadu bwrlwm y bywyd cymdeithasol a diwylliannol Cymraeg. Llwyddodd hefyd i bigo cydwybod rhai a oedd yn poeni am barhad yr iaith i wneud rhywbeth cadarnhaol i'w diogelu.

Ond nid cyfeiriadau beirniadol D Tecwyn Lloyd at y wasg leol yng Nghymru oedd yr unig symbyliad i ymddangosiad y papurau bro. Tua'r un adeg roedd Emyr Llywelyn yn hyrwyddo'r syniad 'adferaidd' mai dim ond trwy ddiogelu'r broydd Cymraeg yr oedd modd achub yr iaith. Yn wir, yn o leiaf un o'r ardaloedd cyntaf i sefydlu papur bro, aelodau o'r mudiad Adfer oedd y prif sylfaenwyr. Er bod gennym dystiolaeth bendant fod Adfer yn un o brif hyrwyddwyr y mudiad papurau bro yn ystod y saithdegau mae'n ymddangos bod ysgrifau Tecwyn Lloyd a sylwadau gan eraill am fethiant cyhoeddwyr Cymraeg i ddenu trwch y boblogaeth i ddarllen eu cynnyrch yn elfennau llawn mor arwyddocaol yn eu datblygiad. Er enghraifft, fel rhan o gyfarchiad cyntaf golygydd *Y Dinesydd* ym mis Ebrill 1973 eglurir mai:

> . . . Ychydig o bapurau lleol Cymraeg sy'n bodoli yng Nghymru bellach oherwydd yr anawsterau mawr sydd ynglŷn ag unrhyw gyhoeddiad â chylchrediad bychan, yn enwedig felly gan nad oes modd cael unrhyw gymorth ariannol tuag at gyhoeddi fel sy'n digwydd gyda llawer

o'n llyfrau. Mae hyn yn drueni oherwydd fe ddylid cael rhwydwaith o bapurau lleol Cymraeg drwy Gymru gyfan, wedi'r cyfan onid adlewyrchiad o fywyd Cymraeg sy'n ffynnu yw papur lleol?[13]

Nid oedd ardal *Y Dinesydd* yn rhan o'r Fro Gymraeg, wrth gwrs, ac nid oedd gweledigaeth Adfer am rwydwaith o bapurau bro yn ymestyn i gynnwys Cymru gyfan. Mae'n bur debyg felly fod yr ansicrwydd am darddiad y weledigaeth ddiweddar o bapurau bro'n codi o'r gwahaniaethau athronyddol sylfaenol rhwng *Y Dinesydd* a gweddill y 'papurau bro' a sefydlwyd yn y cyfnod rhwng 1973 a 1977. Mewn ysgrif gan Vaughan Hughes ym 1977 gwahaniaethir rhwng y papurau hynny a oedd yn gwasanaethu'r Fro Gymraeg a'r *Dinesydd* oherwydd 'mai adlewyrchu gweithgarwch lleiafrif bychan mewn ardal arbennig a wna'r *Dinesydd*, tra bo'r lleill yn adlewyrchu'r amrywiaeth cyfoethog sydd i'w gael mewn cymdeithas naturiol . . .'[14] Mae Norman Williams, golygydd cyntaf *Y Dinesydd*, yntau yn cadarnhau'r gwahaniaeth fel hyn: 'Flwyddyn a hanner yn ddiweddarach (h.y. ar ôl cyhoeddi rhifyn cyntaf *Y Dinesydd*) ym mis Hydref 1974 ymddangosodd y ddau bapur bro gwirioneddol cyntaf, *Llais Ogwan* a *Papur Pawb* . . .'[15]

O gofio'r tensiwn ar y pryd rhwng cefnogwyr Adfer a thrigolion Cymraeg y brifddinas roedd tanlinellu'r gwahaniaethau sylfaenol rhwng natur y cymdeithasau a wasanaethid gan *Y Dinesydd* a chan weddill y papurau yn ddealladwy. Erbyn heddiw, ysywaeth, mae'r mater bron mor amherthnasol i sefyllfa'r Gymraeg ag yw'r rhaniadau enwadol yn ein capeli. Nid yn unig mae cyflwr yr iaith wedi edwino'n enbyd yn ei chadarnleoedd ond mae papurau bro bellach i'w cael bron ym mhob ardal ledled Cymru, beth bynnag eu dwysedd ieithyddol.

Tra bo'r papurau yn cyrraedd hyd dros wyth deg y cant o boblogaeth eu dalgylch mewn rhai ardaloedd yng ngogledd a gorllewin Cymru, a llai na phump y cant mewn ardaloedd eraill, yr un yn y bôn yw eu cymhelliad, sef gwarchod a hybu'r bywyd cymdeithasol Cymraeg ei iaith yn eu cymunedau.

Yn ogystal â'r cymhellion ieithyddol a diwylliannol dros sefydlu a chynnal papurau bro y mae ffactorau eraill sy'n ein cynorthwyo ni i ddeall eu llwyddiant. Yn gyntaf maent wedi taro ar wythïen gyfoethog. Trwy gyhoeddi newyddion am ddigwyddiadau a phobl leol maent wedi llenwi bwlch yn y ddarpariaeth—sef newyddion y mae trwch y boblogaeth yn awyddus i wybod amdano ond yn aml y math o newyddion sy'n cael ychydig o sylw mewn papurau lleol Saesneg.

Ffactor arall sydd wedi dylanwadu ar lwyddiant y papurau bro yw'r datblygiadau technegol ym myd argraffu a roes fod iddynt yn y lle cyntaf. Heblaw am ddatblygiad argraffu litho a'i gwnâi yn bosibl i gynhyrchu papur o safon dderbyniol o ran diwyg gan 'amaturiaid' a hynny'n gymharol rad, mae'n amheus a fyddai caredigion yr iaith wedi bod mor frwd i fentro i'r maes hwn. Heblaw fod y cynnyrch yn cynnwys elfennau megis lluniau, penawdau breision a hysbysebion atyniadol, mae'n amheus a fyddai trwch y boblogaeth hwythau wedi dotio cymaint ar eu papur bro. Ers y dyddiau hynny mae'r chwyldro ym maes cyfrifiaduraeth wedi hwyluso llawer iawn ar y gwaith o gynhyrchu papurau newydd.

Ym 1991 cynhaliwyd arolwg byr i archwilio cyflwr presennol y papurau bro. Gwnaed hyn trwy anfon holiadur i 52 o bapurau, a derbyniwyd atebion gan 41 (78.8 y cant) ohonynt, er bod yr wybodaeth yn anghyflawn gan ambell un.

1. Sefyllfa ariannol

Gan fod nifer o gyfeiriadau yn y wasg yn nechrau'r 1990au at gyflwr ariannol bregus ambell bapur roedd yn naturiol i'r holiadur gynnwys cwestiynau ar yr agwedd yma o'r gweithgarwch. Canolbwyntiwyd yn y lle cyntaf ar y gost o gynnal papur. Er bod hyn yn £5,631.62 ar gyfartaledd roedd y swm yn amrywio o bapur i bapur—yn wir roedd costau cynnal y rhataf cyn ised â £1,636.29 y flwyddyn o'i gymharu â £21,200 y flwyddyn am y drutaf—sy'n adlewyrchiad teg o'r gwahaniaethau mawr rhwng y papurau o ran eu maint a'u diwyg. I raddau mae'r gwahaniaethau hyn yn adlewyrchiad o'r amrywiaeth yng nghylchrediad y papurau. Mae'r cylchrediad yn amrywio o 450 i 4,000—gwahaniaeth sydd i'w briodoli i raddau helaeth gan faint y boblogaeth Gymraeg a wasanaethir o fewn dalgylch y papur. Mae'r graff nesaf yn dangos yn ddigon clir mai dim ond tri o'r rhai a atebodd yr holiadur oedd â chostau cynnal o dros £10,000:

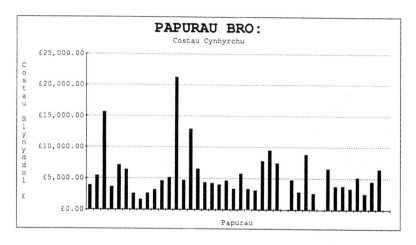

Ffaith ddiddorol arall yw bod cyfanswm costau'r 39 papur a gyflwynodd yr wybodaeth yma yn £219,633.06. Felly petai pob papur wedi trafferthu i anfon y manylion am eu sefyllfa ariannol mae'n bur debyg y byddai cyfanswm costau cynnal yr holl bapurau bro dros chwarter miliwn o bunnoedd—arian sylweddol iawn pan gofiwn mai gweithgarwch gwirfoddol yw sylfaen pob un o'r papurau hyn.

Er mwyn sicrhau parhad o fis i fis ac o flwyddyn i flwyddyn rhaid i bob papur bro, fel pob busnes, ofalu nad oes gagendor mawr yn codi rhwng yr incwm a'r costau. Mae'r graff nesaf yn rhoi darlun clir iawn o'r sefyllfa, sef bod oddeutu traean o'r papurau wedi gwneud colled yn ystod y flwyddyn 1990/91 ond gan fod colledion y mwyafrif ohonynt o dan £500 nid yw'n sefyllfa anadferadwy.

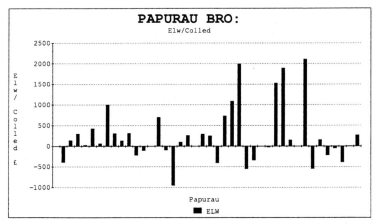

Ar y llaw arall, does ganddynt ddim lle i laesu dwylo. Wedi'r cyfan dim ond wyth (c.20 y cant) o'r papurau yn yr arolwg sy'n dangos elw o dros £500, a chyda chostau argraffu'r papurau yn codi'n gyson gall y baich o'u cadw allan o ddyled dyfu'n fwy o broblem yn y blynyddoedd sydd i ddod.

O gofio mai gwirfoddolwyr yn ddieithriad yw'r gweithwyr, nid yw'n rhyfedd fod y rhan fwyaf o'r costau cynnal y tu hwnt i reolaeth y papurau eu hunain. O'r cychwyn cyntaf, y baich ariannol mwyaf sy'n wynebu pob un o'r papurau yw'r biliau argraffu. Mae'r ffigur nesaf yn ategu'r gosodiad hwn trwy ddangos yn glir fod defnyddiau ac argraffu yn parhau i gyfrif am dros 90% o'r holl gostau:

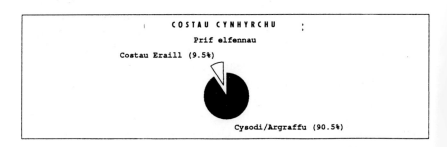

Mae'n debyg nad oes modd gostwng y costau hyn felly, yr unig ateb arall i anawsterau ariannol y papurau yw chwyddo'r incwm mewn rhyw ffordd. Mae'r ffigur nesaf yn rhoi darlun lled dda i ni o'u hincwm presennol:

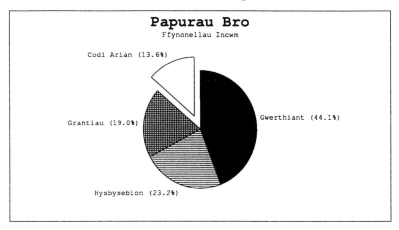

Fel y gwelir, a siarad yn gyffredinol, maent yn dibynnu'n drwm iawn ar yr incwm sy'n deillio o werthiant (44.1 y cant). Y ddwy brif ffynhonnell arall yw hysbysebion (23.2 y cant) a grantiau (19.0 y cant). Un ffynhonnell arall na ellir mo'i hanwybyddu yw'r arian y mae'r papurau yn ei godi trwy gynnal gweithgareddau i chwyddo eu coffrau. Mae'r gweithgareddau hyn o natur amrywiol iawn, megis gwerthu nwyddau o bob math e.e. llyfrau a chalendrau bro, teithiau cerdded noddedig, boreau coffi ac ati. Bydd ambell un yn ceisio cyfuno'r dasg o godi arian i gynnal y papur â chreu gweithgarwch diwylliannol megis cyngerdd neu noson o ddramâu. Yr unig beth sy'n gyffredin i bob un o'r gweithgareddau hyn yw bod cefnogaeth frwd iawn fel arfer ymhlith y trigolion tuag at y gweithgareddau codi arian a hynny bron ym mhobman—arwydd clir fod cefnogaeth gref i'r papurau yn eu cymunedau.

Unwaith yn rhagor ceir amrywiaeth mawr yn y ffynonellau hyn o bapur i bapur. Er enghraifft, y gwerthiant sy'n cyfrif am dros 60 y cant o'r incwm mewn tri phapur, ond ar y llaw arall mae un papur yn cael ei ddosbarthu'n rhad ac am ddim:

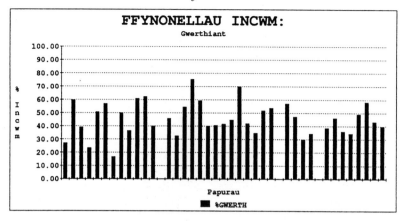

Ceir yr un amrywiaeth gyda'r incwm sy'n deillio o hysbysebion:

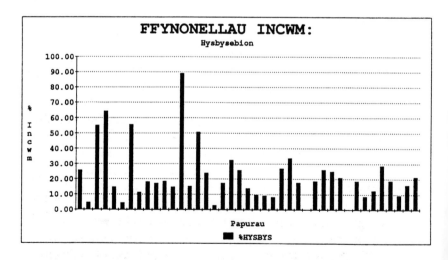

Mae pum papur yn gallu ymffrostio bod dros 50 y cant o'u hincwm i'w briodoli i hysbysebion, ond ar y llaw arall mae'r incwm o'r ffynhonnell yma o dan 15 y cant mewn 13 o bapurau. O'i gymharu â phapurau newydd masnachol sy'n dibynnu'n drwm iawn am eu hincwm ar hysbysebion mae'r ffigurau hyn yn isel iawn. O safbwynt ariannol does dim amheuaeth mai dyma fan gwan y rhan fwyaf o'r papurau bro—pwynt y byddwn yn dychwelyd ato yn nes ymlaen wrth drafod posibiliadau'r dyfodol.

O ystyried y cynnydd arswydus a gafwyd ers y saithdegau mewn costau cynhyrchu papurau newydd o bob math, un o'r pethau mwyaf arwyddocaol yn hanes y papurau bro yw bod cyn lleied ohonynt wedi mynd i'r wal, a hynny ar waetha'r ffaith fod y mwyafrif ohonynt bellach dros bymtheng mlwydd oed. Mae'n wir bod sefyllfa ariannol rhai o'r papurau'n bur fregus a bod eu parhad yn dibynnu'n bennaf ar ewyllys eu gweithwyr gwirfoddol, ond maent mewn gwell cyflwr na llawer iawn o gyhoeddiadau mwy 'masnachol' neu rai sy'n dibynnu'n drwm iawn ar grantiau cyhoeddus. Er hynny, mae sail i'r honiad fod angen seiliau ariannol cadarnach er mwyn eu diogelu i'r dyfodol.

2. Gweithwyr

Dewiswyd defnyddio chwyddwydr i fwrw golwg dros yr agwedd hon o batrwm presennol y papurau bro oherwydd ym 1990 fe gyhoeddwyd adroddiad dadleuol iawn gan Ganolfan Gydweithredol Cymru yn awgrymu y dylai'r papurau bro droi'n bapurau wythnosol a fyddai'n apwyntio staff cyflogedig—cam a fyddai'n creu 200 o swyddi o apwyntio 3.5 person cyflogedig i bob papur. Y prif ddadleuon dros y datblygiad hwn oedd dileu dibyniaeth y papurau bro ar lafur gwirfoddol—baich a oedd yn ymddangos yn trymhau wrth i'r papurau fynd yn hŷn—neu, i fod yn fwy manwl, wrth i'w sylfaenwyr heneiddio! Derbyniad llugoer iawn gafodd yr argymhelliad hwn gan fwyafrif y papurau, fodd bynnag, ond serch hynny un gymwynas fawr a ddeilliodd o'r adroddiad oedd cychwyn trafodaeth ynglŷn â phroblemau staffio ac ariannu'r papurau.[16]

Trwy ofyn i'r papurau nodi sawl person oedd yn gweithio ar wahanol weithgareddau gwelwyd bod y mwyafrif naill ai yn cyfrannu i'r papur trwy ysgrifennu neu drwy ei ddosbarthu tra bod ychydig iawn yn ymwneud â rheolaeth ariannol neu gasglu hysbysebion:

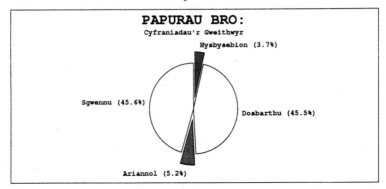

Tybed a oes a wnelo'r gwahaniaethau hyn rywbeth â'n traddodiad llenyddol cryf ni fel cenedl neu ag agwedd negyddol llawer iawn ohonom tuag at faterion ariannol?

Rheswm arall dros holi cwestiynau ar faterion gweithwyr yw bod rhai sylwedyddion wedi honni mai un o gymwynasau pennaf y papurau bro oedd eu bod nid yn unig wedi hybu pobl i ddarllen Cymraeg ond eu bod hefyd wedi darbwyllo llawer oedd heb arfer eu dawn i ysgrifennu Cymraeg ers gadael yr ysgol i ailafael yn y ddawn hon. Er y byddai pawb sydd wedi ymhél â phapur bro yn barod iawn i ategu'r honiad hwn, yn awr mae gennym ystadegau sy'n cadarnhau bod nifer y cyfranwyr ledled Cymru yn rhyfeddol o uchel:

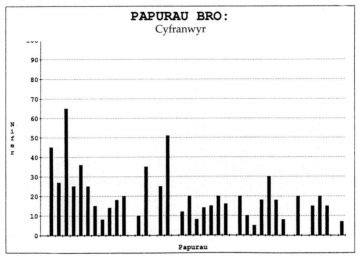

Er mai 34 o'r papurau yn unig a aeth i'r drafferth o ateb y cwestiwn hwn, roedd tri ohonynt yn nodi bod ganddynt dros ddeugain yn ysgrifennu i'w colofnau bob mis, a deg yn nodi bod dros ugain o gyfranwyr rheolaidd ganddynt. Ar gyfartaledd, roedd 21 yn cyfrannu'n ysgrifenedig i bob papur bro felly mae'n deg honni bod dros 1,000 yn cyfrannu'n rheolaidd i bapurau bro ledled Cymru.

Pan ychwanegwn at y ffigur hwn y bobl hynny sy'n cyfrannu at y papur mewn ffyrdd eraill megis dosbarthu neu gasglu hysbysebion, mae cyfartaledd y gwirfoddolwyr sy'n ymhél â phob papur bro unigol yn 38.93. O hyn gellir amcangyfrif bod dros 2,000 o wirfoddolwyr trwy Gymru yn cyfrannu mewn rhyw ffordd neu'i gilydd tuag at gynhyrchu papurau bro bob mis. Ni ellir gorbwysleisio pa mor arwyddocaol yw'r ffigurau hyn i ddangos pwysigrwydd cyfraniad y papurau bro fel gweithgarwch cymdeithasol. Unwaith yn rhagor, mae amrywiaeth rhyfeddol yn y patrymau staffio o bapur i bapur. Roedd un papur yn nodi mai dau berson yn unig oedd yn gyfrifol am holl agweddau'r gwaith tra bo'r nifer mor uchel â 99 mewn un arall. Mae'r graff nesaf yn dangos y sefyllfa fesul papur:

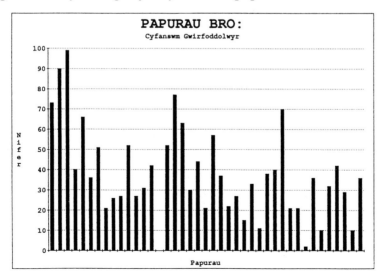

PAPURAU BRO:
Cyfanswm Gwirfoddolwyr

Papurau

Er ei bod yn ymddangos nad oes problem cael pobl i ysgwyddo'r baich o gyfrannu eitemau i'r papur nac ychwaith i'w ddosbarthu o dŷ i dŷ, mae nifer o bapurau wedi ei chael yn anodd yn ddiweddar i berswadio unigolion i ysgwyddo baich golygydd. Yn y blynyddoedd cynnar, un neu ddau o bobl fel arfer oedd yn gyfrifol am ddod â rhifynnau o bapur at ei gilydd. Bellach, fodd bynnag, eithriad yw'r papur bro sydd ag un golygydd parhaol o fis i fis. Fel arfer, mae'r baich wedi ei rannu mewn rhyw ffordd neu'i gilydd, er enghraifft, dau neu dri yn ysgwyddo'r baich bob yn ail. Mae un papur bro o leiaf yn dibynnu ar olygydd gwahanol i bob rhifyn dros y flwyddyn. Does dim amheuaeth mai'r straen ar unigolion o fod â chyfrifoldeb am gynnal gweithgarwch gwirfoddol dros gyfnod o flynyddoedd yn hytrach na diffyg brwdfrydedd dros bwysigrwydd a pharhad y papurau sy'n peri'r problemau hyn.

Derbyniodd twf y papurau bro groeso brwd iawn o sawl cyfeiriad gan gynnwys newyddiadurwyr profiadol megis John Roberts Williams a Vaughan Hughes ac un o brif haneswyr y wasg Gymraeg, sef D Tecwyn Lloyd. Ond efallai mai'r dadansoddiad mwyaf treiddgar a gafwyd oedd yr un gan Robin Gwyndaf a welodd fod y papurau bro yn ymestyniad o'r diwylliant gwerin traddodiadol wrth fod yn gyfrwng 'i'n haddysgu am yr etifeddiaeth gyfoethog a berthyn i bob bro ac i werthfawrogi'r etifeddiaeth honno' a bod yn gyfrwng i gyfannu cymdeithas trwy gyflwyno 'newyddion am aelodau o blith pob dosbarth ohoni, y byd a'r betws, a thrwy hynny ddyfnhau'r cwlwm adnabod, sail pob brawdgarwch a phob daioni . . .'[17]

Ond nid oedd pawb mor frwdfrydig ynglŷn â'u bodolaeth. Efallai mai'r cyntaf i leisio unrhyw amheuaeth yn gyhoeddus am ddylanwad y papurau hyn ar y gymdeithas Gymraeg oedd Dafydd Elis Thomas, a hynny mewn ysgrif ddeifiol yn *Y Faner*. Mae Dafydd Elis Thomas yn mynegi ei safbwynt yn ei ddull diflewyn-ar-dafod yn y paragraff agoriadol lle dywed, 'Mae darllen papurau bro yn brofiad sy'n codi'r felan ar unrhyw un sy'n chwilio am arwyddion o foderneiddiad yn y diwylliannau Cymraeg, a'r ymwybyddiaeth wleidyddol newydd sy'n rhaid ei chael i gynnal hynny.'[18] Yn nes ymlaen yn yr ysgrif mae'n ymhelaethu ar y rhesymau dros ei ymosodiad, sef mai 'Yr ideoleg o fro geidwadol Gymraeg yw'r un sy'n llywodraethu'r papurau bro.' Fe gaiff yr agwedd yma ei hadlewyrchu yn y pwyslais a roddir ar gyhoeddi atgofion a hen luniau ynghyd â'r adroddiadau ynddynt am *bobl* yn hytrach na'r hyn sy'n digwydd i'r *gymdeithas*, a hynny gan amlaf heb unrhyw fath o ddehongliad ar y grymoedd cenedlaethol a rhyngwladol sy'n dylanwadu ar y fro.

Nid Dafydd Elis Thomas oedd yr unig un i gollfarnu'r papurau bro am droi cefn ar realiti'r grymoedd cymdeithasol ac economaidd sydd ar waith heddiw yn trawsnewid y ffordd o fyw yn ein broydd Cymreiciaf. Yn ei golofn olygyddol yn yr un rhifyn o'r *Faner* roedd Emyr Price, golygydd y cylchgrawn ar y pryd, yn amlwg yn rhannu yr un daliadau. Yn fwy arwyddocaol, efallai, oedd sylwadau treiddgar Cyril Jones, un o sylfaenwyr *Y Blewyn Glas* yng nghanol y saithdegau, mewn fforwm ar ddyfodol y wasg a gyhoeddwyd yn *Barn* ym 1988. Mae'n cydnabod yno bod newidiadau economaidd a chymdeithasol yr wythdegau yn golygu bod yn rhaid wrth rôl newydd, mwy radical, i'r papurau bro, sef cynnal bywyd cymdeithasol trwy gyfrwng y Gymraeg a hyrwyddo datblygiadau economaidd. Wedi iddo gynnal arolwg o'r papurau daw i'r casgliad:

. . . bod y rhan fwyaf ohonyn nhw [sef y papurau bro] ym mowld y meddylfryd 'diwylliannol' a'u symbylodd yn ôl yn y saithdegau. Mae erthyglau ynglŷn ag eisteddfod a dathlu cyfieithu'r Beibl i'r Gymraeg yn cael eu cyfrif fel deunydd y dudalen flaen. Mae'r ffactorau economaidd sy'n sigo'r Gymru Gymraeg yn amlhau, ac mae peryg gwirioneddol i'r cyfrwng unigryw hwn grebachu o fod yn bapur bro i fod yn bapur sy'n gwasanaethu rhai pobl yn y fro—rhyw gopi Gymraeg (*sic*) o'r *Parish News* yng nghylchoedd eglwysig yr iaith fain.[19]

Ar un olwg, mae'n ymddangos bod gagendor mawr rhwng safbwyntiau'r garfan a roes y fath groeso i'r papurau bro ar y naill law a'u beirniaid a oedd mor llawdrwm o'u cynnwys ar y llaw arall. Ond, mewn gwirionedd, rwy'n credu mai gwahaniaeth pwyslais yn bennaf sydd rhwng barn y ddwy garfan yn hytrach nag ystyriaethau mwy sylfaenol. Rhaid derbyn, efallai, fod sail i'r feirniadaeth fod rhai o'r papurau yn rhoi gormod o bwyslais ar y gorffennol, ond mae'n deg dweud hefyd i lawer o'r papurau bro fod yn fwy na pharod i fynegi safbwynt clir a diamwys ar faterion llosg, yn arbennig datblygiadau sy'n fygythiad i wneuthuriad cymdeithasol a diwylliannol eu broydd. Er enghraifft, hyd yn oed yn yr erthygl gan Robin Gwyndaf y cyfeiriwyd ati uchod, nid yw'n anwybyddu'r modd y gall y papurau bro roi arweiniad i'w darllenwyr ar faterion o bwys. Byddai arolwg o gynnwys y papurau dros y blynyddoedd diwethaf yn siŵr o gadarnhau parodrwydd eu golygyddion i dynnu sylw at rai problemau cymdeithasol sy'n debygol o gael effaith niweidiol ar y cymunedau a wasanaethir ganddynt.

Hyd yn hyn rydym wedi bwrw golwg ar darddiad, twf a sefyllfa bresennol y papurau bro. Ond beth am ragolygon y papurau yn y blynyddoedd nesaf? Eisoes fe welsom nad yw rhai o'r papurau heb eu problemau. Nid yn unig clywyd am rai papurau a ddaeth i ben yn ddisymwth am wahanol resymau, ond cafwyd cyfeiriadau hefyd at bapurau sy'n dioddef anawsterau ariannol ac eraill sy'n ei chael yn anodd dod o hyd i unigolion i gario'r baich golygyddol.

Yn ein harolwg holwyd perchenogion y papurau am eu barn ynglŷn â'u rhagolygon o'r safbwynt ariannol ac er mai 2.5 y cant yn unig oedd â phryder difrifol am y dyfodol mynegodd 78 y cant fod ganddynt beth pryder ac roedd llai na 30 y cant yn gwbl hyderus am y dyfodol. Mewn geiriau eraill, mae'n ymddangos nad oes lle i laesu dwylo os am sicrhau eu parhad.

Un a gafodd weledigaeth uchelgeisiol ar sut y gellid gosod yr holl bapurau bro ar sail ariannol cadarnach oedd Emyr W Williams. Craidd ei weledigaeth oedd fod dros 300,000 o ddarllenwyr rheolaidd i'r papurau bro ledled Cymru (tua 55 y cant o'r holl siaradwyr Cymraeg ar ddechrau'r nawdegau) ac awgryma, petai'r papurau bro yn medru gweithio ar y cyd, bod marchnadoedd hysbysebu gwerth rhwng £850,000 a £1,000,000 ar gael iddynt yn flynyddol. Ar hyn o bryd, fel papurau unigol, 'mae eu cylchrediad yn rhy gyfyng i fod yn sail i ddatblygiad, ond gyda'i gilydd mae ganddynt gylchrediad sylweddol sy'n meddu ar hygrededd yn y farchnad hysbysebu'.[20]

Yn yr adroddiad awgrymir mai'r dull mwyaf cost-effeithiol o fanteisio ar y farchnad hysbysebu fyddai sefydlu cylchgrawn i'w ddosbarthu fel atodiad misol yn rhad ac am ddim yn y papurau bro. O fabwysiadu'r cynllun hwn honnai y gellid ychwanegu dros £5,500 at incwm blynyddol rhai o'r papurau bro sydd â chylchrediad o dros 1,000. Eisoes fe welsom mai dim ond tri o'r papurau bro sydd yn medru hawlio bod eu hincwm o hysbysebion dros £3,000 y flwyddyn. Felly does dim amheuaeth y byddai llawer iawn o'r papurau yn elwa'n fawr o gael hwb ariannol o'r fath.

Ni chafodd y cynnig hwn sêl bendith pob papur bro, fodd bynnag. Dyma sylw golygyddol *Y Dinesydd* pan gyhoeddwyd yr adroddiad:

> . . . mae'r datblygiad arfaethedig yn fygythiad gwirion-eddol i'r *Dinesydd* am ei bod yn fwy na phosib y byddai . . . yn godro nifer fawr o'r un hysbysebwyr sydd ar hyn o bryd yn dewis prynu lle yn *Y Dinesydd*.
>
> Mae'r pryder yn fwy fyth o gofio mai hysbysebion yn unig i bob pwrpas sy'n talu costau cynhyrchu'r *Dinesydd*.[21]

Ond nid *Y Dinesydd* yn unig a gododd amheuon am ddoethineb y cynllun. Mewn colofn olygyddol yn *Yr Odyn* roedd Myrddin ap Dafydd yn ofni y byddai'r datblygiad arfaethedig yn peryglu 'amrywiaeth iach presennol' y papurau bro gan y byddai'n rhaid anelu at fwy o unffurfiaeth o ran cynnwys, maint, dyddiad cyhoeddi a natur y papurau bro er mwyn dosbarthu atodiad pwrpasol drwyddynt. Dadl

Myrddin ap Dafydd oedd bod y papurau bro yn dibynnu'n drwm iawn am eu parhad ar ewyllys da ardal gyfan ynghyd â llafur cariad nifer helaeth o weithwyr gwirfoddol. Dyna pam, ar ddiwedd y dydd, na chafodd syniadau Emyr W Williams eu gwireddu—sef bod y papurau bro yn rhywbeth amgenach na phapur newydd. Yn wir, maent yn rhan mor annatod o fywyd cymdeithasol a diwylliannol eu broydd ag ydyw'r ysgol leol, y clwb pêl-droed neu'r Neuadd Goffa. Trwy ewyllys lleol y cawsant eu sefydlu ac ar ddiwedd y dydd ewyllys lleol yw'r unig ffordd o ddiogelu eu dyfodol. Hyd y gellir rhag-weld, fe fydd teyrngarwch lleol yn gwrthsefyll pob anhawster ariannol.

Nodiadau

[1]Gellir darllen rhagor am *Lloffion Llangynfelyn* mewn erthygl gan W J Edwards yn *Y Casglwr* 9, 1979, t.12.

[2]Am ragor o hanes *Seren y Mynydd* darllenwch ysgrif Thomas Parry yn *Y Casglwr* 9, 1979, t.14.

[3]D Tecwyn Lloyd, *Gysfenu i'r Wasg Gynt*. Y Gorfforaeth Ddarlledu Brydeinig, 1980, t.7.

[4]Norman Williams, 'Gwyrth y ganrif' yn *Y Casglwr*, 4, Mawrth 1978, t.16.

[5]Emyr W Williams, *Y papurau bro: y presennol a'r dyfodol*. Caerdydd, Canolfan Gydweithredol Cymru, 1990.

[6]*Lleu* (Papur Newydd Dyffryn Nantlle) 1, Mai 1975, t.2.

[7]*Llais Ogwan* (Papur Newydd Dyffryn Ogwen) 1, Hydref 1974, t.2.

[8]*Pethe Penllyn* 1, Rhagfyr 1974, t.2.

[9]*Clebran* 1, Rhagfyr 1974, t.2.

[10]Dyfynnwyd yn D Tecwyn Lloyd, *Gysfenu i'r Wasg Gynt*. Y Gorfforaeth Ddarlledu Brydeinig, 1980, t.8.

[11]Norman Williams, 'Gwyrth y ganrif' yn *Y Casglwr* 4, Mawrth 1978, t.16.

[12]Gweler yn arbennig D Tecwyn Lloyd, 'Newyddiaduraeth yng Nghymru' yn *Barn* 121, Tachwedd 1972, tt.20-1; *Barn 122*, Rhagfyr 1972, tt.83-85; *Barn* 123, Ionawr 1973, tt.122-124.

[13]*Y Dinesydd* 1, Ebrill 1973, t.1.

[14]Vaughan Hughes, 'Papurau bro' yn *Barn* 151, Awst 1975, t.773.

[15]Norman Williams, 'Gwyrth y ganrif' yn *Y Casglwr*, 4, Mawrth 1978, t.16.

[16]Emyr W Williams, *Y papurau bro: y presennol a'r dyfodol*. Caerdydd, Canolfan Cydweithredol Cymru, 1990.

[17]Robin Gwyndaf, 'Cynnal cwr y baich: cyfraniad y papurau bro Cymraeg i fywyd cymdeithas', yn *Y Genhinen*, 27(1), 1977, t.17.

[18]Dafydd Elis Thomas, 'Papurau bro yn codi'r felan', *Y Faner*, 5/12 Awst 1983, t.6.

[19]Cyril Jones, 'Papurau bro: arolwg ac argymhellion,' *Barn*, 306, Gorffennaf 1988, t.18.

[20]Emyr W Williams, *Y papurau bro a'r farchnad hysbysebu*. Caerdydd: Canolfan Cydweithredol Cymru, 1992, t.48.

[21]'Adroddiad newydd yn bygwth dyfodol *Y Dinesydd*' yn *Y Dinesydd*, 188, 13 Tachwedd 1992, t.1

LLYFRYDDIAETH DDETHOL

Seiliwyd y llyfryddiaeth hon ar *Llyfryddiaeth Ceredigion 1600-1964*: cyfrol 2 (1968) a'r *Atodiad 1964-1968* (1970) gan Glyn Lewis Jones; ychwanegiadau gan William H Howells.

A. GWEITHIAU GAN ALUN R EDWARDS 1920-1986

1947
The proposed amalgamation of the Cardiganshire County Library and the Aberystwyth Borough Library [ysgrifennwyd yn gynnar ym 1947 pan yn fyfyriwr yn Ysgol Llyfrgellyddiaeth Manceinion] Teipysgrif.

1948
Adult Education and Libraries [traethawd FLA]. Teipysgrif.

1949
'Y diweddar Ivor Davies', *Y Ddinas* 4, rhif 2, 1949: 5, 7.

1950
'The Joint Library in practice', *Library Association Record* 52, Awst 1950: 284-8.

1951
'Helyntion y fan lyfrau', *Llawlyfr Cymdeithas Ceredigion Llundain* vii, 1951-2: 15-20.

1953
'Enwogion y Sir, Cyfres 1: Ardal Mynydd Bach', *Llawlyfr Cymdeithas Ceredigion Llundain* ix, 1953-54: 16-22.

'Moelona', *Welsh Gazette*, 18 Mehefin 1953.

1954
'Enwogion Dyffryn Teifi', (Rhan I), *Llawlyfr Cymdeithas Ceredigion Llundain* x, 1954-55: 32-9.

1955

'Catholig Rhydd', *Ymofynnydd* ,1955: 126-7.

'Free Catholic', (gwerthfawrogiad o waith J M Lloyd Thomas), *Welsh Gazette*, 14 Gorffennaf 1955.

'Enwogion Dyffryn Teifi', (Rhan II), *Llawlyfr Cymdeithas Ceredigion Llundain* xi, 1955-56: 28-37.

1957

Meini Rhufeinig', yn *Y Ras Filltir a Storïau eraill*, J R Evans ac eraill, Gwasg y Brython, 1957: 112-29.

1958

'Sut i fod yn llyfrgellydd', *Yr Aelwyd* xviii, 1958: 24-5.

'Y Gymdeithas Newydd', *Y Ddolen: Cylchgrawn Ecwmene* 1, Tachwedd 1958: 3-4.

'Llyfrgelloedd a llyfrau Cymraeg', *Y Cymro*, 13 Tachwedd 1958.

'Y math o lyfrau Cymraeg a ddarllenir gan blant sir Aberteifi', *Yr Athro* 9, 1958-9: 302-05.

1959

'Yn y wasg', *Noddwr Llyfrau Cymraeg* 3, 1959: 3-6.

Canmlwyddiant Ysgoldy Llanio, 1859-1959 Llanbedr Pont Steffan: J D Lewis, 1959.

'Amddiffyn gwlad heb arfau', *Y Ffordd* 9, rhif 1, 1959: 9-11.

'Cronfa goffa Ambrose Bebb', *Welsh Gazette*, 16 Gorffennaf 1959.

'Angen mawr ysgolion Sul: llyfrau darllen i blant', *Welsh Gazette*, 30 Gorffennaf 1959.

1960

'Yn y wasg', *Noddwr Llyfrau Cymraeg* 4, 1960: 1-2.

'Haelioni y Cardi', *Llawlyfr Cymdeithas Ceredigion Llundain* xvi, 1960-61: 23-9.

'Gweinidog yr Efengyl yn gollwng y gath o'r cwd', *Welsh Gazette*, 14 Ebrill 1960, [adolygiad o *Ei ffanffer ei hun*, E Cynolwyn Pugh].

'Yn eisiau—llyfrgellwyr Cymraeg', *Baner yr Ifanc* 1, 15 Medi 1960.

'Nadolig y llyfrau', *Noddwr Llyfrau Cymraeg* 5, 1960: 1-8.

1961
'Claddu'r hen sir', *Llawlyfr Cymdeithas Ceredigion Llundain* xvii, 1961-2: 21-7.

'Achub ein hunain yn 1961', *Bont*, Ebrill 1961.

1962
'Reservations by Mr Alun R Edwards with regard to the position in Wales' yn *Standards of Public Library Service in England and Wales: Report of the working party appointed by the Ministry of Education in March 1961*. London, HMSO, 1962.

Public Libraries in Wales: a memorandum. Ministry of Education Public Libraries Working Party A. Teipysgrif.

'Prynu llyfrau yng Nghroesor', *Noddwr Llyfrau Cymraeg* 8, 1962: 5-7.

'Gweithredoedd nid areithiau', *Yr Enfys* 57, 1962: 6-7.

'Chwyldro cyhoeddi llyfrau Cymraeg', *Y Cymro*, 16 Awst 1962.

'Rhagolygon da i lyfrau Cymraeg', *Y Faner* 23 a 30 Awst a 6 Medi 1962.

1963

'William Griffiths', *Noddwr Llyfrau Cymraeg* 9, 1963: 4-5.

'Darllen a thrafod llyfrau', *Noddwr Llyfrau Cymraeg* 10, 1963: 14-16.

'Y busnes cystadlu 'ma', [llythyr], *Barn* 5, Mawrth 1963: 140.

'Welsh Talking Books'. Address at the Annual Conference of the Welsh Regional Council for the Blind held at the Music Hall, Shrewsbury 19 July 1963. Teipysgrif.

'Yn eisiau: llyfrgellwyr gwir Gymraeg', *Barn* 11, Medi 1963: 336-7.

'Anerchiad yn Eisteddfod Genedlaethol 1963', *Welsh Gazette*, 22 Awst 1963

1964

'Masnach y Beiblau', *Byw* 1, 1964: 166.

'Crefft ysgrifennu straeon serch', *Llais Llyfrau* 1, 1964: 8, 20.

'William Jones: y cadeiriau gwag', *Llais Llyfrau* 1, 1964: 14.

'Camgymeriadau', *Byw* 1, 1964: 18-19.

O am aros yn Norwy, Llandysul: Gwasg Gomer, 1964.

1965

'Un cylchgrawn i blant', *Byw* 2(8), 1965: 180-1.

'Y ferch o Fadras', *Barn* 36, Hydref 1965: 342.

'Oes y dewis', *Y Drysorfa* 135, 1965: 135-9.

1966

'Can mil i'r celfyddydau', *Barn* 45, Gorffennaf 1966: 239.

'Gŵr y pethe'. [Adolygiad o *Diddordebau Llwyd o'r Bryn*, casglwyd a golygwyd gan Trebor Lloyd Evans], *Barn* 45, Gorffennaf 1966: 255.

1967

'Pedleriaid llenyddiaeth aflan', *Barn* 51, Ionawr 1967: 66-7.

'Staff Cymraeg i Goleg Llyfrgellwyr', *Barn* 56, Mehefin 1967: 198.

1968

'Yr Indiaid olaf', *Barn* 63, Ionawr 1968: 70.

1970

Teledu a Llyfrau. [Anerchiad a draddodwyd i Annibynwyr Sir Aberteifi yn Horeb, Llandysul, 4 Mehefin 1970]. Abertawe: Gwasg John Penry, 1970.

1972

'Gwewyr y geni', [detholiad o ddyddiadur Alun R Edwards yn adrodd peth o gefndir hanes sefydlu Coleg Llyfrgellwyr Cymru], *Llyfrgell* 1, 1972: 3-6.

'Yr hawl i fenthyca', *Llais Llyfrau* 17, Haf 1972: 18-19.

1973

'Richard Jones', *Llais Llyfrau* 19, Haf 1973: 17-18.

1975

'Noddwr grwpiau darllen a thrafod llyfrau yn sir Aberteifi' [Alwyn D Rees], *Barn* 146, 1975: 572-3.

'Crwys a nhad', *Yr Ancr* 6 a 7, Nadolig 1975: 4.

1976

'Teithlyfr modurol hylaw ar unrhyw un o siroedd newydd Cymru', *Cyfansoddiadau a Beirniadaethau Aberteifi a'r cylch*, [Beirniadaeth] 1976: 126-8.

1977

'Nôl y dydd', [Darllediad Dydd Llun, 30 Mai—Dydd Iau, 2 Mehefin 1977, George M Ll Davies], Teipysgrif.

'Drws agored', *Barcud* 15, Medi 1977: 14.

1978

'Yr angen am y cynllun', [cynllun cyfieithu nofelau serch], *Llais Llyfrau*, Haf 1978: 9-10.

'Mr J T Richards', [teyrnged], *Cambrian News*, 1 Rhagfyr 1978: *Y Ddolen*, [Cylchgrawn Cymdeithas Llyfrgelloedd Cymru (CCLlC)], Gaeaf 1978-9: 6.

1979

'Prynu llyfrau yng Nghroesor', *Y Casglwr* 8, Awst 1979: 15. [Gweler *Noddwr Llyfrau Cymraeg* 8, 1962: 5-7].

'Gwerthfawrogi Gweinidogaeth', [Parch J D Jones Gosen a Horeb New Cross], *Goleuad* 26, Rhagfyr 1979: 6.

1980

Yr Hedyn Mwstard: atgofion Alun R Edwards, Llandysul: Gwasg Gomer, 1980.

'Hanes y Brwydrau/A remarkable volume', *Y Ddolen*, (CCLlC), Gaeaf 1980-1: 7.

1981

'Concro'r dyfodol ac apêl dros y deillion', *Y Ddolen*, (CCLlC) 1981: 8.

Yr Hedyn Mwstard, [Adolygiad gan David Jenkins], *Llais Llyfrau*, Gwanwyn 1981: 19-20.

Yr Hedyn Mwstard, [Adolygiad gan Averinah M Edwards], *Y Ddolen*, [papur bro], 28 Chwefror 1981: 3.

'Gŵyl yr Eliffant?' [testun trafod: brwydr y Sianel], *Y Ddolen*, [papur bro], 29 Mawrth 1981: 8.

'Yr arfer o ddarllen', *Y Faner*, 10 Ebrill 1981.

Yr Hedyn Mwstard, [Adolygiad gan Llywelyn Phillips], *Yr Angor* 37, Mai 1981: 6.

'Gair am lyfrau', *Yr Hedyn Mwstard*, [Adolygiad gan W J Jones], *Yr Athro*, Mehefin 1981: 33-34.

Yr Hedyn Mwstard, [Adolygiad gan R Gwilym Hughes], *Goleuad*, 3 Gorffennaf 1981: 3.

1982
'Colli arloeswr llên', [teyrnged i John R Evans, Llanilar], *Cambrian News*, 23 Ebrill 1982.

B. GWEITHIAU AM ALUN R EDWARDS

1950
'County Librarian - biographical sketch', *Welsh Gazette* 19, Ionawr 1950.

1952
John Eilian, 'Remedy could be worse than the disease' [proposals for a Welsh Publishing Trust], *Herald of Wales* 23, Chwefror 1952: 3.

1962
'Dymuniadau da', [Alun R Edwards yn yr ysbyty], *Noddwr Llyfrau Cymraeg* 6, 1961: 7.

1963
Gwynne Jarvis, 'Alun Edwards: portread', *Llais y Lli*, 10 Mai 1963: 7.

1964
'Llyfrgellydd yn troi'n awdur', *Llais Llyfrau*, Gaeaf 1964: 12.

1965
Enid Roberts, 'Profile of an organising revolutionary', *Western Mail*, 7 Awst 1965.

1967

Dr Thomas Parry FBA yn cyflwyno Mr Alun Roderick Edwards i dderbyn gradd Athro yn y Celfyddydau, Prifysgol Cymru. Congregation of the University of Wales for the admission of Graduands to Honorary Degrees held on 22 July 1967 in the King's Hall, Aberystwyth. Addresses of Presentation.

1969

'Dedicated to the library service in rural areas', *Western Mail*, Education Review, 16 Medi 1969: 3.

1970

Arthur Williams, 'Librarian urges public study of television', *Liverpool Daily Post*, 1 Medi 1970.

'Byd y llyfrgellwr yn datblygu', *Y Cymro*, 30 Medi 1970.

1972

Alun Roderick Edwards, MA, FLA yn *Who's Who in Librarianship*, gol. T Landau, [2il argraffiad], Abelard-Schuman, 1972.

1980

'Dyfed Librarian retires', *Cambrian News*, 21 Mawrth 1980.

T J Davies, 'O Ben Dinas', *Cambrian News*, 28 Mawrth 1980.

Rheinallt Llwyd, 'Alun R Edwards', *Y Faner*, 25 Ebrill 1980: 12-13.

Rheinallt Llwyd, 'Portread y mis—Alun R Edwards', *Y Ddolen*, [papur bro], 19 Ebrill 1980: 2.

'Alun R Edwards: Ymddeoliad', 30 Ebrill 1980, *Yr Angor* 28, Mehefin 1980: 1.

'Tarian gan un fu'n hybu diwylliant', *Y Cymro*, 16 Medi 1980.

Alun Creunant Davies, 'Alun R Edwards: atgofion personol', *Llais Llyfrau*, Hydref 1980.

'Anrhydeddu A R Edwards', *Y Ddolen*, 26 Rhagfyr 1980: 3.

'Cerddi teyrnged', gan G D Evans a Trefor Griffiths, *Yr Angor* 32, Rhagfyr 1980: 3.

1981
J Alun Jones, 'Teyrnged i Alun R Edwards', [cerdd], *Cambrian News*, 13 Mawrth 1981.

'Miss E Herbert a Mr Alun R Edwards', *Y Barcud* 50, Ebrill 1981: 1

1984
'Former librarian honoured', *Cambrian News*, 23 Mawrth 1984

'Anrhydedd i'r cyn-lyfrgellydd', *Y Cymro* 27, Mawrth 1984

'Anrhydeddu arloeswr', *Y Ddolen* (CCLlC), Haf 1984: 3.

'Anrhydeddu'r arloeswr', [cymrawd anrhydeddus Coleg Llyfrgellwyr Cymru], *Llais Llyfrau*, Haf 1984: 4.

1986
D Geraint Lewis, 'Death of a Welsh publishing pioneer', *Cambrian News*, 1 Awst 1986: 9.

'Mr Alun R Edwards', *The Times*, 4 Awst 1986.

'Marwolaeth Alun R Edwards', [adroddiad o'r angladd], *Cambrian News*, 22 Awst 1986.

Rhydwen Williams, 'Sylwadau'r Mis', *Barn* 283, Awst 1986: 267-8.

T J Davies, 'I'r crwsadwr Alun R Edwards', [cerdd], *Barn* 283, Awst 1986: 264.

Alun Creunant Davies, 'Alun R Edwards the pioneer', *Book News from Wales*, Hydref 1986: 3-4.

Islwyn Ffowc Elis, 'Doedd neb yn ddiogel rhagddo', *Llais Llyfrau*, Hydref 1986: 4-5.

Gwilym Huws, 'Colli prif gymwynaswr', *Pori*, Hydref 1986: 3-4.

Mairwen Gwynn Jones, 'Yn ôl at y twmpath eithin', *Llais Llyfrau*, Hydref 1986: 6-7.

T Llew Jones, 'Alun R Edwards', [3 englyn], *Llais Llyfrau*, Hydref 1986: 5.

D Geraint Lewis, [Golygyddol], *Llais Llyfrau*, Hydref 1986: 3.

Rheinallt Llwyd, 'A great cultural animateur', *Book News from Wales*, Hydref 1986: 3-4.

Geoffrey Thomas, 'Alun Roderick Edwards: obituary', *Library Association Record* 88(9), Medi 1986: 424-5.

1987
J M Griffiths, 'Alun R Edwards MA FLA 1920-1986, Llyfrgellydd Sir Aberteifi 1950-1974, Llyfrgellydd Sir Dyfed 1974-1980', *Y Ddolen*, (CCLlC), Gaeaf 1987: 15-16.

'Alun Roderick Edwards (1920-1986)', yn *Pwy oedd pwy 4*, gol. D Hywel E Roberts, Lerpwl a Llanddewi Brefi: Cyhoeddiadau Cymreig cyf., 1987, 25-7.

1988
'Scholarship in memory of book pioneer', *Western Mail*, 25 Mehefin 1988.

Y CYFRANWYR

ALUN CREUNANT DAVIES, Trefnydd ac yna Cyfarwyddwr cyntaf y Cyngor Llyfrau Cymraeg (1965-1987).

T J DAVIES, Gweinidog, awdur a darlledwr.

ISLWYN FFOWC ELIS, Nofelydd, beirniad a chyn-Ddarllenyd ym Mhrifysgol Cymru Llanbedr Pont Steffan.

DYFED ELIS-GRUFFYDD, Golygydd Gwasg Gomer.

GERAINT I EVANS, Darlithydd, Adran Astudiaethau Gwybodaeth a Llyfrgellyddiaeth, Prifysgol Cymru Aberystwyth.

ELAINE M GRIFFIN, Cyn-Ymchwilydd, Adran Astudiaethau Gwybodaeth a Llyfrgellyddiaeth, Prifysgol Cymru Aberystwyth.

WILLIAM H HOWELLS, Uwch-Lyfrgellydd, Rhanbarth Ceredigion.

EMYR HUMPHREYS, Nofelydd, bardd a dramodydd.

GWILYM HUWS, Uwch-Ddarlithydd, Adran Astudiaethau Gwybodaeth a Llyfrgellyddiaeth, Prifysgol Cymru Aberystwyth.

DAFYDD JENKINS, Llenor, beirniad ac Athro Emeritus mewn Hanes Cyfraith a Chyfraith Cymru, Prifysgol Cymru Aberystwyth.

MAIRWEN GWYNN JONES, Awdur, golygydd a beirniad.

R BRINLEY JONES, Cyn-Gyfarwyddwr Gwasg Prifysgol Cymru a chyn-Warden Coleg Llanymddyfri.

R GERALLT JONES, Bardd, nofelydd, beirniad a chyn-Warden Gregynog.

T LLEW JONES, Prifardd a phrif awdur llyfrau plant Cymru.

D GERAINT LEWIS, Geiriadurwr a Chyfarwyddwr Addysg Cynorthwyol Ceredigion.

RHEINALLT LLWYD, Darlithydd, Adran Astudiaethau Gwybodaeth a Llyfrgellyddiaeth, Prifysgol Cymru Aberystwyth.

D BEN REES, Gweinidog, cyhoeddwr ac awdur.

D HYWEL E ROBERTS, Athro, Adran Astudiaethau Gwybodaeth a Llyfgellyddiaeth, Prifysgol Cymru Aberystwyth.